ベースボーロジー
Baseballogy

Vol.12
2018

野球と音楽
―応援歌の果たす役割―

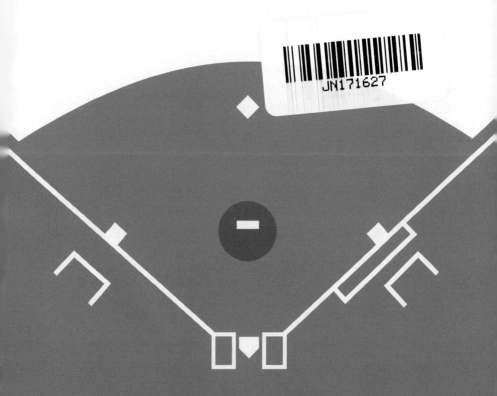

「野球文化學會」論叢
The Forum for Researchers of Baseball Culture since 1999

ベースボーロジー Vol.12 目次 Contents

ベースボーロジー宣言 ——————————————————— 4

特集　野球と音楽 —応援歌の果たす役割—

野球文化學會第1回研究大会シンポジウム［基調講演］
古関裕而と応援歌 ——————————————— 池井　優　6

野球文化學會第1回研究大会シンポジウム［報告］
野球とスポーツ紙 ——————————————— 蛭間 豊章　19

野球文化學會第1回研究大会シンポジウム［報告］
昭和二十年代野球倶楽部の活動について ——————— 小野 祥之　24

野球文化學會第1回研究大会シンポジウム［報告］
野球文化のアーカイブ ————————————— 筆谷 敏正　30

學會誌『ベースボーロジー』の編集方針について ——— 吉田 勝光　31

研究論文
現代のスポーツ概念に関する一考察 ———————— 吉田 勝光　35

研究ノート
拡大する「野球移民」のネットワーク ——————— 石原 豊一　52

[研究ノート]

「野球の起源」をめぐって —日米の研究成果を検証する ——— 松﨑 仁紀　89

[評論]

鈴木惣太郎小伝と「鈴木惣太郎関係文書」について ———— 波多野 勝　120

[研究ノート]

「野球を育てた」記者たちの物語
毎日新聞人の野球殿堂入り列伝 ———————————— 堤　哲　170

[評論]

アメリカ文学にみる野球の文化社会学的考察
『ベースボール傑作選』を読む 4 ——————— 松﨑 仁紀　193

野球文化學會通信

研究大会報告 ————————————————————— 230

野球文化學會 第1回大会一般研究発表を行って ————— 安江　暁　232

投球とトミージョン手術の関係性 ———————————— 田村　允　234

野球文化學會事務局より ————————————————— 236

ベースボーロジー宣言

野球を「歓喜の学問」にする。

野球は人類にとっての重要な資産である。豊饒なる野球文化の土壌をさらに耕したいと思う気持ちそのものが「野球文化學會」である。

野球を通して人の本質を知り、哲学を学び、思想を育み、喜びを創生する。野球は人の生き方であり、人のモノの見方であり、人の技術の粋であり、人の歴史と記憶であり、人の政治と経済であり、人の権利と義務であり、文化人類学であり、科学である。

学に不足なし。論ずるに不足なし。語るに不足なし。研究するに不足なし。分析するに不足なし。愛するに不足のあろうはずがない。

野球に包含されているすべての部品は複雑系の極地を行く。奥の深さは底なしの沼。その多岐多彩さは、現存するあらゆる「学会」をも凌駕する、と大見得を切っても、野球が舞台から落ちることはない。

野球を学問にすることは「野球の尊厳」に対する人類の礼儀である。

野球文化學會

特集 野球と音楽 —応援歌の果たす役割

野球文化學會第1回研究大会シンポジウム［基調講演］

古関裕而と応援歌
— 「紺碧の空」、「六甲おろし」、
　「栄冠は君に輝く」を中心に

慶応大学名誉教授 池井　優

紺碧の空

　東京六大学野球の早慶戦、オックスフォード対ケンブリッジのボートレース、ハーバード対イエールのフットボールと並んで大学対抗の3大スポーツイベントともいわれる。

　早慶戦は試合もさることながら、両校学生による応援合戦も球場の雰囲気を盛り上げる。早慶両校の野球部がはじめて相対したのは明治36年のことであった。当時は早慶両校のグラウンドを使っての対抗戦であったが、明治39年1勝1敗で迎えた第3戦、応援が過熱し不測の事態が予想されるとあって両校責任者の判断により中止となった。以後、何度か再開が考えられたが、なかなか実現せず、明治大学の仲介によりようやく早慶戦が復活したのは、なんと19年後の大正14年のことであった。

　世間の注目を集めた復活早慶戦、慶應は第1戦11対1、第2戦7対1と大敗を喫した。
「試合に負けたが、歌でも負けた」、慶應は早稲田の校歌「都の西北」の大合唱の前に「天は晴れたり気は澄みぬ、自尊の旗風吹きなびく、城南健児の血はほとばしり、ここに立ちたる野球団」と古めかしい寮歌調の歌でまったく歯が立たなかった。

　当時の早稲田は黄金時代を迎えていた。投手に竹内愛一（京都一商）、藤本定義（松山商業）、打撃陣も水原義明（高松中）、井口新次郎（和歌山中）、河合君次（岐阜中）のクリーンアップはじめ強打者が並んでいた。一方慶應は新人が多く、しかもエースの浜崎真二（神戸商業）が持病のぜんそくに苦しみ戦

力的にも勝てる力はなかった。

　チーム再建に向けて慶應がまず着手したのは監督に腰本寿を迎えたことだった。その強気と科学的指導がやがて実ることになる。腰本監督就任1年目の大正15年春、慶應は早慶戦前に明治を破ってすでにリーグ戦の優勝を決めていたが、早稲田には連敗。秋のシーズンの第1戦はこの年完成した神宮球場でおこなわれたが、1勝1敗でむかえた第3戦、2—2で迎えた9回、慶應のセカンド本郷基幸（慶應普通部）がスパイクでけりあげた砂が目にはいってフライを落とす"歴史的落球"でサヨナラ負け。早稲田を倒すことはできなかった。

　復活早慶戦以後2年間早稲田に負け続けた慶應は大補強作戦を展開した。投手として抜群の実力を持ち打撃にも定評のある宮武三郎（高松商業）、左の強打者として中等野球で鳴らした山下実（神港商業）など逸材が集まってきた。昭和2年春早稲田が渡米し不参加のリーグ戦で慶應は新戦力の働きで優勝するが、早稲田不在での優勝では物足りなかった。

　早稲田に勝つためには、早大応援席から聞こえてくる怒涛のような「都の西北」に勝てる歌が欲しい、慶應の学生の要望にアメリカでエンジニアリングと音楽を学び、開局したJOAK（現NHK）音楽部嘱託をしていた堀内敬三が作詞作曲して出来たのが「若き血」である。昭和2年10月20日のことであった。11月6日の早慶戦まで2週間しかない。ここで歌唱指導をしたのが、当時慶應普通部（中学）3年の増永丈夫、後の藤山一郎である。新応援歌「若き血」を用意して臨んだ早慶戦、第1戦6—0、第2戦3—0と二試合完封。「若き血」は、ラジオの実況中継もあって、慶應のみならず日本を代表する応援歌となった[1]。

　宮武、山下に続いて、翌年には全国中等学校野球大会（現在の夏の甲子園）の優勝投手水原茂（高松商業）、水原のチームメイト井川喜代一、堀定一、牧野直隆（慶應商工）など即戦力となる実力者が次々と慶應野球部に集まってきた。それが実り、昭和3年秋には10戦10勝の偉業を達成、記念にストッキングのブルー・レッド・アンド・ブルーの間に白線を一本いれたほどであった。昭和4年、5年は早慶の実力がもっとも接近し、早稲田の小川正太郎（和歌山中）対慶應の宮武、水原の投手戦、両校の打撃戦はプロ野球のない時代にあってまさに「天下分け目の早慶戦」として世間の注目を集めた。

　この間、早稲田が「若き血」に対抗できる応援歌の誕生を期待したのは当然である。昭和6年、全校学生から募集したなかに高等師範部3年住治男の「紺碧

の空」があった。住は学生でありながらすでに俳号を持つ歌人であった。

　　　紺碧の空　仰ぐ日輪
　　　光輝あまねき伝統のもと
　　　すぐりし精鋭闘志は燃えて
　　　理想の王座を占むるものわれ等
　　　早稲田　早稲田　覇者　覇者　早稲田

　選者の西条八十は「ほとんど訂正するところのない素晴らしい作詩だ。ただ
"覇者、覇者、早稲田というところは気にかかる"、きっと作曲上難しいだろう
から、これは相当の謝礼金をつんで、山田耕作とか中山晋平といった大家に依
頼しなければ駄目だ」と早大応援部の幹部に応募原稿を渡した。ここで新進作
曲家古関裕而を強力に推したのは応援部の伊藤戊であった。
　古関は1899年（明治42年）福島市でうまれた。生家は従業員を何人も使う
「喜多三」という裕福な呉服屋であった。5歳の頃、父が蓄音機を購入し、幼い
頃からレコードを聴いて育った。福島師範付属小学校で担任の先生に唱歌とつ
づり方を習い、10歳の時買ってもらった卓上ピアノで作曲を始めた。第一次大
戦の後、インフレの進行で「喜多三」は店をたたみ、十数人いた奉公人も去っ
ていった。やがて古関は福島商業に入学したが、そろばんの玉より音符のタマ
を優先、楽譜を買って山田耕作の曲に夢中になり自分でも作曲を続けていった。
商業学校を卒業した古関は音楽学校に進みたいと思いながら言い出せずにいる
うちに、伯父の世話で地元の銀行に就職することになった。銀行に勤めたもの
の音楽熱は益々高じ、思い切って自分の作品を山田耕作に送った。山田耕作か
ら「がんばりなさい」と丁寧な返事とともに譜も返送されてきた。20歳になっ
た古関は舞踊組曲「竹取物語」ほか四曲をイギリスの作曲コンクールに応募し、
2等に入選したのだ。入選を報じた新聞を見て出したファンレターが縁となっ
て内山金子と結婚、日本コロムビアの専属作曲家として上京することになった。
金子夫人は歌手を目指し帝国音楽学校に入学した[2]。
　さて、「紺碧の空」の作曲者として強く古関を推した伊藤戊は当時帝国音楽
学校に在籍していた伊藤久男と従兄同士であった。豊橋高女を卒業し古関と結
婚し声楽家を目指した金子夫人も同校で学んでいた。伊藤久男は最初東京農大

に入学したが、歌手への志望やみがたく農大を中退し帝国音楽学校声楽科で学んでいた。古関が金子夫人の通学の便を考慮し、阿佐ヶ谷から世田谷代田に転居し、福島出身で同じ音楽の道を歩む伊藤久男の下宿が近いこともあって伊藤が古関宅を訪れ夜遅くまで話し込むことも多かった。古関は次のように思い出を語っている。

——伊藤戊君の話を聞いて、早稲田のためにいい曲をつくりましょうと引き受けたものの、まだ応援歌は経験も浅く、なかなか歌詞にピッタリした旋律が浮かばない。一日延ばしにしているうちに、早大の発表会は目前に迫っていた。応援団の幹部は気が気でないらしく、連日のように我が家に押しかけてくる。それも恐ろしく髯を伸ばした猛者が、7、8名連れ立って新婚早々の狭い洋間に入り込む。年若い妻は私の留守中、何時間もお茶お菓子よと接待に努めたが、一番心配だったのは、安普請の床が重量のある彼らが動きまわることで、そのたびにヒヤヒヤしていたという。作曲は発表会の3日前に完成した。滑り込みセーフというところだった。応援団のなかには「少し難し過ぎる」という声もあったが、私は自信があったのでそのまま発表した。時に22歳であった——(3)。

早稲田にも応援歌がなかったわけではない。第一応援歌「競技の使命」（山田耕作作曲）はじめ中山晋平、近衛秀麿など一流の作曲家のものがあったが、どれも「若き血」には及ばなかった。

昭和6年春のリーグ戦、新応援歌のもと、慶應の前に立ちふさがったのは、大エース小川正太郎の故障により、強肩を買われて前年秋のシーズンに捕手から投手に転向した伊達正男（市岡中）であった。早稲田は伊達の三連投、第2試合では三原脩（高松中）が投手水原茂のモーションを盗んでホームスチールを決めるなど慶應に勝利した。「紺碧の空」によって古関は作曲家として知られる存在となった。「紺碧の空」は早稲田にとって7番目の応援歌であったが、勝利と相まっていつまでも歌い継がれ、今では第一応援歌となっている。なお、早稲田が新応援歌を準備していると聞いた慶應は新進作曲家橋本国彦に「ブルー・レッド・アンド・ブルー」を作らせ、新応援歌合戦となったが、野球でも新応援歌でもこの春は、早稲田に勝ちをゆずることになった。

「紺碧の空」は早慶戦のラジオの実況放送によって、慶應の「若き血」と並んで広く知られるようになり、この作曲以後古関のもとにスポーツ音楽の依頼が次々とくるようになる。まさに早稲田にとっても古関にとっても、転機とな

る一曲であった。伊藤久男が歌手としての最初にヒットは「勝ってくるぞと勇ましく…」で始まる古関作曲の軍歌「露営の歌」であった。戦時中は「暁に祈る」などの軍歌、戦後は「あざみの歌」、「イヨマンテの夜」などその男性的な歌声で多くのヒットを飛ばす歌手となる。

　福島にある古関裕而記念館には訪問者用の感想ノートが備えられ、来館者がいろいろ書き残していくが、そのなかにこうしたものもある。

　—紺碧の空に憧れ、紺碧の空で青春を謳歌しました。神宮球場でこの歌を唄う時の、あの魂の躍動感は今でも忘れません。早稲田人としてこの一曲と通じて出会った古関メロディ。じつはその奥に数多くの曲と、戦前戦後の人々の心情を歌い上げた古関先生の偉大さに感服しました—(4)。

　昭和51年には、早稲田の大隈庭園内に「紺碧の空」記念碑が建立され、古関の功績を永く称えることになった。

　なお、早稲田実業や早稲田佐賀も野球部が地方大会、甲子園に出場した折には「紺碧の空」が演奏され、学生によって歌われる、ただし、早実や早稲田佐賀は早稲田大学の付属でなく系列校であるため、校歌は別にあり「都の西北」が歌われることはない。

　「紺碧の空」で応援歌の作曲の能力が認められた古関のもとに野球がらみの作曲の依頼があった。この年読売新聞社の招きで来日した全米選抜軍を迎える「日米野球行進曲」（久米正雄作詞）であった。是非とも来てほしかったベーブ・ルースは来日せず、ルー・ゲーリッグ、レフティ・グローブなどを迎えて戦ったのは、東京六大学の選手を中心とするメンバーであった。

　なお、古関と早稲田、慶應の応援歌のつながりは深く、戦後の昭和21年、慶應の「我ぞ覇者」（藤浦洸作詞）、昭和42年には早稲田の「光る青雲」（岩崎巌作詞）を作曲した。「我ぞ覇者」の四番は「よくぞ来たれり好敵早稲田　天日の下にぞ戦わん・・」、「光る青雲」は「慶應倒し意気あげて　この喜びを歌おうよ・・・」とまさに早慶戦を意識したものである。極め付きは「早慶讃歌—花の早慶戦」（藤浦洸作詞）である。神宮球場の早慶戦の試合開始前に両校学生が一緒に歌う。ライバル校が共通で歌う応援歌は他に例がない(5)。

大阪タイガースの歌—六甲おろし

　昭和9年、ベーブ・ルース一行の訪日を機会に結成された全日本軍を主体に

東京巨人軍が生まれ、昭和11年巨人、大阪タイガース、東京セネタース、名古屋軍、阪急、大東京、名古屋金鯱の七球団からなる日本職業野球連盟が発足した。日本におけるプロ野球の誕生である。最初に応援歌を作り、発表したのはタイガースであった。「むらさき小唄」、「緑の地平線」など歌謡曲の作詞者としても著名な佐藤惣之助に依頼してできたのが「大阪タイガースの歌」であった。作曲は古関裕而であった。

　六甲颪に颯爽と
　蒼天翔ける日輪の
　青春の覇気美しく
　輝く我が名ぞ　大阪タイガース
　オウオウ、オウオウ
　大阪タイガース
　フレ　フレ　フレ　フレ

　昭和11年3月25日、甲子園ホテルで球団結成の披露宴が開催されその席上では発表された。球団資料によると、同年2月にこの歌の製作費578円とレコード盤百枚の製作費125円が計上され、3月の披露宴でさらに150枚が作られた。レコードはコロムビアから中野忠晴の歌唱で吹き込まれた。現在では「六甲おろし」の名で阪神ファンがこよなく愛する名応援歌となっている。なお古関裕而記念館に保存されている自筆楽譜によると「ろーっこうーおろしに　さーっそうと　あけゆくホームグランドに」と記されており、現在の「蒼天翔ける日輪の」とは異なっており、佐藤惣之助が推敲して詞を最後の段階で書き直したことが判る[6]。

　「オウ、オウ、オウ、オウ大阪タイガース、フレ、フレ、フレ、フレ」で終わる歌詞は「オウ」と「大阪タイガース」の「オ」が韻を踏んでいる。なおこのレコードのB面は古関作曲による「大阪タイガース行進曲」であった。

　戦後の昭和38年、球団名が阪神タイガースに変更され、球団歌も「阪神タイガースの歌」に改題された。改題の際、若山彰の歌唱により再吹込みされ甲子園球場のタイガース戦で流されるようになった。さらに昭和47年バリトンのクラシック歌手立川澄人が二期会合唱団をバックに再録音した。球団の指名で起

用された立川は九州出身だけに中西、豊田、稲尾らが活躍した西鉄ライオンズのファンだった。したがって大のアンチ巨人、ジャイアンツを倒すのに一役買えればと引き受けた[7]。格調高く力強い立川の歌声は「公式応援歌」として甲子園球場で流されることになった。

阪神タイガースの応援歌を「六甲おろし」の名で関西圏に広めたのは、大阪朝日放送のパーソナリティ中村鋭一であった。昭和46年、朝日放送は「おはようパーソナリティ」という番組をラジオで開始した。放送といえば中立が原則だが、番組のディレクターとも相談の上、思い切ってパーソナリティの個性を前面の押し出す画期的なやり方を試みた。阪神ファンであった中村はしばしば阪神を取り上げ、勝った翌日には「さ、いくでー、六甲おろしや…」といいながら自ら歌って番組を盛り上げた。そして中村はテイチク・レコードで「六甲おろし」を吹き込んだ。なんと半年で6万枚も売れ、ゴールデン・ヒット賞を獲得した[8]。

しかし、「六甲おろし」として全国的に名が知られるようになったのは、昭和60年以後である。

昭和60年、吉田監督の下三冠王を獲得したバース、掛布、岡田らの打撃陣の活躍とゲイル、池田、福間の投手陣も踏ん張り、阪神タイガースが21年ぶりに優勝した。タイガースの快進撃に甲子園からの帰りの阪神電車は「六甲おろし」のカラオケ電車となり、そのまま大阪・梅田の駅構内が深夜まで"カラオケ広場"と化した。さらに日本シリーズで西武ライオンズを下しての日本一、まさにトラフィーバーが出現した。あの応援歌は「レコードのようにそっと針をおろすという性質のものではない」と8月21日にカセットにして発売したところ、B面がカラオケだったこともあって大いに売れた。カセットヒットチャート36位にランクされ、五木ひろし、松本伊代のベテラン、アイドル歌手を上回る人気となったほどであった[9]。

昭和61年、幻の「六甲おろし」が発見された。昭和11年に作った200枚限定の処女盤の一枚がでてきたのである。サンケイスポーツ大阪版は「幻の"六甲嵐"だ―生き残った一枚」と一面トップの紙面を飾った[10]。ちなみに日本のプロ野球チームで球団創設時の応援歌がそのまま現在まで歌い継がれているのは「六甲おろし」のみである。

タイガースに対抗して巨人が「巨人軍の歌」を発表したのは、昭和14年のこ

とであった。3月4日、5日の両日後楽園で「巨人軍マニラ遠征帰朝歓迎野球大会」が開催され、アトラクションとしてエノケン劇団と東宝劇団の試合がおこなわれ、同時に伊藤久男、ミス・コロムビア、二葉あき子らが歌う「巨人軍の歌」が披露された。西条八十作詞の「東海の日出る国の逞しき力をあつめ巨いなる理想を目指し進む者…」に古関は曲を付けた。読売新聞は「王者にふさはし"巨人軍の歌"—古関氏の見事な作曲」と自賛し[11]、伊藤久男によりコロムビアから「野球の王者」として発売されたが、タイガースの歌と違い、広くファンに歌われるにはいたらなかった。

なお、初期の職業野球球団の応援歌が『聯盟ニュース』に紹介されている。タイガース、巨人以外では「制覇に進む若き獅子」（ライオン軍応援歌）（八木好美作詞、山田耕作作曲）、「イーグルス応援歌」（佐伯孝夫作詞、深海善次作曲）、「金鯱の歌」（岡田源三郎作詞、杉山長谷雄作曲）の三曲である。「戦機は熟す　今まさに…」（ライオン軍）、「ぐん　ぐん　ぐんとゆけ　グラウンドの重爆撃機…」（イーグルス）、「日本の光ぞ　姿雄々し…（金鯱）など、戦時色が色濃く現れている[12]。

現在巨人の試合になると球場に響く球団歌「闘魂こめて」を作られたのは昭和38年のことであった。巨人軍創設30年を記念して読売新聞社と巨人軍が全国のファンから歌詞を募集した。応募総数20,829編のなかから選ばれたのは椿三平（東京）の一編であった。

闘魂こめて　大空へ
球は飛ぶ飛ぶ　炎と燃えて
おお　ジャイアンツ
その名担いて　グラウンドを
照らすプレイの　たくましさ
ジャイアンツ　ジャイアンツ
ゆけ　ゆけ　それゆけ　巨人軍

審査員の西条八十が補作し、古関が曲をつけて東京体育館で発表されたのは昭和38年3月20日のことであった[13]。勇壮な歌詞と力強いメロディでファンに愛唱され、東京ドームの下車駅水道橋駅のホームのチャイムでも常時流されて

いる。

栄冠は君に輝く

　昭和23年、戦前から人気のあった全国中等学校野球優勝大会—通称夏の甲子
園は、学制改革による新制高校の発足とともに全国高等学校野球選手権大会と
名を改めて挙行されることになった。主催の朝日新聞社は改称した新大会の歌
を企画し、全国から歌詞を募集することになった。

　全国から集まった5,252編にのぼる作品のなかから選ばれたのは、金沢貯金
局第一貯金課庶務係勤務の加賀道子という女性のものだった。

雲はわき　光あふれて
天高く　純白の球　今日ぞ飛ぶ
若人よ　いざ
まなじりは　歓呼にこたえ
いさぎよし　ほほえむ希望
ああ　栄冠は　君に輝く

　全国中等学校野球大会にも山田耕作の歌があったが、今度は若手の作曲家に
依頼しようと朝日新聞学芸部の野呂信次郎を通じて古関に話があった。古関は
戦時中のインパール従軍の折野呂に世話になった関係もあり、喜んで引き受け
ることにした。いい曲にしようと古関は実地見学のため大阪を訪れる。当時東
京・大阪間は急行でも8時間以上かかった。戦後はじめていった大阪、中の島
の大阪朝日新聞が位置する市街地には戦災の跡がまだ生々しく残っていた。丁
度藤井寺で予選がおこなわれている最中であり、それを見てから甲子園球場へ
足を運んだ。無人のグラウンドのマウンドに立って周囲を見回しながら、ここ
で繰り広げられる熱戦を想像しているうちに、脳裏に大会の歌のメロディが湧
き自然に形になっていったのだった[14]。

　この年の8月、第30回大会の開会式で古関作曲の大会歌は合唱の形で披露さ
れ、野球選手にとどまらず敗戦直後の荒廃した日本のなかで目的を失っていた
若人の夢をかきたてた。以後この曲は毎回開会式と閉会式で歌われ、NHKの
出場チームのふるさと紹介のBGMとしても使われている。

古関の旧知の伊藤久男が朗々と歌いあげたレコードも売れ、古関はさわやかなスポーツの歌の世界でまた一つ大きな足跡を残すことになった。

後日談がある。20年後真の作詞者が名乗りでたのだ。実は作詞者は松井秀喜と同郷の石川県根上町出身の歌人加賀大介（本名中村義雄）であった。ペンネームの加賀は石川県の旧国名加賀の国からとったもので地元では短歌や演劇の会を主宰するかなり知られた存在であった。周囲から「「懸賞金目当てではないか」といわれるのが嫌で、婚約者であった高橋道子の「道子」の名を借り、加賀道子の名で応募し当選したのだった。当選作の賞金は5万円で、当時の公務員の給与の10倍であった。

二人は30回大会が行われた年の秋に結婚するが、"女流詩人加賀道子"が夫妻の心の重みとなっていた。50回大会を機会に「実は作詞者は自分です」と公表した[15]。大介さんは昭和48年、58歳で他界するが、古関の母校福島商業が甲子園に出場した昭和52年、くしくも「栄冠は君に輝く」が作られて30周年とかさなり、古関は加賀道子さんと開会式に招待された。古賀はその時のことを語っている。

―母校の甲子園出場は6回目（当時）である。今年は大会歌「栄冠は君に輝く」が作られて30周年、それを記念して加賀道子さんと私が開会式に招待された、福島県代表の母校の選手が私の目の前を通過するとき思わず大きな拍手を送った。続いて大会歌の大合唱が起こった。一緒に見ていた作詞者と共に感激した―[16]。

1989年、加賀の出身地根上野球場に歌碑が建立され、2009年4月11日から古関裕而生誕100年を記念してJR福島駅新幹線ホームで発車メロディとして使用されている。

高校野球、大学野球、プロ野球、三つの分野で歌い継がれる応援歌の名曲を作った古関裕而。古賀政男、服部良一が国民栄誉賞を受賞したのに対し、古関が亡くなったあと受賞の打診に遺族は辞退を表明した。戦時中、古関が「露営の歌」をはじめとする多くの軍歌を作り、戦意を高揚し、戦場に赴いた兵士がいたことに釈然としない思いを抱いていたからだという。

古関は、東京オリンピック（1964年）の開会式入場行進の際演奏された「オリンピックマーチ」はじめ、服部良一が「行進曲や、スポーツ音楽は古関さんにかなわない」と絶賛するほど三大作曲家―古賀政男、服部良一、古関裕而の

なかでもこの分野では際立っていた。

　志村正順がアナウンサーとして野球の実況放送に果たした役割を評価され、野球の殿堂入りを果たした。古関裕而も応援歌により野球に貢献した功績により野球の殿堂入りにふさわしい人物である。

【注】

(1) 慶應の応援歌「若き血」誕生については、堀内敬三「若き血を作った頃」（『慶應義塾野球部百年史』（上巻））（1999年、非売品）所収。池井優「若き血の由来—昭和二年秋」（『東京六大学野球外史』（1977年、ベースボール・マガジン社）所収。

(2) 古関裕而に関する著書に、自伝『鐘よ鳴り響け』（2002年、日本図書センター）、齋藤秀隆『古関裕而物語』（2000年、歴史春秋社）、齋藤秀隆『古関裕而うた物語』（2010年、歴史春秋社）、菊池清麿『評伝古関裕而—国民音楽樹立への途』（2012年、彩流社）がある。

(3) 自伝33頁。

(4) 齋藤『古関裕而物語』93ページ「若き血」と「紺碧の空」の専門家による比較は「新垣隆さん、応援歌を弾く」（『AERA』29巻45号、2016年10月17日、大特集「早稲田と慶應—野望と現実」）所収。譜面を見ながらピアノで両曲を弾いた新垣は「日本固有の音階にはファとシがありません。両応援歌ともに、昭和初期当時にはまだ新しかったドレミファソラシドの音階を用い、メロディが滑らかで高貴な感じがするのが特徴です」と感想を述べている。

(5) 「早慶讃歌—花の早慶戦」作成のいきさつについては、藤浦洸の思い出が慶應義塾大学応援指導部編『慶應歌集—創立150年記念』（2008年、非売品）46頁に記載されている。

(6) 古関裕而記念館保存楽譜。

(7) 大阪新聞　昭和60年9月25日。

(8) 井上章一『阪神タイガースの正体』（2001年、太田出版）314～322頁。

(9) 前掲注（7）。

(10) サンケイスポーツ　昭和61年1月24日。

(11) 読売新聞　昭和14年2月23日。

(12) 聯盟ニュース　35号（昭和14年1月25日）9頁。

(13) 東京読売巨人軍50年史編纂委員会編『東京読売巨人軍50年史』（1985年、東京読売巨人軍）。

(14) 自伝195〜196頁。

(15) 朝日新聞社編『全国高等学校野球選手権大会五十年史』（1968年、全国高等学校野球連盟）707頁。

(16) 斎藤秀隆『古関裕而うた物語』（2010年、歴史春秋出版）104〜105頁。

　本稿作成に当たり、古関裕而記念館の学芸員氏家浩子さんに記念館所蔵の貴重な資料、楽譜、新聞記事の閲覧の便宜、古関裕而研究者の齋藤秀隆氏には古関に関する貴重なお話をいただき、お二人には本稿のもとになる未定稿に目を通していただいた。感謝の意を表したい。

野球とスポーツ紙

野球文化學會第1回研究大会シンポジウム ［報告］

野球とスポーツ紙

報知新聞 蛭間 豊章

　日本におけるスポーツ紙は1946年3月発刊の日刊スポーツに始まった。次いで神戸でのデイリースポーツが1948年8月、大阪でのスポニチが1949年2月である。同年12月には夕刊紙だった報知がスポーツをメーンにする紙面に衣替えした。中日スポーツが1950年3月、名古屋で創刊された。これは何を意味するかといえば、戦争直後の大野球ブームによって1940年代末に、月に野球雑誌が20誌以上出版されていた。ただ、内容がどこも似たりよったりで淘汰されつつあった時期に、より新しい情報源としての東京、大阪、そして名古屋の大都市にスポーツ紙が続々と誕生していった。大阪には1950年に「オールスポーツ」が発刊、日刊スポーツに1957年に吸収されるまで存在していた。サンケイスポーツ大阪発刊は1955年2月である。フジサンケイグループが国鉄スワローズへの資本参加した翌年の1963年2月に東京でもサンケイスポーツが発刊された。そして、中日スポーツ系列の東京中日スポーツとしてスタートしたのが1970年3月である。ちなみに夕刊紙の東京スポーツは1960年4月の発刊である。大都市へ向かうサラリーマンが年々増加したこともスポーツ紙の拡充につながった。

　11月は、日馬富士の暴力事件から大相撲の記事が連日1面を飾って、野球界の話題は大谷のポスティングシステムでメジャーのどこへ行くかの話題でプロ野球は片隅に押しやられている形である。昔はオフのゴルフ大会などのどちらかというと、プロ野球選手ののんびりしたプライベートが紙面を飾るケースも多かったが、Jリーグが始まった1993年を境に多種多様なスポーツが登場するまでになった。そして一般ニュースなども取りあげられるようになった。年配の方々は覚えておられると思うが、報知新聞の場合は1面の題字の左側に3つの文字があった。それは、用紙の統制が解かれ2頁から4頁になった1951年10月10日付けから題字が、それまでの右上からの縦だったのを横にした時からスタートした。この年の3つの文字は、面白いことに「スポーツ、演芸、ラジオ」だった。

　明治時代に創刊された報知は、戦時中読売に併合され戦後は夕刊だったが、

前記したように1949年暮れにスポーツ紙となるも、当初は政治なども含めた一般ニュースも掲載した。それが1951年7月19日付けで、誌面から政治、社会の記事が一切無くなった事に関係している。翌1952年7月から1970年まで長い間、「スポーツ、文化、芸能」に特化した。1971年から3年間は「スポーツ、レジャー、芸能」を標榜していた。しかし、1973年暮れのオイルショックによる紙不足の影響もあったのだろう。それは一切、無くなった。これがきっかけではないだろうが、その後はレジャーという面が少なくなり、あまり扱わなかった一般社会のニュースが徐々に増えてきた。ちなみに、1974年に読売ジャイアンツは10連覇を逃した。その3つのモットーのような言葉が無くしたから、とは後付けの笑い話であるが。

　先に述べたように、野球がメーンの報知新聞東京版を例に挙げると、1950年代までは東京六大学、都市対抗野球にはプロ野球を超えるスペースが与えられていた。当時は春夏の甲子園は関東圏の学校が勝ち進んでいった場合を除いて現在よりも小さな扱いだった。プロ野球も1950年は2頁、用紙統制が解除された1951年に4頁、1955年6頁で、プロ野球は戦評（現在の試合経過）とイニング、テーブルのみというケースがほとんどであった。それでも、大阪発刊の隔週野球雑誌ベースボールニュースの1954年1月号に掲載されたスポーツ報道陣評判記によると、"老舗の日刊スポーツのベテラン記者が他紙に引き抜かれ、その穴埋めに大学のスポーツ経験者を記者として多く雇うケースが多くなって低迷している"とある。逆に報知は"読売新聞社会部などから転任してきた記者が独自色でエピソードなどを加えたヒーロー原稿を少しずつ書くようになって部数を伸ばしている"と書かれている。もちろん、今の時代のように映像などで見られる時代ではなかったことに加え、1954年から56年はユニオンズがパ・リーグに加入しており1日7試合であった。スペース的に戦評を中心で何試合かにヒーロー原稿を入れるのが精一杯だったようである。

　昔の新聞を見ると面白いことに気づく。メジャーリーグの扱いを報知のケースで振り返ると全試合の結果を掲載し始めたのが1952年からである。1955年まで棒スコアに得点、安打、失策、責任投手で本塁打は未掲載であった。それが1956年には常時8頁に拡充されたからだろうか今では考えられないイニング、得点、安打、失策に責任投手込みのバッテリー、本塁打も書かれていた。最大の表記は1960年から62年の3年間で、当該カードの対戦成績まで入ってい

た。それが1967年、69年はともに棒スコアだけという時代を経て1970年からは現在のスタイル、棒スコア、責任投手、本塁打に落ち着いた。1950年代前半こそ締め切り時間の関連でメジャーの話題物が1面ということもあったが、日本プロ野球の記事が増えてきた1960年代半ば以降は野球面のもっとも奥に追いやられるようになった。1964年9月、村上雅則さんがメジャーデビューした時も3面だった。しかし、野茂英雄投手がドジャース入りしてからは一気に流れが変わった。私は1年目の野茂のキャンプと8月に取材に行ったほか、イチロー1年目の2001年も会社から派遣されて行った。2人とも連日1面か3面を飾るかたちになって、日々ネタを探すのが大変だった思いがある。日本人メジャー、それもNPBで結果を残した選手の渡米だから仕方ないわけだが、逆に日本人がからまないチームなどやワールドシリーズなどは一気に小さな扱い。個人的には日本人メジャーが登場する前の方がメリハリの利いたメジャー面だったような気がする。

　野球の記録報道も徐々に変わってきた。共同通信のコンピューター化によって、日刊スポーツ以外、テーブル、経過、打撃、投手成績に勝敗表は共同任せになっている。実は私が入社した当時は共同で契約していない時代、私はまるまる2年間は打撃30傑作り専門の日々を送っていた。今日はこんなものを持ってきた。これはベースボール・レディ・レコナーといって打率の早見表である。入社当時は卓上のコンピューター、計算機はお店のレジのような大きなものが一台きりだった。それはより早く紙面用に提出する勝敗表担当者が使うものである。30傑担当の私は入社すぐ、記録の神様と言われた当時の記録部部長・宇佐美徹也からこれを渡されて、打率を書き込んでいった。そんな日々を長く送ってきたので1990年前後でしょうか共同とオンラインとなって、勝敗表、打撃30傑、投手15傑を作成しなくなってほっとした。

　また、調べてみると今では当たり前のようにテーブルに入っている投手成績についてである。1950年当時は先発完投が普通だったこともあり、打撃成績は今とほぼ同じだが投手成績がなかったのも今回、昔の紙面を見るようになって初めて知った。調べてみると、報知では1952年まで一切無い。53年に継投策のケースのみ個人個人の安打、回数、奪三振、与四球で失点はない。56年から継投策チームのも上記項目に自責点が加わって、完投投手にも自責点だけ掲載された。報知で現在のような投手成績表になったのは1959年である。長嶋茂雄入

団でプロ野球の記事が大半を占め始めたからだったようである。ちなみに投球数は1960年から入った。現在はまた、日刊スポーツが先鞭をつけた打撃結果が分かるボックススコアのスタイルになって、各紙とも試合経過などは割愛されヒーロー原稿全盛の時代になってきた。いわゆる試合経過、いわゆる戦評が死語になってきたわけである。

　12月5日に行われた東京運動記者クラブ懇親会で米寿の祝いを受けた報知OBの田中茂光氏は夕刊紙からスポーツ紙にくら替えした時の生き証人である。田中氏は「スポーツ紙転換は、売りあげが伸びなかった夕刊紙の報知が生き残るための苦肉の策だった。プロ野球の2リーグ分立が追い風になった」と話してくれた。報知の発行部数は1950年6月平均で10万1365部である。それが10年後の1960年には37万3416部、大阪発刊後となる1970年83万4588部となった。1980年は江川事件があったにもかかわらず119万9469部にもなった。ギャンブル面の拡充などもあってスポーツ紙のパイが格段に増えていったのである。ところが、インターネットが開発されて広告がじわじわと減り、それに輪をかけるかのようにスマホの驚異的な普及で売りあげも落ちている。実際の数字はもっと少なく、小さくなったパイを食い合っているのが現状である。米国でも1990年1月31日に「ザ・ナショナル」というタブロイドの日刊スポーツ紙がニューヨークを中心に発刊された。メジャーでは1試合1頁の要領で詳しく掲載されていたが、翌年6月13日で廃刊となった。時差のある米国、そしておらがチームだけなら地元紙で十分というお国柄でわずか1年半の運命だった。それを考えれば東京だけで6紙がひしめきあう東京で48年間、1紙も廃刊せずに継続しているのは奇跡と言えるが、それもあと何年持つのか危機感を募らせている。

　青息吐息のスポーツ紙である。部数とともに広告収入の面でも、最も収益性の高かった案内広告が4頁から6頁である。デパート、自動車関係などのカロリーの高い広告も1970年代までは入っていたが、今ではそれも皆無に近くなった。かつては消費者金融はやめようという時代もあったが、今ではそんなことも言っていられず一般紙にも登場する強精剤の広告が各紙を埋める事態になっている。その流れをあらがうかのように、各スポーツ紙、一般紙も含めてネット情報を拡充して新たな収入源を模索している状況になっている。ただ、我が社ではまだネットによる収入は3%程度と言われている。今後どこまで伸ばせるのか、速報の競走と面白い記事で読者を引きつけられるか模索している状態

である。状況はテレビ、ラジオも同様。巨人戦を含め地上波テレビでの野球中継の減少に、先日は1952年にスタートしたTBSラジオが野球中継からの撤退を発表した。Ⅰ部にはTBSだけでCS2つBSが1つ、地上波が1つと計4つの局があり、そちらでの中継スタッフ集めも大変だったから、という理由も聞こえてくる。一般の人たちが野球に離れる機会が昔から比べ極端に減ってきたわけである。

　スポーツ紙的には一般紙が総力を挙げるオリンピックやワールドカップなどは大きく取りあげるものの部数につながってこないのが現状である。スポーツ紙にとっては、野球界のかつてのような定着が必要かと思う。そこで我が社も含めスポーツ各紙は少年野球などを後援している。野球振興という言葉はいいが、個人的には後援してその関係者だけでも新聞を売ろうとする考えなのでは、と思っている。今後は野球に縁のない子供達にきっかけを作るのが大事かと思われる。実は1977年に小学校の学習指導要領から野球が削除された。1998年に選択科目となり、そして2011年にようやく「ベースボール型ゲーム」が必修化になった。しかし、空白の34年間はあまりにも長かった。そのため、私たちの世代には考えられない野球にまったくに縁のなかった時代を過ごした教師が多くなったようである。そんな教師をバックアップするためにNPBは昨年8月に通算6度目となる小学校の教員を対象に「ベースボール型授業研究会」なるものを開催した。2016年からは12球団と連係し、2016年度は23会場で1100人が受講した。今年はそれを上まわる数を各地で開催しているそうである。「ベースボール型」と呼ばれるだけに、野球と違っているかもしれないが、興味を持つきっかけになることは間違いないであろう。「畠に種をまく人。耕して育てる人。時間がかかるだろうが、いつか大きな実を結ぶことだろう。今後はスポーツ新聞もこんな活動を手助けして、減りつつある野球ファン増加の一助になって欲しいと思っている。

野球文化學會第1回研究大会シンポジウム［報告］

昭和二十年代野球倶楽部の活動について

小野 祥之

昭和二十年代野球倶楽部とは

　古書店「ビブリオ」店主小野祥之が主宰している野球愛好家の集いである。毎月最終水曜日に編集室屋上（千代田区西神田）で開催されている。

成り立ち

　2013年5月3、4、5日野球雑誌『屋上野球』、編集室屋上の企画により「ビブリオ移動図書館　昭和20年代の雑誌を読もう！」とビブリオ店主トークショーを行ったのをきっかけに定例化した。

　昭和20年代は、野球は絶大な人気を誇り、2リーグ制に移行するなど、現在のプロ野球の原型が出来上がった時期で野球界の話題には事欠かない。出版界では敗戦後の混乱の中、数多くの雑誌が創刊されたが、野球界も例外ではない。自由な言論が花開いた時期でもあった。

　ビブリオでは昭和20年代の野雑誌を多数抱えているが、実際に購入する顧客は少なく、在庫が溜まっているのが実情である。
そこで埋もれた在庫を見直してもらおうと、昭和20年代の雑誌を読む企画を思いついたのである。

　この企画は来場者こそ決して多くはなかったが、少数ながら熱心に読み込む客があり、その要望により、会を定例化することになった。

活動内容

　昭和二十年代野球倶楽部の名称は、会の原点にちなんだ名称になっているが、広く野球全般を視野に入れた活動であり、テーマは昭和20年代の野球に限定したものではない。

　特に会員制度を取っているわけでもなく、基本的に参加は自由である。

参加メンバー自身の発表や、メンバーの紹介によるゲストを迎え、時々のトピックを決め研究、体験談、著書の紹介などを交代で行っている。

　時に発表者の深い研究に基づき、知られていなかった球界の裏面史を知ることが出来るなど、これまでの内容については別途リスト化する。

意義

　昭和20年代野球倶楽部は小規模ながら野球文化の担い手たちに発表の場を提供することが出きると共に、野球を通じ情報を交換できる場になっている。

　また、参加者同士の交流により、新たな行事や出版物等が生まれていることは特筆すべきであろう。

　今後も永く継続し、野球文化発信、熟成の一助になることを願っている。

これまでの開催テーマ一覧

2013年5月29日
第1回：「戦前・戦中の野球雑誌を見よう」
2013年6月26日
第2回：「昭和20年代 プロ野球選手のサインを鑑賞する会」
2013年7月31日
第3回：「高橋ユニオンズがあった時代」
2013年8月28日
第4回：「野球雲編集部が語る大正野球を特集した理由」
2013年9月25日
第5回：「野球殿堂あーだこーだ」
2013年11月27日
第6回：「昭和野球かるたをつくろう!?」
2013年12月18日
第7回：「昭和野球かるたをつくろう!?続編」
2014年1月29日
第8回：「毎日オリオンズナイト」
2014年2月26日
第9回：「毎日オリオンズナイト2」

2014年3月26日

第10回：「西鉄ライオンズを語り倒す会」

2014年4月5日

臨時回：「朝日新聞樋口記者の取材」

2014年4月23日

第11回：「嗚呼！憧れの大リーグ！映像を観る会！」

2014年5月28日

第12回：「嗚呼！憧れの大リーグ！映像を観る会！第二弾！」

2014年6月21日

第13回：「ついに完成！『昭和野球かるた』」品評会！」

2014年7月23日

第14回：「プロ野球暗黒史を語る会」

2014年8月27日

第15回：「データスタジアム金沢さんに話を聞く会」

2014年9月24日

第16回：「昭和20年代ファームの世界！」

2014年10月29日

第17回：「たばともデータ鑑賞会・歴代投手を投球数で見てみよう！」

2014年11月26日

第18回：「豊浦彰太郎の大リーグ球場跡地案内！」

2014年12月17日

第19回：「東京野球ブックフェア打ち合わせ兼忘年会！」

2015年1月28日

第20回：「ヒルマニアLive!　1970年代の報知の記録記者の仕事とは」

2015年2月25日

第21回：「討論会：10代、20代に野球に興味を持ってもらうには？」

2015年3月25日

第22回：『プロ野球データブック（改）2015』データブック完成までの道

2015年4月29日

第23回：「東京野球ブックフェア打ち合げ大パーティー」

2015年5月27日

第24回：「卓上野球ゲームを知ろう！」

2015年6月24日

第25回：「小松俊宏さんに聞くスコアラーの仕事」

2015年7月29日

第26回：「小野祥之＆野球太郎編集部『高校野球100年を読む』出版記念トーク」

2015年8月26日

第27回：「さいとう君の研究発表会　投手編」

2015年10月28日

第28回：「手束仁氏が語る知られざる『全国高校野球大会歌』誕生秘話

2015年11月25日

第29回：「広尾晃さんによる『巨人軍の巨人馬場正平』出版記念トーク！」

2015年12月16日

臨時回：「昭和20年代野球倶楽部大忘年会！」

2016年1月27日

第30回：「七たび生れ変わっても、我、パ・リーグを愛す」純パの会を語る夜！

2016年2月24日

第31回：「誰よりもロッテを知る男・横山健一トークナイト」

2016年4月27日

第32回：「恒例・野球殿堂を語りたおす会！

2016年5月25日

第33回：「吉澤野球博物館現況報告会（非公式）」

2016年6月29日

第34回：「石原豊一さんが語る『もう一つのプロ野球』

2016年7月27日

第35回：「yaque」による野球に興味のない人へのアプローチ研究と現状。

2016年8月31日

第36回：伊藤正浩さんによる「仙台から見た野球史の話」

2016年9月28日

第37回：『野球小僧』成澤浩一さんによる野球雑誌の作り方！

2016年10月26日

第38回：「阿佐智さんのメキシコ野球レポート」

2015年11月30日

第39回：広尾晃さん「野球崩壊」上梓記念討論会

2016年12月28日

臨時回：昭和20年代野球倶楽部忘年会

2017年1月25日

第40回：「蛭間豊章記者が語る野球殿堂舞台裏」

2017年2月22日

第41回：「映画監督・近藤玄隆さんによる『成長するアフリカ野球』

2017年3月29日

臨時回：野球ブックフェア打ち上げパーティー！

2017年4月26日

第42回：松井正さん『二軍史』出版記念トーク会

2017年5月31日

第43回：松井正さん『二軍史』出版記念トーク会・延長戦！

2017年6月28日

第44回：松井正さん『二軍史』出版記念トーク会・延長引き分け再試合！

2017年7月26日

第45回：「この人のおかげで野球は文化になった！僕たちの野球文化を語ろう」

2017年8月30日

第46回：「石原豊一さんのヨーロッパ野球報告！」

2017年9月27日

第47回：「さいとうくんの昭和十年代職業野球選手名鑑！」

2017年10月25日

第48回：さいとうくんの昭和十年代職業野球選手名鑑　Part2 ！

2017年11月29日

第49回：野球雲最新刊特集－田村駒とロビンス

昭和二十年代野球倶楽部の活動について

| 野球文化學會 第1回研究大会シンポジウム ［報告］

野球文化のアーカイブ

公益財団法人 野球殿堂博物館 事業部長 **筆谷 敏正**

野球殿堂博物館の沿革

　日本野球界全体（プロ野球とアマチュア野球）で運営する博物館として、1959（昭和34）年6月12日、後楽園スタヂアムに隣接する場所に、「財団法人野球体育博物館」として開館。1988（昭和63）年3月17日、東京ドーム外周の現在の場所に移転し、新装開館した。2013（平成25）年4月より、公益財団法人へと移行し、「公益財団法人 野球殿堂博物館」に改称した。

野球殿堂

　年一回、「競技者」と「特別」の両表彰委員会にて、日本野球の発展に大きな貢献をした方々を選出し、「野球殿堂入り」として発表。野球殿堂入りされた方々の表彰レリーフ（ブロンズ製胸像額）を、館内の野球殿堂ホールに掲額し、永久にその名誉を讃えている。2018年現在、201名が野球殿堂入りしている。

展示内容

　常設展示では、プロ野球、アマチュア野球、野球の歴史のゾーンに分かれ、現在のプロ野球12球団の現役選手の用具、WBCをはじめとする国際大会の資料などを展示し、野球の歴史と現在を、わかりやすく紹介している他、新着資料や話題性の高い資料も、随時展示している。また、企画展示室では、企画展、特別展、ビデオ上映などを随時開催している。

収蔵品

　野球の誕生から、現在に至る資料（実物および写真など）約40,000点を収蔵している。

図書室

　野球をはじめ各スポーツの図書、雑誌 約50,000冊を収蔵している。

學會誌『ベースボーロジー』の
編集方針について

編集委員会委員長兼副会長（編集担当）吉田　勝光

　学会誌『ベースボーロジー』（以下、「本誌」という。）が発刊されて12号目
を迎えた。前号が2010年11月30日付けで発刊されてから7年半程度経過して
おり、また、この機会に学会誌としてのレベル向上を目指し、『ベースボーロ
ジー』投稿規程（以下、「投稿規程」という。）を策定した。投稿規程は、論文
を対象としており、『ベースボーロジー』誌全体の編集方針については、述べ
ていない。そこで、本稿では、投稿規程を含めた全体的な編集の方針の概要を
ここで述べることとする。

1　『ベースボーロジー』投稿規程について

　まず、投稿規程の制定の趣旨について触れる。学術団体として学会誌を発行
する以上、他の学会と同じレベルの学術誌であることが求められることは当然
であろう。そこで、他の学会誌の実状を踏まえて、投稿規程を策定すること
したものである。このため、これまでの本学会誌が、各投稿者の全責任におい
て発行していたものが、一定の制約を受けることとなった。逆に、客観性を持
つことになったといえよう。

　次に、当該規程においては、投稿論文の区分を行った。これまでは、特に投
稿論文を峻別することなく、編集者の判断で、内容等に着目して掲載されてき
た。この方法を止め、他の学会誌と同じく、投稿論文を区分して掲載すること
となった。同規程第3条第1項では、「投稿論文は、ベースボールに関する研究
論文、研究ノート、書評（文献紹介を含む。）及びその他（総説、資料紹介等）
とする。」と規定し、投稿論文を4種類に区分した。

　また、同条第2項で「研究論文は、新たな知見を論理的に述べる等、当該
テーマについてまとまった内容を有する論稿をいう。これに対し、研究ノート
は、内容のまとまりよりも速報的要素（単なる調査結果を含む。）に重きを置

いて執筆された論稿をいう。」とし、区分した投稿論文の内容をより分かりやすくした。

　更に、同規程第8条において、「投稿された研究論文は、編集委員会において複数の査読委員（匿名）を選び、投稿者名を伏して査読を依頼する。その査読の判定結果をもとに、編集委員会が、掲載の可否を決定する。」とし、同条第2項で「研究ノートについては、査読をしないが、誤植等について、編集委員会が表記等の当否を確認することがある。」とした。これにより、これまで、投稿者の投稿内容がその適否・当否を問われることなく掲載されてきたものが、第三者の眼によって判断されることなり、より内容の適否・当否が担保されることとなった。研究ノートについても、誤植等が回避される手段が設けられたのである。

　研究論文に査読制度を設けた理由は他にもある。本学会に所属する学会員が研究者（を志す者）であれば、当然、ペーパー（論文）の作成が求められるし、研究者自身も望むところである。最近では、社会科学系の学問領域においても、「査読」のある論文かどうかで評価は大きく異なってきている。そのような動きにも対応したものである。

　そして、投稿されるすべての論文について、第5条において「『ベースボロジー』の学術紀要としての性質上、原則として、参考文献、引用元等の脚注を必ず設ける。」こととした。研究論文ではなくとも、原則として、参考文献、引用元等の脚注の記載を求めた。ぜひとも厳守していただきたい。

2　『ベースボーロジー』誌の全体方針について

　掲載内容は、（1）投稿論文の他に、（2）特集:学会大会関係（基調講演、シンポジスト報告）、（3）「学会通信」の欄を後半に設け、会員情報（訃報等）、会員数、学会開催情報、総会情報（事業計画等）、将来的には理事会議事録も掲載、役員名簿も掲載、編集委員会の名簿、会則、投稿規程・編集委員会規程の掲載（査読制度を設けていることを学会誌の中で明示しておく必要がある）、（4）ベースボーロジー宣言、（5）原稿募集のお知らせ、（6）バックナンバーの紹介、等で編集を行うことを基本とする。

　同人誌ではなく、学術研究誌であることを肝に銘じたい。

『ベースボーロジー』投稿規程

第1条　ベースボロジー』（以下、「本誌」という。）への投稿有資格者は、野球文化學會正会員の資格を持つ者とする。なお、共著の場合は、筆頭執筆者が正会員であることを要する。

第2条　投稿論文は未発表であって、かつ本誌以外に同時投稿していないものに限る。

第3条　投稿論文は、ベースボールに関する研究論文、研究ノート、書評（文献紹介を含む。）及びその他（総説、資料紹介等）とする。

2　研究論文は、新たな知見を論理的に述べる等、当該テーマについてまとまった内容を有する論稿をいう。これに対し、研究ノートは、内容のまとまりよりも速報的要素（単なる調査結果を含む。）に重きを置いて執筆された論稿をいう。

第4条　投稿論文は原則、日本語とする。

第5条　論文は『ベースボロジー』の学術紀要としての性質上、原則として、参考文献、引用元等の脚注を必ず設ける。

第6条　分量は、原則として、ワード等の文字カウント機能による計算で2万字以内（参考文献、脚注を含む。）、図表は1ページ900文字、半ページ450文字として扱う。上記の分量を超えるものについては、編集委員会にて受理の可否、または掲載の可否について判断する。

第7条　投稿希望者は『ベースボロジー』編集委員会にメールにて原稿ファイルを送信する。原稿は随時受け付けるが、掲載号については編集委員会が判断する。

　　投稿先メールアドレス：info@baseballogy.jp

　　　　　　　　　　　　　　　　　『ベースボーロジー』編集委員会事務局

第8条　投稿された研究論文は、編集委員会において複数の査読委員（匿名）を選び、投稿者名を伏して査読を依頼する。その査読の判定結果をもとに、編集委員会が、掲載の可否を決定する。

2　研究ノートについては、査読をしないが、誤植等について、編集委員会が表記等の当否を確認することがある。

第9条　同一著者による本誌への複数論文の同時投稿を認める。ただし、掲載順は編集委員会が決定する。

第10条　掲載論文の著作権は、本学会に所属する。掲載論文を他の著作等に転載する場合は、あらかじめメール等にて編集委員会に通知する。

第11条　執筆に際して、他人の著作権侵害、名誉棄損等の問題がないよう、十分に配慮する。本誌に掲載された論文が他者の著作権を侵害したと認められる場合は、執筆者がその責任の一切を負う。

第12条　投稿論文が掲載された者には本誌掲載号を1部進呈する。

第13条　本規程の改正は、理事会の承認を得るものとする。ただし、原稿執筆に関して、本規程に定められていない、軽易な事項（文献表記法等）については、当分の間、編集委員会で定めることができるものとする。

附則　本規程は、平成29年3月17日から施行する。

野球文化學會編集委員会の運営に関する規程

第1条　本規程は、野球文化學會（以下、「本会」という。）会則第28条第1項に基づいて設置された編集委員会（以下、「本委員会」という。）の運営を適正に実施することを目的として規定するものである。

第2条　本委員会は、学会誌『ベースボーロジー』の編集・発行の業務を行う。

第3条　本委員会は、編集担当理事である副会長の他、若干名の委員をもって構成する。

2　編集担当の副会長以外の委員は、理事の中から理事会が選任する。

3　本委員会の委員長は、編集担当副会長をもって充てるものとする。

4　委員長は、本委員会の運営を統括し、会議を主宰する。

第4条　本委員会の事務局は、当分の間、株式会社啓文社書房（東京都江戸川区南小岩6-10-5）に置く。

2　本委員会事務局員として、1名を配置する。

第5条　『ベースボーロジー』への投稿に関しては、別に定める。

第6条　本規程の改正は、理事会の承認を得るものとする。

附則　本規程は、平成29年3月17日から施行する。

【研究論文】

現代のスポーツ概念に関する一考察
―e-スポーツ（野球型ゲーム）を踏まえて―

桐蔭横浜大学 吉田 勝光

1 研究の背景と目的

　最近、e-スポーツ（Electronic Sports）と称するテレビゲームが、競技として国際試合のみならず、日本でも大会として開催されるようになってきている[1]。画面に向かって選手間が画面中での競技で勝敗を争うものであり、多くの観衆が存在するケースもある。様々なゲームスタイルが存在し、野球型ゲームのスタイルもある。複数存在していたe-スポーツの団体が統合され[2]、2020年東京五輪での公開競技を企図している[3]。その前提として統合されたe-スポーツの団体は日本オリンピック委員会（JOC）への加盟を目指している[4]。
ところで、我が国は先の東京オリンピック前に制定されたスポーツ振興法（1961年。以下「振興法」という。）を2011年に全面改正という形でスポーツ基本法（以下、「基本法」という。）を制定した。そこでは、スポーツの概念について、振興法のような明確な規定は設けなかった。最低限の要素を規定するに止め、あとはその後の判断に委ねた。そして、同法第33条以下ではスポーツ関係への国の補助制度を規定している。スポーツ以外への補助は同法の予定するところではない。また、既存のスポーツ統括団体としても、国際大会参加資格に同団体への加入が前提となっていれば、加入を申請する団体がスポーツを主たる事業として展開する団体に当たるかを判断せざるを得ない。この場合、加入の諾否は一次的には当該スポーツ統括団体に任せられるとしても、そこでいうスポーツが現行法である基本法上のスポーツ概念に該当することが求められよう。
　そこで、本研究では、これまでのスポーツ概念を振り返りつつ、e-スポーツが、基本法上のスポーツ概念に当てはまるのかを検討することを目的とする。

そもそも、スポーツ概念は、様々な学問分野からその内容が提示され[5]、また、その多義性が指摘されている[6]。ここでは、国法である法律に規定されたスポーツ概念を中心とした、スポーツ法学上のスポーツ概念（主として法解釈上）を検討する。近時、いわゆる「する」スポーツに対して、支えるスポーツ、観る（見る・みる）スポーツ等といった概念が普及している。本研究で対象とするのは、「スポーツを支える」「スポーツを観（見・み）る」という場合の「スポーツ」でもある。

2　先行研究

　スポーツの概念ないし定義に関する文献は少なくない[7]。しかし、スポーツ法学の立場からスポーツの概念について述べる文献は少ない。多くは、スポーツ法学の対象としてのスポーツについて検討している。スポーツ自体に限定して定義づけを試みているものとしては、後述する、千葉正士及び小笠原正によるもの留まる。なお、スポーツ法学上のスポーツ概念を検討するに当たっては、スポーツ自体の概念とスポーツ法学の対象（スポーツに関する法的課題）とは異なるものであることが、正しく認識されなければならない。上記支えるスポーツ、観る（見る・みる）スポーツ等は、スポーツ法学の対象ではある。

3　e-スポーツを取り巻く現状

　e-スポーツは、コンピューターゲームの対戦競技である。近時、日本で本格的に普及しつつある。韓国では以前から普及している[8]。ゲーム選手を養成する専門学校も出てきた。一般社団法人日本eスポーツ協会が発足している[9]。アジア・オリンピック評議会（OCA）は2022年のアジア大会でe-スポーツを正式競技に採用すると決めた[10]。民間調査では世界市場規模は2017年で約7億ドルに上る[11]。アジアオリンピック評議会（OCA）は2022年アジア大会で、e-スポーツを正式競技に採用すると決めた[12]。

　2018年2月1日には、一般社団法人日本e-スポーツ連合（JeSU）が設立され、これまで別々に活動していたe-スポーツ関連の3団体が統合し[13]、2020年東京五輪の公開競技を目指している[14]。2017年10月、IOC（国際オリンピック委員会）が、e-スポーツについて競技種目として検討することを明らかにした[15]。2024年に開催されるオリンピック・パラリンピックのパリ大会にe-スポーツが採用

される可能性が出てきている。

2018年5月にはFIFA開催のe-ワールドカップの日本代表を決める大会がJリーグ主催で開催予定である。また、野球ゲーム形式のe-スポーツとして「パワプロチャンピオンシップス」が一般社団法人日本野球機構（NPB）の公認大会として開催されている[16]。

4　現代のスポーツ概念-法学の立場から-

スポーツ法学上では、国法である法律に規定されたスポーツ概念については、振興法及び基本法の二つがあり、またスポーツ法学研究上のものとして、千葉説及び小笠原説がある。それぞれ以下のとおりである[17]。

(1) 振興法の定義

スポーツの定義については、振興法制定以前から問題とされていたが[18]、1961（昭和36）年に制定された振興法では次のような定義規定が設けられた。すなわち、「（定義）第2条　この法律において『スポーツ』とは、運動競技及び身体運動（キャンプ活動その他の野外活動を含む。）であって、心身の健全な発達を図るためにされるものをいう。」と規定された。

この振興法上の「スポーツ」概念について、川口＝西田[19]は、以下のように解説している。すなわち、近代における「スポーツ」という用語は、イギリスから世界に拡大したものである。その語原はラテン語で、その用語本来の意義は、日常の仕事から離れて楽しむ、という意味であった。今日、一般的には、スポーツに「運動競技」という訳語を当てるのが普通である。しかし、同法のスポーツの定義は、一般的に言われるこの「運動競技」の概念にさらに「身体運動」や「野外活動」をも加えて新たにその概念を構成した（広義の定義づけ）。これは、国民一般の対象とされるスポーツ活動の実態の多様性と同法が振興法であるという特色から、その対象とするスポーツを広義に解する方が望ましいことの理由からである。また、同法によって振興を図る「スポーツ」は、専ら自分自身で実際に「する」スポーツであって、これをすることによって心身の健全な発達を図ることができるものと定義された。

同法第2条の「運動競技」は、一定の規則にしたがって行われ、競技形式の確立している各種の種目別の競技の総称である。オリンピックの競技種目等はその代表的なものである。同条の「身体運動」は、上記「運動競技」にくらべ

広い概念で、ここでは、運動競技以外の身体運動を意味する。その「身体運動」とは、大筋活動を伴う身体運動に限られる。これに属する運動としては、体操、遊泳、遊戯、ダンス、民踊等、通常競技を伴わない又は競技化されていない多彩な身体運動が含まれるとされる。

同条の「野外活動」は、「キャンプ活動その他」とあるように、自然の山野を背景として行われる徒歩旅行（ハイキング含む）、自転車旅行（サイクリングに相当）等の身体運動を主たる手段とする野外旅行活動を始め、スキー、スケート、海水浴等の野外における多様な活動（単に戸外で運動するというだけでは厳密な意味での野外活動とは言わないので、このようなものは該当しない）が含まれる。

振興法は、スポーツの定義を上記のように規定し、その行政解釈は、上記川口＝西田の述べる次第であるが、スポーツ振興法第3条第2項では「この法律に規定するスポーツの振興に関する施策は、営利のためのスポーツを振興するためのものではない。」と規定されたことも同法のスポーツの定義の一内容として無視することができない。同条は、同法の振興の対象とされるスポーツは、いわゆるアマチュア・スポーツであり、営利のためのいわゆるプロ・スポーツはその対象外であることを規定している。その上で、同法「第4章　国の補助等」（第20条以下）により、国はアマチュアスポーツ関係の団体に補助金を交付してきた。

伊藤[20]が述べるとおり、同法の「スポーツ」の定義は、同法の対象とする「スポーツ」を明示したものに過ぎない。しかし、現代の「スポーツ」の本質や基本法のスポーツ概念を考える上で、その足がかりとして重要な意義を持つ。

(2) 基本法上のスポーツ概念の取扱いと課題

上記振興法の全面改正により、基本法が2011年6月に成立した。それでは、同法において、スポーツ概念がどのように扱われているかをみる。スポーツなる用語は、同法で頻繁に登場する。目次や条文の見出しを除いても、条文の内容に176箇所も「スポーツ」の語が登場する。本文35か条、附則2か条の計37か条の中にこれだけ見られるのである。加えて、「スポーツ」は基本法における最重要なキーワードである。

ところが、振興法第2条に見られるような明確な定義規定はない。定義らしい文言を探すと、同法前文に「スポーツは、世界共通の文化である。スポーツ

は、心身の健全な発達、健康及び体力の保持増進、精神的な充足感の獲得、自律心その他の精神の涵養等のために個人又は集団で行われる運動競技その他の身体活動であり（下線部筆者）、今日、国民が生涯にわたり心身ともに健康で文化的な生活を営む上で不可欠のものとなっている。」との規定が見られる程度である。すなわち、基本法は、スポーツは、心身の健全な発達、健康及び体力の保持増進、精神的な充足感の獲得、自律心その他の精神の涵養等のために個人又は集団で行われる運動競技その他の身体活動である、ということである。振興法が「心身の健全な発達を図るためにされるもの」に限定している表現をしていたのに対し、基本法は、「心身の健全な発達のため」の身体活動に限らず、幅広くスポーツというものを捉えようとしている。この点は実態に即しており、評価できるところである。しかし、近時の法律は、振興法がそうであったように、キーワードとなる基本概念に関する定義規定を、法典の本文の冒頭に盛り込む通常である。基本法は、あいまいな定義を本文ではなく、前文に置いている。最近の「スポーツ」概念の定立の難しさを考慮しても、スポーツの文化性や有用性を羅列するのみで、立法技術として定義規定を設けなかったことについては、課題が残るところである。なぜなら、例えば、同法第33条以下で国の補助が、スポーツ団体などに交付されることを想定した規定をおいている。スポーツ団体は、同法上のスポーツに関する団体でなければならない。同法上のスポーツ団体でない団体に国家から補助をすることは、違法な行為であって許されない。住民訴訟（地方自治法第242条の2以下）のような国民訴訟といった制度は無いが、違法な支出となるおそれもある。

　また、同法第2条第6項で「スポーツは、我が国のスポーツ選手（プロスポーツ選手を含む。以下同じ。）が国際競技大会（略）又は全国的な規模のスポーツの協議会において優秀な成績を収めることができるよう、スポーツに関する協議水準（略）の向上に資する諸施策相互の有機的な連携を図りつつ、効果的に推進されなければならない。」と規定していることから、同法は、スポーツ振興法と異なり、「スポーツ」概念にプロスポーツを含めていると解される。

(3) これまでのスポーツ法学研究上のスポーツ概念

　上記（1）及び（2）では、成文法に規定されているスポーツ概念を見てきた。ここでは、法解釈に影響を与えると思量されるスポーツ法学界での学説におけるスポーツ概念を取り上げる。これまで、スポーツ法学研究者によって唱えら

れてきた見解としては、以下の2説がある。

ア　千葉説

　千葉[21]は、「スポーツの定義は、『一定の規制の下で、特殊な象徴的様式の実現をめざす、特定の身体行動による競争』となろう」と指摘する。この前提として、千葉は、スポーツをスポーツたらしめる本質的要因について、アメリカのR.D.マンデルの三要因説を採用している。すなわち、一つは特定の身体行動による競争、二つ目はそれを規制する一定の規則、三つ目は実現を目指す特殊な象徴的形式である（ただし、その濃淡はあり）。

　この説に立って、千葉は、「遊び」は、三要因のうち、最も重要な「一定規則」を欠くことから、スポーツではないと理解するようであり、また、いわゆる室内スポーツやコンテストは、身体行動を要因としていないから、ここでいう「スポーツ」ではないとする。ただし、一定規則の下の象徴的競争という点ではスポーツと同様であること等に着目し、これらも「準スポーツ」としてスポーツ法学の補助的対象として扱うことを主張する。

イ　小笠原説

　これに対し、小笠原[22]は、現代のスポーツは必ずしも三要因説によってだけ理解されるべきではなく、「三要因」を狭義の要因と見、これに「ルール・競争・様式にとらわれない心身の運動や健康のための運動を中心とした身体行動」を加え、広義のスポーツとして扱うとする。そして、スポーツを三要因説によって定義づけることは難しくなってきている、と述べる。その理由として5点を掲げている。

①「するスポーツ」に対し、「見るスポーツ」の要素が加わったこと。

②概念スポーツの練習方式、技術の高度化、ルールの厳しさ等から自由と開放を求める「ニュースポーツ」（マリンスポーツ、マウンテンスポーツ、スカイスポーツ）が発展してきたこと。

③高齢化社会を反映した、健康と結びついた運動（ハイキング、ジョギング、ダンベル体操等）が生涯学習社会における生涯スポーツとして重要になってきていること。

④身体運動と精神的充実の融合した、内面精神の充実のためのスポーツ（ヨーガ、瞑想、座禅、太極拳等）の存在。

⑤余暇を楽しみ、団欒と憩いを充実させるレクリエーションの存在。

(4) スポーツ概念の諸見解の整理

　上記（1）から（3）までにおいて、スポーツ法学上のスポーツ概念を述べてきた。そこからうかがえるスポーツ概念に関連する要素としては、①目的性、②営利性、③行動の特定性、④ルール性/一定の規制、⑤競争性、⑥運動競技性、⑦身体運動/身体活動/身体行動、⑩頭脳性、が挙げられる。

　「目的性」は、当該スポーツが行なわれる目的である。スポーツ振興法は、スポーツは「心身の健全な発達を図るためにされるもの」であることを規定し、スポーツ基本法は、「心身の健全な発達、健康及び体力の保持増進、精神的な充足感の獲得、自律心その他の精神の涵養等のために個人又は集団で行われる…身体活動」であると規定している。

「営利性」は、広く「目的性」の中に含まれるとも考えられるが、スポーツ振興法が営利目的のスポーツを同法の規制対象から定義規定（同法第2条）から除外している（同法第3条第2項）ことから、特に独立要素としたものである。

「行動の特定性」は、千葉[23]が指摘するものであり、スポーツとしての身体行動は、特定の様式をもったものであることが求められるとしていることからここに要素として指摘したものである。

「ルール性/一定の規制」は、スポーツは、通常、一定のルールが存在していることから、また千葉[24]は、「一定の規制の下で」行なわれることを求めていることから、ここに要素として掲げた。「競争性」についても、千葉[25]は求めていることから、同様にココに掲げた。

　「運動競技性」については、振興法が、「『スポーツ』とは、運動競技…であって」と規定し、基本法も「スポーツは、…運動競技…であり」としていることから要素として掲げたものである。競技は、一定のルールの下で特定の行動内容を持って競われるものであることから、本要素は、前記「ルール性/一定の規制」、「行動の特定性」「競争性」と重複する要素でもある。また「運動」との概念を有することから、後記「身体運動」とも重複するものである。スポーツの概念を検討するに当たっては、本要素「運動競技性」は、このような認識を持って考慮されるべき要素である。

　「身体運動/身体活動/身体行動」は、現代のスポーツ概念上極めて重要な要素である。なぜなら、近時登場した新たな形態のスポーツ性の判断において、本要素を充足するか否かにより、スポーツか非スポーツであるかが決定され

るキーワードとなるからである。「身体運動」は、振興法上、「『スポーツ』とは、…運動競技及び身体運動（キャンプ活動その他の野外活動を含む。）であって、」で登場し、「身体活動」は、基本法上、「スポーツは、…運動競技その他の身体活動であり」との文言で規定されている。「身体行動」は、スポーツ法学の学問的見地から、千葉[26]によっては、「特定の身体行動による競争」と表現され、小笠原[27]によっては、「ルール・競争・様式にたらわれない心身の運動や健康のための運動を中心とした身体行動」と述べられている。「頭脳性」は、欧州でスポーツとされるチェスや囲碁、将棋などのように、頭脳の能力

〔表1　スポーツ概念の要素組成一覧〕

区分	目的性	営利性	行動の特定性	ルール性/一定の規制下	競争性	競技性	運動競技その他の身体活動	身体活動身体行動（運動競技）身体運動	頭脳性
スポーツ振興法	心身の健全な発達を図るためになされるもの	営利目的のスポーツは排除（改正でプロ言及）	不問	不問	「運動競技及び身体運動（キャンプ活動その他の野外活動を含む。）であって、…」と表記	「運動競技及び身体運動（キャンプ活動その他の野外活動を含む。）であって、…」と表記	・競技性の無い「運動」であっても「身体運動」であればスポーツに入る可能性有り	「身体運動（キャンプ活動その他の野外活動を含む。）」と表記。・「身体運動」（大筋活動）でなければスポーツに入らない。	不問
スポーツ基本法	心身の健全な発達、健康及び体力の保持増進、精神的な充足感の獲得、自律心その他の精神の涵養等のために…行われる	不問	不問	不問	「運動競技その他の身体活動」と表記	「運動競技その他の身体活動」と表記	「（運動競技）その他の身体活動」と表記・運動競技でなくても身体活動であればスポーツに入る可能性有り	「運動競技その他の身体活動」と表記。・「身体活動」であればスポーツに入る可能性有り。	不問
千葉説	特殊な象徴的様式の実現をめざす	不問	スポーツは「特定の身体行動による競争」と表記	「一定の規制の下で」と表記	「特定の身体行動による競争」と表記	「特定の身体行動による競争」と表記・運動競技性を問わず	・競争性があり、特定の身体行動でなくてもスポーツに入る可能性有り	「特定の身体行動による競争」と表記。・「身体行動」であればスポーツに入る可能性有り	不問
小笠原説	ルール・競争・様式にとらわれない心身の運動や健康のための運動	不問	不問	不問	「…競争…にとらわれない」と表現	「ルール・競争・様式にとらわれない心身の運動や健康のための運動を中心とした身体行動」と表記	運動競技である必要はなく、「心身の運動や健康のための運動を中心とした」身体行動であればスポーツに入る	「ルール・競争・様式にとらわれない心身の運動や健康のための運動を中心とした身体行動」と表記。「身体行動」であればスポーツに入る可能性有り	不問

や働きを競う競技の存在があることから、敢えて掲げたものである。「頭脳性」については、囲碁のような頭脳の働きを競争するものもスポーツとして扱う動きもありうることから取り上げたものである。

このようなスポーツ概念の諸要素を基準に諸見解を整理すると表1のとおりである。

(5) 上記一覧表の分析

以下に、表1で整理したスポーツの要素に関する分析結果について述べる。

「目的性」については、振興法以下、基本法、千葉説、小笠原説のいずれも本要素を掲げる。千葉説が、他の三者と視点を異にして、「特殊な象徴的様式の実現をめざす」と述べる。他の三者は、心身の健全な発達、健康のため、等を掲げる。

「営利性」については、スポーツ振興法が、同法の趣旨として、営利目的のスポーツを排除している。他の三者は、特に排除する旨を述べていない。

「行動の特定性」については、千葉説がスポーツは「特定の身体行動による競争」である旨を述べるのみで、他の三者は言及していない。

「ルール性/一定の規制下」については、千葉説が「一定の規制の下で…による競争」と表現し、本要素をスポーツ概念の必須要素としている。他の三者は本要素をスポーツ概念の必須のものとはしていない。

「競争性」については、振興法は、「運動競技」の他に「身体活動（キャンプ活動その他の野外活動を含む。）」もスポーツに含めており、必ずしも本要素を求めていない。基本法も「運動競技その他の身体活動」と記しており、その他の身体活動には本要素を求めていない。小笠原説も本要素にとらわれないとしている。結局、千葉説のみが、「特定に身体行動による競争」として、本要素を必須要素としている。

「運動競技性」については、振興法も基本法もともに「運動競技」がスポーツ概念要素に入っている。運動競技であれば、スポーツであるとする。しかし、前者では、身体「運動」が必ず求められ、後者では、「運動」以外の「身体活動」もスポーツ概念に含める余地を残している。

「（運動競技）その他の身体活動」については、振興法では、競技性の無い「運動」であっても「身体運動」であればスポーツに入る。基本法では、運動競技ではなくても、身体活動であればスポーツに入る。千葉説では、競争性が

あり、特定の身体行動であれば「運動」でなくてもスポーツに入る。小笠原説では、運動競技である必要は無く、「心身の運動や健康のための運動を中心とした」身体行動であればスポーツに入る。

「身体運動/身体活動/身体行動」については、振興法では、「身体運動」（大筋活動）であればスポーツに入る。基本法では、「身体活動」であればスポーツも入る。千葉説及び小笠原説では、「身体行動」であればスポーツに入る。

「頭脳性」については、いずれの4つの立場もスポーツの要素とは捉えていない。

5　e-スポーツのスポーツ性-諸説から-

現行の基本法上のスポーツ概念とe-スポーツとの関係を検討する前に、スポーツ振興法の立場、千葉説及び小笠原説からみたe-スポーツのスポーツ性について検討する。もちろん、e-スポーツは、これら諸説の唱えられた当時は、現在とははるかに普及の度合いが異なっていた。振興法制定1961年当時は、前身となる電子ゲーム自体が存在しなかった。

振興法上のスポーツ概念との関係では、e-スポーツが営利目的で大会が実施されていること、すなわちプロとしての興行ということから、同法上のスポーツ概念には入らないことになる。また、「運動」性が必須要素とされることからもスポーツ性は否定される。

千葉説との関係性では、千葉は、一定の規制（ルールの存在）や特定の身体行動（「運動」でなくてよい）による競争の要素を求めている。しかし、「いわゆる室内スポーツやコンテストの類は、身体行動を要因としてはいないからスポーツには該当しない」としており、e-スポーツは、ゲームとしての性質上、この両者に比して「身体行動」性に劣ると判断され、スポーツではないと結論付けられよう。

小笠原説との関係性では、小笠原は、ルール、競争性、様式にとらわれないとして、スポーツの概念を広くとらえようとしているが、千葉と同じく、身体行動（それも運動を中心とした）を対象とすることから、本説でも、e-スポーツの「身体行動」性がスポーツ性の成否を分ける。

6 基本法とe-スポーツ

(1) 基本法上のスポーツ概念

基本法は、前述したように「スポーツは、心身の健全な発達、健康及び体力の保持増進、精神的な充足感の獲得、自律心その他の精神の涵養等のために個人又は集団で行われる運動競技その他の身体活動であり」と規定している。要素を細分化すると、①心身の健全な発達、健康及び体力の保持増進、精神的な充足感の獲得、自律心その他の精神の涵養等のために行なわれるものであること、②個人又は集団で行われるものであること、③運動競技その他の身体活動であること、の3要件である。

(2) e-スポーツのスポーツ概念要素の充足性

そこで、上記（1）で指摘した第2の要素は具備していると解されることから、第2及び第3の要素について項を改めて検討する。

(3) 第一の要素-目的性-

スポーツの目的性に関し、振興法は「心身の健全な発達を図るためにされるもの」と規定した。これに対し、基本法は、「心身の健全な発達、健康及び体力の保持増進、精神的な充足感の獲得、自律心その他の精神の涵養等のために…行われる」ものとした。スポーツは、心身の健全な発達のためだけに行われるのではないことを指摘したことは大いに評価できる。e-スポーツは、むしろ、テレビゲームの状況からすると、通常、精神的な充足感の獲得のために行なわれるものと推測される。したがって、文理解釈からすると、単純に、スポーツ概念の要素としての目的性は充足していると判断されよう。

しかし、基本法は、「スポーツは、これを通じて幸福で豊かな生活を営むことが人々の権利である」旨のスポーツ権の存在を認める規定を、その前文及び第2条第1項の2箇所にも置いている。そのことから、スポーツの概念を決めるに当たっても、「幸福で豊かな生活を」もたらすものとしての「スポーツ」を認識することが必要である。いくら上記の基本法が規定する上記3要素を形式的に充足するとしても、その人権阻害性を有するものについては、基本法のスポーツ概念から排除されなければならない（目的論的解釈）。現在、e-スポーツには、ゲーム依存症の高い可能性[28]、スポーツとして認めたことによる子どもへの悪影響等が指摘されている[29]。この観点からすれば、不安材料が解

消された、またはその不安が皆無であることが明らかになった段階でスポーツ性が再度検討されてよい。

(4) 第3の要素-身体活動性-

「運動競技その他の身体活動であること」について検討する。この要素の意味は、必ずしも運動競技である必要は無く、運動競技以外の「身体活動」であればよい、そして、それは運動競技よりも広範囲を意味する「身体活動」でよい、というのが立法技術を踏まえた素直な文理解釈である。「運動競技」は、身体活動の一部であり、「身体活動」の例示である。だとすれば、e-スポーツは、この要件を具備するであろうか。

e-スポーツは、基本法前文で掲げる「精神的な充足感の獲得」等の目的を持って行なわれることが多いことについては、他のテレビゲームを楽しむ場合と同様であろう。他人と競争する競争性も有する。しかし、「運動」性（スポーツ基本法上では「運動競技」と表記）とか、「身体活動」性については、その判断が難しいところである。先の振興法上のスポーツ概念で登場した「身体運動」の表現について、その逐条解説を行なった川口ら[30]は、「身体運動」を大筋活動の意味に解釈している。基本法の「運動」が、川口らの「身体運動」と同義と解されるならば、基本法上の「運動」も大筋活動ということになる。とすれば、e-スポーツは、手指の瞬発力や反射神経、眼の筋力、集中力（脳）を使用するものであり、大筋活動とは言えない。「競技」性はあっても、「運動」性を有しないと判断せざるを得ない。

さらに、「運動競技その他の身体活動」のうち、「その他の身体活動」に該当する行為が行なわれているであろうか。上記したように、「運動競技」に該当しなくても（例えば競争性・競技性のない運動）、運動競技よりも広い概念内容を含む「その他の身体活動」に該当すれば、e-スポーツは、この要素を充足することとなり、基本法上のスポーツ概念に含まれる余地がある。人間の活動は、脳の働きを度外視して考えることはできない。したがって、「身体活動」といった場合、その身体活動における、脳や筋肉の関与度合いを無視することはできない。これまで、スポーツとされてきた活動は、脳以外の筋肉等の関与度が大きく、あたかも脳の働き、関与が無かったかのごとく又はその存在が当然であるがごとくに扱われてきたものである。野球でも、サッカーでも、選手は、脳を相当な緊張度をもって働かせている。しかし、その度合いは、筋肉等

の、脳以外の関与度の方が格段に大きいと判断されてきたのである。したがって、「その他の身体活動」の解釈をするにあたって、国民の多くが、スポーツと言えるだけの、脳以外の筋肉等の関与度をe-スポーツが保有しているかが判断基準になると考える。その判断基準は明確ではないが、現状では、多くの国民が、座して眼や手指の筋肉を使用して機器を操作するe-スポーツを相応の脳以外の筋肉等を使用するスポーツと認識するまでには至っていないものと推測される。e-スポーツを知る者もe-スポーツは、エンターテイメントとしてのゲームであって、スポーツではないとの認識が強いのではないか。その存在すら知らない国民も多く認識の対象とすらなりえていないのではないか。

　国民の意識を調査した資料に接したことは無いが、報道関係をみても、e-スポーツをスポーツであるとの認識で欠かれた記事や番組には接していない。新聞記事では、「コンピューターの対戦型格闘技ゲームなどをスポーツのような競技種目としてとらえる『e-スポーツ』の新団体…」[31]とか、「スポーツのようにゲームを観戦する楽しみ方が広がりそうだ」[32]の記事が見られる。テレビ放送でもNHKでは、「コンピューターゲームをスポーツのように競い合う『e-スポーツ』が、今、世界中で人気を集めています」[33]と表現している。いずれも、スポーツ自体ではなくスポーツ類似行為のスタンスで扱っているのがわかる。

　少なくとも、現状では、日本国民は、e-スポーツがスポーツであるとの認識は無いと考える。そこで、「その他の身体活動」は、運動競技以外のあらゆるすべての身体活動を意味するのではなく、筋肉等の活動を含めて、国民の意識によってスポーツと認識される程度の身体活動（例えば、基本法で例示されている「運動競技」や「運動」に準じると評価される身体活動）を指すものと限定的に解釈するべきであろう。現在、日本では囲碁を打つ行為、将棋を指す行為がスポーツであるとの一般的理解を得られていないことも、基本的にはこの考え方によるものと考えられる。仮に、「その他の身体活動」が、脳の働きが主たる身体活動（例えば数学オリンピック）であっても、運動競技以外のあらゆるすべての身体活動を意味することとなれば、およそあらゆる活動が基本法のスポーツ概念に含まれることになろう。このようなことを基本法の立法者は想定していたとは考えられない。

　上記千葉は、「室内スポーツやコンテストは身体行動を要因としていないか

ら、スポーツではない」としている。千葉が述べる「身体行動」は基本法の
「身体活動」に相当する表現であると読みとることができるであろう。とすれ
ば、e-スポーツは、室内スポーツやコンテストよりも身体運動性が低く、千葉
のいうスポーツには該当しないこととなる。千葉は、このようなものを「一
定の規則の下の象徴的競争という点ではスポーツと同様である」とし、「準ス
ポーツ」として扱っている[34]。この千葉のように「身体行動」（上記小笠原も
同様の表現を使用している）を、文言上、解釈できるとすれば、e-スポーツは、
基本法の「身体行動」に該当せず、身体行動性の要素を欠くこととなり、基本
法上のスポーツに該当しないこととなる。

　また、将来、e-スポーツがオリンピックへの参加を見据えていくとなれば、
e-スポーツの統括団体は、スポーツ統括団体への加入を検討することになるが、
スポーツ統括団体への加入が直ちにe-スポーツが基本法上のスポーツとなった
ことを意味するものではない。それはあくまでもスポーツ統括団体の独自の判
断で政策的に加入を認めたものに過ぎないと考えるべきものである。

　新聞報道によれば、「昨年（2016年:筆者加筆）、入国管理局が韓国から来たe-
スポーツ選手に野球やサッカーのプロ選手と同じ興行ビザを発行した。政府が
選手に『アスリート』のお墨付きを与えた」[35]があるが、それでもって、法
解釈が影響を受けることはない。当該判断は行政判断（解釈）にしか過ぎない
ものである。

　アメリカではスポーツまたはエンタテイメントとして定着しつつあるとの報
告[36]があるが、基本法上のスポーツ概念は、あくまでも、我が国のスポーツ
文化（世論）を基本として理解すべきであって、他国の考えを参考にすること
は重要であるが、他国に追従する必要性はない。

　IOCが、「e-スポーツについて『伝統的なスポーツ選手と匹敵するくらいの
練習・準備とトレーニングが必要だ』として、スポーツ競技だと事実上認めて
いる」[37]との報道がある。スポーツ概念の判断は、e-スポーツにおいては、画
面を見て、画面上の主体が有利になるように手指で機器を操作する行為が第一
次的には対象とされるべきであって、その準備行為が主たる対象行為ではない。
ブラスバンドの演奏大会での優勝を狙って、体力を向上させるためにランニ
ングをする類と同じである。また、集中力や体力が必要との意見[38]もあるが、
スポーツでなくても集中力と体力が必要なケースはあるのであり、集中力と体

力の必要性から、スポーツだと導くのは論理的ではない。

　さらに、高いスキルが勝負を左右する競技性もったゲームが競技の対象とする意見[39]もあるが、前述したように、基本法は、競争性・競技性をスポーツ概念の必須要素と考えていない。競技性が高いことによってスポーツとなるわけではない。

7　まとめと今後の研究課題

　e-スポーツは、上記表1に掲げた、目的性、営利性、行動の特定性、ルール性/一定の規制下、競争性、競技性といった諸要素を備えている。しかし、運動性、身体活動・行動性の要素に関わって、未だ国民のスポーツ性に関する認識が得られていないのが実状と推測される。また、基本法の目指す理念に合致するスポーツといえるか疑念がある。将来的には、基本法の理念を踏まえ、国民によるスポーツ性の認識が成熟すれば、e-スポーツは、野球やサッカー等と同じくスポーツとして扱われることになろう。現状では、振興法が「『スポーツ』とは、運動競技及び身体運動（キャンプ活動その他の野外活動を含む。)」と規定し、身体活動と判断するに躊躇される「キャンプ活動その他の野外活動」を（　）の中に書き込んだように、e-スポーツ（囲碁、将棋も同様）についても、「機器を操作することによる画面上でのゲーム競争行為も含む」といった表記（改正措置）がなされていない以上、スポーツ性について否定的に解さざるを得ない。

　過去の状況から見てもスポーツ概念は変化してきている。今後もこの変化する状況は変わらないであろう。その変容を正確に把握して対処することが求められる。スポーツの統括団体を作り、また従前のスポーツ団体に加入したからといって、スポーツ性が肯定されることとなるものではない。基本法の理念に合致したスポーツを担う団体としての存在や活動が求められる。実態の把握が必要である。

【注】

(1)　日本経済新聞2017年6月15日夕刊。

(2)　朝日新聞2018年2月2日朝刊。

(3)　日本経済新聞2018年3月22日朝刊。

(4)　朝日新聞2018年5月3日朝刊。

(5) 日本体育学会『最新スポーツ科学事典』448-449頁（服部豊二）では哲学の立場から、同書449-452（稲垣正浩）では史学の立場からスポーツ概念について述べられている。

(6) 中村敏雄他『21世紀スポーツ大事典』12-23頁（細越淳二、岡出美則）(2015)。

(7) 例えば、次のものがある。友添秀則「『スポーツって何?』に答えられますか」体育科教育第53巻1号10-14頁（2005)。

(8) 成耆政・葛西和廣「e-スポーツの現況と成長戦略の構築」『松本大学地域総合研究』第11巻第1号73-95頁

(9) 日本経済新聞2016年1月23日夕刊。

(10) 日本経済新聞2017年6月15日朝刊。

(11) 日本経済新聞2018年3月17日朝刊。

(12) 前掲注（1)。

(13) 前掲注（2)。

(14) 前掲注（3)。

(15) https://www.nhk.or.jp/kokusaihoudou/2027/11/1109.html（最終アクセス2018年4月29日)。

(16) https://japan.cnet.com/article/35106287（最終アクセス2018年4月17日)。

(17) 日本スポーツ法学会『標準テキスト・スポーツ法学』27-31頁（吉田勝光）(2016)。

(18) 澤田大祐「スポーツ政策の現状と課題-『スポーツ基本法』の成立をめぐって-」『調査と情報』第722号2頁。

(19) 川口頼好=西田剛『逐条解説 スポーツ振興法』28頁以下（柏林書房、1961)。スポーツ振興法制定時に、川口は衆議院法制局部長職、西田は文部省体育科長職にあり、同法の立案に当たった。

(20) 伊藤堯「提唱 スポーツ基本法」法律時報65巻5号38頁以下（1993)。

(21) 千葉正士=濱野吉生編『スポーツ法学入門』4頁以下〔千葉〕（体育施設出版、1995)。千葉は法社会学の研究者であることから、ここで述べるスポーツ概念は、その分野からのアプローチと考えるのが妥当である。

(22) 小笠原正監修『導入対話によるスポーツ法学 第2版』6頁以下〔小笠原〕（不磨書房、2007)。小笠原は憲法学の研究者である。基本的発想が、憲

法学的視点（人権保障＝スポーツ権の保障）である。

(23) 前掲注（21）。

(24) 前掲注（21）。

(25) 前掲注（21）。

(26) 前掲注（21）。

(27) 前掲注（22）。

(28) 以前から普及している韓国では依存症の問題が指摘されている。前掲注（15）。

(29) 前掲注（4）。

(30) 前掲注（19）。

(31) 朝日新聞2018年3月2日朝刊。

(32) 前掲注（1）。

(33) 前掲注（15）。

(34) 前掲注（21）7頁。

(35) 前掲注（1）。

(36) 前掲注（15）。

(37) 前掲注（15）。

(38) 前掲注（4）。

(39) 前掲注（4）。

【参考文献】

日本スポーツ法学会監修『詳解スポーツ基本法』成文堂、2011年。

菊幸一他編著『現代スポーツのパースペクティブ』大修館書店、2006年。

前田正道編『ワークブック法制執務＜全訂:第11版＞』ぎょうせい、1990年。

大森政輔・鎌田薫編『立法学講義』商事法務、2006年。

【研究ノート】

拡大する「野球移民」の
ネットワーク
―2015年世界プロ野球の国別ロースターから

石原 豊一

1. はじめに

　北海道日本ハムファイターズ・大谷翔平のメジャーリーグ移籍が決定した。2017年は、野茂英雄のロサンゼルス・ドジャース入団以来22年続いてきた日本人選手のメジャーリーグ移籍が途絶えたシーズンだったが、大谷の移籍でこれが復活したことになる。大谷の移籍金は2000万ドル（約22億8000万円）ということで、新たに日米間で結ばれたポスティング協約により抑えられたがそれでも大金には違いない。

　大谷のように巨額のマネーが動く移籍によるアスリートの国際移動がある一方、彼がアナハイムの球場前でファンを交え壮大な入団会見をしているまさにその時、中米・パナマの冬季リーグで2人の日本人選手がプレーしていた。夏シーズン、日本の独立リーグでプレーしていた彼らは、欧州を拠点とする日系スポーツエージェント会社の仲介で、そのエージェントに1500ドルほどの月給[1]をすべて手渡すという「奴隷的契約」とも言える悪条件にもかかわらす地球の裏側までプレー継続の場を求めて移動していた。

　現在16の国と地域に「プロ」を名乗る野球リーグがあり、グローバル化の進む現在、多数の選手がこれらのリーグにプレーの場を求めて国際移動を行っている。これに加えて、プロ契約でヨーロッパ（欧州）各国やブラジルなどのクラブチームでプレーする選手も多数存在する。また、メジャーリーグベースボール（MLB）各球団と契約したルーキーの中には、オーストラリア（豪州）のアカデミーで、現地アマチュア選手に交じってプレーする者もいる。

　本稿においては、国際移動を行うプロ野球選手を「野球移民」ととらえ、2014〜15年のウィンターリーグのシーズンと、2015年シーズンに世界各国のプ

ロリーグに所属した選手の国際移動を分析する。現実には、夏季、冬季各シーズン中にも選手の入れ替えは頻繁に行われており、各リーグの所属選手を完全に把握することは困難である。今回の調査では、誤差を生じないよう、極力短期間のうちに各リーグの所属選手の出身国をリーグ、球団のホームページで確認、ここで不明だった者については、主として北米でプレーした選手のプロフィール、成績についてまとめたサイト、Baseball Referenceで可能な限り確認した。

2014〜15年の間、冬季リーグにおいて2345人の、夏季においては13504人のプロ野球選手が確認できた。この数は、前回同様の調査をした2008-09年の数字と大きな差はない（石原：2010a）[2]。以下においては、この中から、とくに国境を渡り出身国以外の国でプレーした選手を分析し、野球がグローバルに拡大していることを検証していきたい。

2. 夏季リーグにみる野球選手の国際移動

2-1. 北米：ネットワークの「中核」

米国はいうまでもなく、野球発祥の地である。1869年に始まったプロ野球は、その後の歴史を経て、現在、隣国のカナダを包摂するかたちで、MLBを頂点に、マイナーリーグがファームとして組織化された「オーガナイズド・ベースボール」にまで発展した。現在、MLBは北米のみならず、世界全域に選手獲得網、マーケティング網を拡大しており、地球規模でのトップリーグとして君臨している。その意味においては、北米内に展開されるMLBの傘下には入っていない独立リーグを含め、世界中の野球リーグは、MLBの事実上のファームであると言える。

オーガナイズド・ベースボールと独立リーグには、2015年シーズン、8563人の選手の在籍が確認できた。そのうち、北米以外の出身者は26.2％にあたる2241人であった[3]。その出身地は米国、カナダを含めると、6大陸35の国と地域に及んでいる[4]。このことは野球のグローバルな拡大を示していると言えよう（図1）。

野球というスポーツの普及・拡大については、その発祥の地、米国のヘゲモニーとの関連が指摘される（グットマン：1997）。そのことは、外国出身選手の実に94.6％がメキシコ以南の中南米出身者であることにも表れている。とく

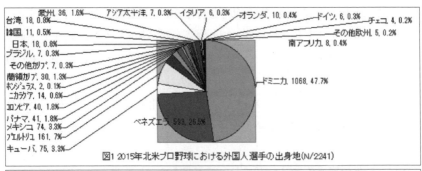

図1 2015年北米プロ野球における外国人選手の出身地(N/2241)

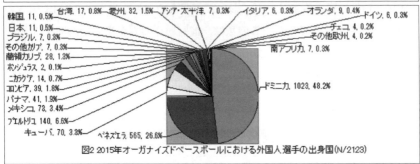

図2 2015年オーガナイズドベースボールにおける外国人選手の出身国(N/2123)

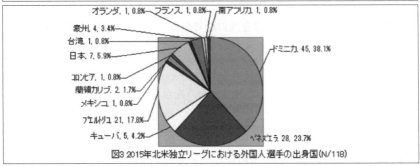

図3 2015年北米独立リーグにおける外国人選手の出身国(N/118)

にドミニカ共和国（以下ドミニカ）、ベネズエラ両国の選手の割合は他の国・地域を圧倒している。とりわけ、ドミニカ人選手の割合は、2008年の45.2％から47.7％にまで増加しており、北米野球にとって選手供給地としての役割を年々強めていることがうかがえる。

これら中南米カリブ地域から北米への選手の移動の要因が、主として経済的なものであることは、メキシコ人選手の移動に端的に表れている。オーガナイズド・ベースボールにおいて、3.4％を占めていたメキシコ出身者の割合は、独立リーグにおいては、わずかに0.8％である（図2、図3）。これは自国に北米プロ野球と同時期に行われるプロリーグをもつメキシコ人選手にとって、

自国リーグより高報酬が期待できるMLB球団との契約には積極的になれるが、MLBとの直接のつながりがなく、報酬も低い独立リーグでプレーするメリットを見いだせないゆえによるものだろう。

外国人選手の割合については、2008年の調査と比べ、オーガナイズド・ベースボール（27.7%→31.4%）、独立リーグ（7.5%→10.0%）とともに増加している。これは、かつてメジャーリーガーにしか発給されなかった特殊技能者向けのP-1ビザが2006年末からは、MLBと契約したマイナーリーガーにも、さらに2010年頃からは、独立リーグの選手にも発給されるようになったことが原因と考えられる[5]。

北米外の出身者の増加は、MLBによる人材獲得網拡大戦略の結果であろう。そして、そのことは、中南米カリブ地域以外の出身者に目を向けるとさらに鮮明になる。

欧州列強の支配を受けた植民地時代、米国の影響を受けることの少なかったアフリカへの野球の普及度は低い。しかし、ここにも1990年代以降、この大陸一番の富裕国である南アフリカ共和国（南ア）へのMLBによる普及策がなされ（Klein: 2006, 196-214）、その効果は確実に現れ始めている。2008年に4人だった北米プロ野球における南ア出身者は、2015年には8人まで倍増している。

欧州出身者については、選手数、選手の出身国数には大きな変化はない。しかし、2010年にプロリーグを名乗るイタリアン・ベースボール・リーグ（IBL）が発足し、「外国人枠」の制限外に置かれたEU国籍保有者が多数参加していることから、この「欧州初のプロリーグ」がマイナーリーグに変わる行き先になったことを考えると、この大陸出身のプロ野球選手の総数は確実に増加している。MLBがIBLの母体であるイタリア野球ソフトボール連盟との提携のもと、毎年夏にスカウティングのためのアカデミーを実施していることも考え合わせると、欧州にもMLBの選手獲得網は確実に拡大している。

続いて、北米に次ぐ野球先進地域である東アジアからの選手に目を転じてみる。韓国、台湾・中国と日本にはその傾向に大きな違いがある。先の3か国は、メジャーリーガーよりマイナーリーガーの方が多いが[6]、これは母国のプロリーグの報酬の低さによるものだろう。メジャーリーグに次いで報酬が高く、北米に比べ、ファーム選手と一軍選手の報酬の差が小さい日本の選手にとっては、マイナー契約というリスクを冒してまでアメリカに渡る誘因は小さい。し

かし、その一方で、MLB傘下のマイナーリーグより遥かに待遇の悪い独立リーグにメジャーリーグに次ぐ7人もの選手が在籍するという矛盾が生じている。これについては、この7人全員に日本でのプロ経験がないことから、富裕な先進国の若者にとっての夢への挑戦の場として北米の独立リーグが機能していることが示唆される（石原：2015）。

　メジャーリーガーの出身国が21か国であるのに対して、傘下のマイナーリーグには、それより多い33か国から選手が集まっている。ここからは、MLBが現在において、選手獲得網を拡大する中で、これまで野球の人気度が決して高くはなかった地域からも、選手やマーケティングの将来性を見込んだ青田刈り的なスカウティングをしていることが示唆される。

　忘れてはならないのは、顕著な伸びを示しているキューバである。2008年の北米プロ野球全体で34人だったキューバ出身者は2015年には75人まで増加している。キューバの名門チーム、シエンフエゴスでは、ここ数年で半数以上の選手がアメリカに亡命していったという。米国とキューバの関係が改善されれば、この数字はさらに増加していくことだろう。

2-2. メキシコ

　その地理的環境からアメリカの影響を歴史的に受けてきたメキシコは、1925年からという長いプロ野球の歴史を持つ。この国のプロ野球リーグの特徴は、年を通じたリーグ戦興行の開催と、夏季に行われるトップリーグ、メキシカンリーグ（リガ・メヒカーナ・デ・ベイスボル, LMB）を頂点とした独自のピラミッド型の組織をもつ点にある。

　歴史的経緯から、現在、LMBはリーグごとオーガナイズド・ベースボールの一部に組み入れられ、3Aの格付けがなされているが、加盟各球団はMLB球団と選手育成契約を結んでいるわけでなく、リーグの運営もMLBから独立して行われている。

　この国では、夏季には、LMBをトップに、そのファームリーグとして、LMB傘下のアカデミーにおいてクラッセA（A級）と、北西部ソノラ州周辺で北メキシコリーグ（リガ・ノルテ・デ・メヒコ, LNM）実施された。以下では、ロースターが確認できたLMBとそのファームリーグであるLNMの2つの夏季リーグにおける選手の国際移動について述べていく（図4）。

　両リーグのロースターの897人のうち、国外出身の選手は21.1％にあたる189

人であった。この数字は2008年の12.0％（98/818）から倍増に近い伸びを示している。ドミニカ（29人→50人）、ベネズエラ（29人→40人）といった同じラテンアメリカの国々からの移動も増えてはいるが、さらに目立つのは米国（24人→66人）、キューバ（2人→21人）からの移動の増加である。

国別で見た場合、最多は米国出身者であるが、その総数だけで外国人枠を越えてしまっている。このことから、LMBにおける米国人選手の大半は二重国籍のメキシコ系アメリカ人と考えられる[7]。

彼らにとって、メキシコプロ野球は、MLBというスポーツセレブの夢が破れたあと、現役引退までの稼ぎ場になっていることがこのことからもうかがえ

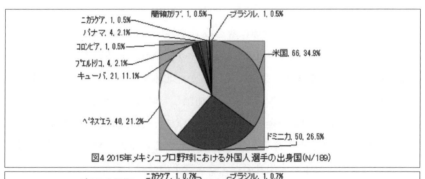

図4 2015年メキシコプロ野球における外国人選手の出身国（N/189）

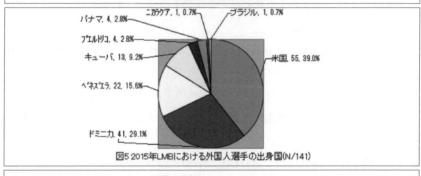

図5 2015年LMBにおける外国人選手の出身国（N/141）

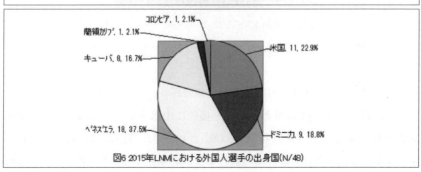

図6 2015年LNMにおける外国人選手の出身国（N/48）

る。LMBに比べLNMのアメリカ出身者が少ないのは、このリーグより稼げる場が北米内に期待できるからであろう（図5、図6）。

　キューバについて言えば、国内選手の国外プロリーグへの移動が条件付きで解禁されたとは言え、まだまだキューバ人選手の「輸出」は、例外的なものにとどまっている。この状況を考えれば、この7年で急増したキューバ出身者のほとんどは、亡命者であることが考えられる。外国人選手の1割強を占めるこの国の出身者は、北米プロ野球を目指しながらも、それがかなわなかったか、あるいは、北米での成功の通過点としてこの国でのプレーを選んでいるものと思われる。

　また、視点を変えると、米国以外の外国出身者は、すべてラテンアメリカ出身者である。メキシコプロ野球に身を投じる外国人選手のほとんどはMLBとその傘下のファームでプレーした経験をもっている。先述のとおり、LMBは、MLBから独立した運営を行なってはいるが、北米マイナーリーグの統括組織であるナショナル・アソシエーションに加盟していることが示すように、北米野球への選手供給の役割を担っている。そのため、各球団は、業務提携を結んだMLB球団からマイナー選手を受け入れてもいる。また、MLB球団との契約にこぎつけなかった中南米出身のベテラン選手の受け入れ先としてもメキシコプロ野球は機能している。

　中南米カリブ地域からの移動の多さは、MLB傘下のアカデミーリーグ以外では、この地域唯一の夏季プロリーグをもつことに加え、言語・文化的近接性のため、この地域出身者にとって、MLBへの上昇移動の通過点、あるいは北米野球からあぶれた場合の避難先としてメキシコプロ野球が機能していることを示していることを示している。

2-3. ドミニカ・ベネズエラ：「育成型」野球移民の行き先

　MLBは、2015年まで北米外にドミニカン・サマーリーグ（DSL）とベネズエラン・サマーリーグ（VSL）の2つのルーキークラスのマイナーリーグを展開していた。

　1950年代以降、中南米カリブ地域のプロ野球リーグを事実上ファーム化していったMLBは、1970年代終わりから直接的に中南米カリブ地域でスカウティングを行うようになった（石原：2008a）。1977年、球団創設と同時にトロント・ブルージェイズがドミニカに野球学校（アカデミー）を設置すると、これ

に各球団が追随し、やがて全球団がこれを設置するようになり現在に至っている。このモデルは、ドミニカ同様MLBへの選手供給地としての役割を担っているベネズエラにも拡大し、1997年にはVSLが開始された。

MLB球団が現地でプロ契約を結べるのは16歳以上の選手で、選手契約を結んだ選手はアカデミーにおいて英語の習得までもを含めたアメリカでのプレーに耐えうるスキルを身につける。このアカデミーの選手がプロとして最初にプレーするメジャーへの登竜門としてDSLとVSLは機能していた。

2015年シーズンにおいて、DSLには1278人の選手が登録され、そのうち3分の1強の434人がドミニカ以外の出身者であった。一方、VSLの方は、全125人中、外国出身者は2人だけだった。前回調査した2008年のデータでは、両リーグの外国人選手の割合は2割から2割5分と大差なかった（石原：2010a）。現在におけるこの相違からは、MLBの選手獲得網におけるこの両リーグの役割に変化が生じていることが示唆される。

本来的に両リーグの役割は、現地の若い選手の育成である。それに加え、夏季にプロリーグのない国々の選手に、最初のプロ経験を積ませる場としての役割を両リーグが担っていることは、2008年シーズンにおいても少なからぬ外国人選手がいたこと（DSL307人、VSL49人）や、今回調査においてDSLにも同様の傾向があることが示している。DSLの2015年のロースターにおいては、8割近くを占める337人のベネズエラ人に加え、81人の中南米カリブ出身者と6人の欧州出身者が名を連ねていた（図7）。VSLにもその数は少ないものの、ドミニカ人とブラジル人がひとりずつ登録されていた。

そして、上記中南米カリブ地域のうち米国領であるプエルトリコとヴァージン諸島出身の3人を含む13人のアメリカ国籍保有者の存在は、ドラフトで獲得

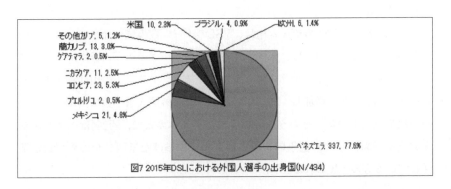

図7 2015年DSLにおける外国人選手の出身国(N/434)

した選手のうち、アメリカ本土での所属チームの決まらない選手の育成にも
DSLが利用されていることを示している。

　また、DSLには21人のメキシコ出身者が存在していたが、彼らのうち少な
からぬ者は、メキシコプロリーグであるメキシカンリーグの下位リーグから
MLB球団に移動した者であると考えられる[8]（石原：2009）。

　彼らがMLB球団と契約後、すぐには北米へ送られず、ドミニカのルーキー
リーグに参加させられたのは、技能が未熟な彼らを、まずは、言語・文化的親
和性の高い環境で育成しようというMLBの意図の表れであろう。

　これらに加えて、6人におよぶ欧州出身者の存在からは、MLBの選手獲得網
拡大の一方策として設置されたドミニカのサマーリーグが、プレーレベルの未
熟なドラフトでの獲得選手やメキシコ人、あるいは、夏季プロリーグをもたな
い、あるいは野球の普及度の低い地域出身の選手にとっての、プロキャリア最
初のステップとして機能していることがうかがえる。

　両国のリーグの選手総数について言うと、2008年のデータと比べ、DSLが若
干増加しているのに対して、VSLは減少している。これはチーム数の増減によ
るものである。2008年には8だったVSLのチーム数は、ベネズエラにおける経
済の混乱などから、2015年には4にまで落ち込んでいる[9]。その一方で、2008
年当時は、37チームあったDSLは、2015年には1チーム増加している。これら
の変化からは、技能の未熟な若い選手の育成の拠点をドミニカに集約しようと
するMLBの潮流を読み取ることができる。

　この結果、多数のベネズエラ人若手選手がDSLに流れたことは、登録選手の
4分の1強、ドミニカ国外出身の選手の8割弱がベネズエラ出身者で占められて
いることに現れている。中には、地元ドミニカ人よりベネズエラ人の方が多い
チームさえあった。

　しかしながら、DSLのチーム増は、VSLのチーム数の減少分を完全に補って
いるわけではない。残りは、米国のルーキー級リーグのチーム数増加で補って
いる。この間、ルーキークラスのガルフコースト、アリゾナの両リーグのチー
ム総数は25から30に増加し、2015年の両リーグの外国人選手数は実に総選手数
の半数を数えている。そのうちの約半数がドミニカ人で、約2割はベネズエラ
人である（図8）。この現象の背景には、すでに挙げた米国ビザの緩和策が関
係しているものと思われる。

60　Baseballogy Vol.12

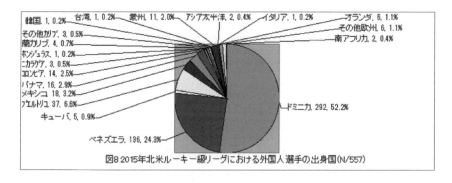

図8 2015年北米ルーキー級リーグにおける外国人選手の出身国(N/557)

　この両リーグに集う外国人選手たちは、MLBの選手獲得網拡大の結果生まれた、新しいタイプの越境アスリートであると言える。すでに石原（2010a）が提示しているが、従前のスポーツ労働移動研究にける越境アスリートの分類においては、そのいずれもが基本的には自らの意志に基づいた移動であるが、両国のサマーリーグに移動する選手たちは、自らの意志ではなく、雇用主であるMLB球団の育成方針によりドミニカやベネズエラに国際移動を行っている。これは、従来のスポーツ労働移動分析ではあまり顧みられることのなかったもので、「育成型」スポーツ労働移動とでもいうべきものである。

2-4. 日本：世界第2のパワーハウス

　その国にどのスポーツが根付くのかは、産業化の過程においてどのスポーツが浸透したかによると言われている。この場合の「スポーツ」とは欧米発祥の近代スポーツのことを指すのであるが、東アジアの場合、産業化を他国の先んじて果たした日本では、欧州との物理的、政治的、経済的距離のゆえ、アメリカン・スポーツである野球が浸透し、その植民地支配を受けた台湾、朝鮮半島にもやがて浸透していった。

　日本において、ベースボールというスポーツは、「野球道」の言葉に象徴されるように、「グローカル」な発展を遂げ、戦術面においても、西半球のパワーベースボールとは対照的な、スモール・ベースボールを発展させていった。その洗練されたスモール・ベースボールが、世界最高レベルにあることは、2006年に始まったプロ主体の世界大会、ワールドベースボールクラシック（WBC）において、過去4大会すべてで、上位4チームによる決勝トーナメントに進出、うち2回優勝という結果にも表れている。

　2015年シーズン、日本にはファーム組織を擁する日本野球機構（NPB）の12

球団に加え、四国アイランドリーグplus（以下IL）、ルートインBCリーグ（以下BCL）の2つの独立リーグがプロリーグとして存在し、計1203人の選手が在籍していた。この数字は、前回2008年の調査と比べ、57人増加している。その増加分の内訳を見ると、NPBが45（836→881）、独立リーグが12（310→322）である。NPBと独立リーグの総球団数は、この間変わっていないので、増加分はNPBの育成選手の増加に負うところが大きいと思われる。独立リーグの増加分も考え合わせると、日本において、プロ野球選手のプレーレベルの下限はこの人数分だけ下がっていると言うことができる。

　外国人選手の割合は、全体で10.1％（122人）、うちNPBが9.0%（79/881）、独立リーグが13.4%（43/322）である。2008年シーズンとの比較では、NPBは前回の8.5%から微増であるのに対し、独立リーグでは、5.2%から激増している。IL発足した2015年には、原則日本人選手だけで構成されていた独立リーグだが、その後、外国人選手に対しても門戸を開くようになり、近年はリーグの生き残り戦略としてむしろ国外からの選手の受け入れを積極的に行っている（石原：2013a）。この数字は、そのことを裏付けている。

　NPBに所属する外国人選手の出身地の内訳が、北米、中南米、アジア太平洋地域に大別されることは2008年調査時と変わりないが、その割合において大きな変化が読み取れる（図9）。前回調査において、半数を占めた米国、カナダの北米出身者が38.0%と大きくその割合を減らす一方、中南米出身者は、その代表格であるドミニカ、ベネズエラとも増加、これに前回はなかったメキシコなども加わり、地域別で言えば、北米を上回り、約半数を占める一大勢力となっている。北米、中南米出身者はともに、MLBを頂点とする北米プロ野球から移動してくる者たちであるが、日本にしろ、米国にしろ、言語的文化的に

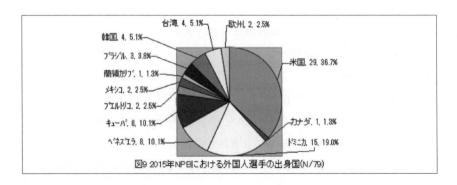

図9 2015年NPBにおける外国人選手の出身国（N/79）

異なった文化圏に「出稼ぎ」に出向くことになる中南米出身者にとっては、北米のマイナーリーグでプレーするよりも、好待遇を期待できるNPBは年々魅力的になってきていることがこの数字からもうかがえる。

　また、中南米諸国について言うなら、2008年にはゼロだったキューバ出身者が、8人と激増していることは特筆すべきことであろう。この数字は、米国の29人、ドミニカの15人に次ぎ、ベネズエラと並ぶもので、今やキューバは日本のプロ野球へのタレント供給源となっていると言える。

　1959年の革命以来、アメリカと袂を分かち、社会主義国としてステート・アマによる野球システムを構築してきたキューバは、国内選手のプロとしての国外流出を許さなかった。しかし、2013年9月に制限付きではあるがこれを解禁、この翌年には、ながらく代表チームの主砲を務めたフレデリック・セペダが、巨人に入団している。

　現行のキューバ政府が間に入るかたちでの、選手の国外への移籍は、あくまでキューバ国内リーグの球団にも籍を置いたままでの「レンタル移籍」で、選手の報酬も政府が移籍先球団と交渉し、その一部は収公される仕組みになっている。そのため、正式なルートを通しての国外でのプレーの道筋ができたのにもかかわらず、より自由な立場での移籍を求めた亡命者は後を絶たず、2009年にメキシコに亡命したレスリー・アンダーソンがセペダと同時に巨人に入団している。

　彼らが来日した2014年には、オバマ政権よって、米国・キューバ間の国交正常化交渉の開始の意向が表明され、翌2015年7月にはこれが実現されている。トランプ政権への交替により、両国の関係改善は先行きが見えなくなってきているものの、グローバル化の進展の中、キューバ発の選手移動のフローは今後も増加していくことが予想され、いまだ正式なルートでのアメリカへの移籍がなされていない現状にあっては、キューバのトップ選手にとって、NPBはメジャーに次ぐ目指すべきゴールであり続けるだろう。

　また、2008年には1人だったブラジル出身者が、3人まで増加していることは、欧州からの2人の選手を合わせて、NPBの選手獲得の地平が確実に広がっていることを示している。その一方で、韓国、台湾が計8人にとどまっていることは、東アジアのプロリーグ間で選手の流動性がまだまだ小さいことを示している。

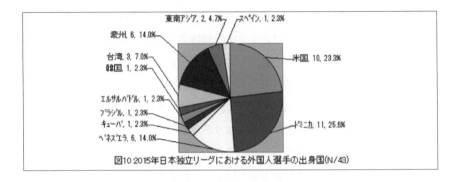

図10 2015年日本独立リーグにおける外国人選手の出身国（N/43）

　独立リーグについて言えば、先述したような、国際化の目論見の効果が現れている。近年では、外国人選手にとって、独立リーグはNPBへの中継地となっている。例えば、この年NPBでプレーしていたイタリア人投手、アレックス・マエストリ（当時オリックス）は、ともに米国でプロとしてのキャリアを積み、豪州の冬季リーグ、日本の独立リーグを経由してNPB入りしている。

　独立リーグの、「多国籍化」の進展には目を見張るものがある（図10）。

　2008年シーズンは、外国人選手の6割が韓国出身で、残りは、台湾、ドミニカ、豪州、ジンバブエの計5か国からの選手が日本の独立リーグでプレーしていたに過ぎなかったのが、2015年シーズンは、米国、豪州、ドミニカ、ベネズエラ、キューバ、エルサルバドル、ブラジル、韓国、台湾、タイ、ミャンマー、スペインの実に、12か国からの選手が独立リーグに集っていた。

2-5. 東アジア：日米への労働力貯水池

　東アジアには日本以外に、韓国、台湾、中国にプロリーグが存在している。韓国では1982年、台湾では1990年にプロリーグが発足したが、それ以前は両国のトップ選手の多くが日本の野球界に渡っていた。プロリーグ発足後、そのような選手の多くは母国へ帰り、草創期のプロリーグを支える存在となった。それと同時に、プロにふさわしいプレーレベルを保つため、多くの日本人選手が両国に渡った。

　その後、両国のプロ野球が発展を遂げ、プレーレベルも向上していくと、トップ選手がNPBへ上昇移動を行うようになった。1996年には韓国から「無等山爆撃機」と称されたソン・ドンヨル投手が、2000年には台湾大聯盟（TML）[10]からシュ・ミンチェ投手がNPBに移動している。その後もこの動きは続き、両リーグはNPBへの選手供給源のごとき存在になり現在に至っているが、その

ことはNPBに4人ずつ両国出身者が在籍していることから理解できる（図9）。

両リーグの外国人選手の在籍状況をみてみよう。両リーグには日本のNPBのそれより厳しい外国人選手枠が設けられているため、その数は決して多くはない。台湾の6.1％（12/198）、韓国の2.8％（30/1052）というファーム選手を含む全選手中の外国人選手の割合は、2008年時点（台湾6.9％、韓国3.0％）と比べると微減となっている。この数字は、グローバル化が進展し、アスリートの国際移動が増加する中、両国のプロ野球がいまだその閉鎖性を維持していることの現れである。

その内訳に目を向けると、前回調査においても、ともに北米からの選手の移動の割合が外国人選手総数の半数以上を占めていたが、その傾向は、今回調査においてより顕著になりともに8割以上を占めていた（図11、図12）。サンプル数が少なく、決定的なことを言うのは難しいが、このことは、メジャー未満の北米人選手にとって、両リーグがNPBに次ぐ「稼ぎ場」になっていることを示す一方、前回調査から数字を落としたラテンアメリカの選手にとって、両国は以前ほどの経済的魅力がなくなったことを示唆させるものでもある。

近年、中南米のウィンターリーグでは、経済力のあるメキシコ、ベネズエラ

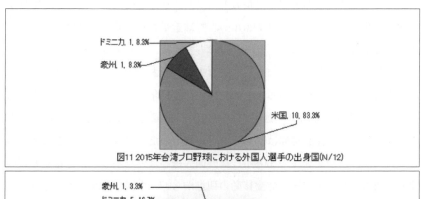

図11 2015年台湾プロ野球における外国人選手の出身国(N/12)

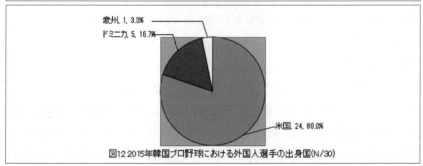

図12 2015年韓国プロ野球における外国人選手の出身国(N/30)

への選手移動欲が高まっていることを多くの選手が述べていることを裏づける
ように、ここ10年のカリビアンシリーズでは、従来その強さを見せつけていた
ドミニカの優勝が減り、メキシコの優勝回数が増えている。従来、ラテンアメ
リカの選手の国際移動は、メキシコ→台湾→韓国→日本→メジャーというパ
ターンを示していたが（石原：2013b, 165）、そのパターンにも若干の変化が
起こっているのかもしれない。つまり、今回の調査からは、メキシコの夏季
リーグ・メキシカンリーグの選手報酬が上がったため、韓国、台湾にかわり、
ラテン系の選手にとっては、言語的・文化的親和性の高いメキシコを目指す傾
向が高まってきている可能性が浮かんでくる。

　但し、日本NPBと韓国のKBOとの外国人選手の報酬格差は近年縮まってい
るとも聞く。それを考えると、韓国の移動先としての魅力は依然として減じら
れることはなく、この年のラテンアメリカ諸国からの移動の少なさは偶発的な
ものであったと考えることも可能である。

　中国に目を向けてみよう。この国の「プロリーグ」は、2008年に自国開催さ
れた北京五輪に向けて2002年に国内リーグの強豪を「プロ化」したものとされ
ていたが、その実際は、選手の待遇自体は、そもそも社会主義国家とあって、
中国における各競技の各省レベルのトップアスリートは、競技に対して給与を
得る「公務員」である（石原：2010b）。野球選手もその点は「プロ化」前後で
基本的には変わっておらず、リーグ自体も五輪後、リーグ戦の縮小・休止など
を経験し、現在においては、自ら「プロ未満」であるとして「プロリーグ」を
名乗ることを半ばやめている。そのためか、2015年シーズンはリーグのホーム
ページも閉鎖されており、選手のロースターを調査することはできなかった。
このリーグは発足後数年間はプレーレベル向上のため、外国人選手を数名採用
していたが、前回調査時の2008年には外国人選手はいなかった。低報酬と短い
開催期間もあり、スポーツ労働移動の観点からも、中国は野球選手にとって決
して魅力的な移動先ではなく、そのことも考えると、このシーズンも外国人選
手はいなかったと考えるのが妥当であろう。

　世界規模のパワーハウスである北米のMLBと日本のNPBともに北京五輪前
は、中国を将来的な選手貯水池として可能性を見出していたが、NPBについ
て言うと、2010年までは、無錫を本拠とする江蘇ホープスターズに千葉ロッテ
球団が指導者を派遣するなどしていたが、それも中断し、現在は、中国との

関係を発展させようという動きはない。逆にMLBは、その無錫に2009年に開設された育成センターでの選手発掘を継続し、今回の調査を行った2015年には、MLBアカデミー出身のシュ・グイユエンがボルチモア・オリオールズとマイナー契約を結ぶなど、中国の選手供給地としての可能性を模索し続けている。

2-6. イタリア

イタリアは野球後進地域である欧州において、オランダと並んでもっとも野球の普及度が高い国である。ナショナルチームレベルでは、ライバルであるオランダの後塵を拝することが多いが、クラブチームレベルにおいては、毎年各国リーグのトップチームが参加するヨーロピアン・カップにおいて、サンマリノを含むイタリアトップリーグのチームが最多の35回の優勝を誇っている。

1948年に発足した国内トップリーグ、セリエAは、主力選手に報酬を支払うセミプロリーグにまで発展した。これは2010年、国内リーグは本格的なプロ化を目指し、旧セリエAのトップチームによるイタリアン・ベースボールリーグ（IBL）を頂点とする体制に改組され現在に至っている。IBLは、それまで試合が組まれていなかった平日の試合開催、加盟各球団に入場料徴収を義務付けるなど「プロリーグ」の体裁を整えていく方向性を打ち出したが（石原：2013c）、この方針は挫折したようで、2013年シーズンからは再び方針を転換し、現在では旧セリエAの時代と変わらない状態に後戻りしている。しかし、外国人選手に関しては、これを有給で雇っていることは変わらず、多くの「傭兵」たちがここでプレーしている。

2015年シーズンのIBLは、隣国のサンマリノの球団を含む8チームで運営され、計188人の選手が在籍していた。IBLは発足時に、各球団に対して、それぞれ二軍を保有することを義務付け、ファームリーグ・IBL2が運営されていたが、各球団が自前で二軍をもつのではなく、契約を結んだクラブチームを二軍とし、余剰選手調整の場として機能させていたのが現実である。したがって二軍選手のほとんど全員は無給のアマチュアであったので、ここにはカウントしなかった。

IBL所属の188人のうち、イタリア人とサンマリノ人は129人、外国人選手は31.4％にあたる59人だった。サッカーなど他のプロスポーツと同様、EU加盟国の国籍保有者は、労働力移動の自由の原則から、このリーグにおいても「外国人」扱いはできない。このような事情から、数年前までは、欧州各国の選手

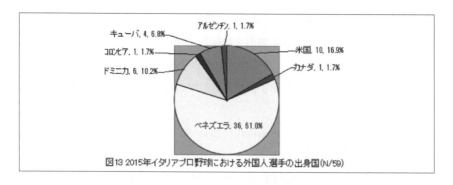

図13 2015年イタリアプロ野球における外国人選手の出身国(N/59)

の在籍も少なくはなかったが、2015年シーズンに限っては、「外国人選手」は南北アメリカ出身者で占められていた（図12）。

その中でも、とくに目立つのはベネズエラ人である。外国人選手の6割がこの国出身者で占められる。IBLにはEUを除く外国籍保有者は各球団2人までという登録制限があったが（石原：2013c）、イタリアにルーツのある外国人に対しては国籍が付与されやすいという事情から、二重国籍者が「イタリア人」として多数プレーしていた。とくに歴史的にイタリア系移民を多く抱えたベネズエラからは多くの選手が流入しており、1人いるアルゼンチン人も同様の二重国籍者であった。

IBLの外国人選手の報酬は、邦貨にして30万円ほどである[11]。この報酬は、2A以下のリーグで先の見えた選手や、独立リーグでプレーするレベルの選手の多くにとって魅力的なものと考えられる。Klein（2006, 175）は、1990年代半ばに独立リーグが発足したため、キャリアの晩年を迎えた米国人選手たちが、報酬のさほど変わらぬ外国のリーグより自国の新興プロ野球を最後のプレーの場として選ぶようになり、米国からイタリアへの移動が減少したと論じているが、カナダを含む11人の存在は、現実には北米からの選手の流入は止むことなく続いていることを示している。

2012年シーズンをIBLで過ごした、G.G.佐藤（元埼玉西武・千葉ロッテ）は、イタリアをプレー先として選んだ理由として、1）現役生活を続けたかったこと、2）IBLとコネクションを持つ日本人の紹介があったこと、3）イタリアの文化に興味があったこと、の3点を挙げていた[12]。彼は、前年シーズン限りで西武から自由契約を通告されていたのだが、IBLのボローニャで1シーズンを送ったあと、NPBに復帰し、2014年までの2シーズンをロッテで送って引退し

ている。

北米人選手がIBLにも身を投じているのは、彼らの移動理由に佐藤同様の経済的以外の要因があることは十分に推察できる。

3. 冬季リーグにおける野球選手の国際移動

　NPB球団のいくつかが、育成目的でオフシーズンの若手選手の選手派遣先とするなど、近年、メキシコや南半球のプロリーグ、いわゆるウィンターリーグは、日本の野球ファンの間でも認知度の高いものになっている。かつては、北米でプレーするマイナーリーガーのオフシーズンの稼ぎどころという色彩の強かったこれらのリーグも、MLBだけでなく、東アジアのプロリーグにとっても選手の育成の場という性格をより強めている。

　前回調査した2008-09年当時に冬季リーグとして活動していたリーグのうち、ハワイ・ウィンターリーグが姿を消した。逆にシーズンをキャンセルしていたニカラグアリーグが復活したのに加え、パナマ、豪州でもウィンターリーグが復活し、2014-15年シーズンは計8か国でウィンターリーグが行われた。この他、台湾では現地プロリーグが、日本、韓国、ドミニカからの選抜チームを招いてアジア・ウィンター・ベースボールという冬季リーグを開催していたが、このリーグは、各国の地元球団が選手を雇用し、リーグ戦を行うラテンアメリカや豪州のリーグとは違い、参加各国のリーグ、連盟が選抜した選手からなる国別のチームで行う教育リーグであるので、野球選手の国際労働移動を扱う本稿では扱わないことにした。

　以下では、これら冬季諸リーグを取り上げ、その選手の国際移動を分析していく。

3-1. カリビアン・シリーズ参加国：冬の「メジャーリーグ」

　ラテンアメリカの野球の祭典、「セリエ・デル・カリベ」。2014年大会からはキューバが復帰このの国際チャンピオンシップは、カリビアン・シリーズの英語名は、日本の野球ファンの間にも知れ渡っている。

　参加国のドミニカ、ベネズエラ、プエルトリコの人々にとって、ウィンターリーグこそが自国のプロ野球であり、もうひとつの参加国、メキシコのメキシカン・パシフィック・リーグは、夏季の「ナショナルリーグ」、メキシカンリーグより高い人気を得ている。

現在のところ、これら冬季リーグはいずれもMLBの事実上のファームリーグの役割を果たし、夏季に北米でプレーしていた選手たちが調整やレベルアップのため、プレーしている。

3-1-1. ドミニカ

　リザーブ（ベンチ入り外）も含めた全ロースター342人のうち、外国人選手は24.3%にあたる83人だった。このうちMLBのドラフト対象である米国、カナダ、プエルトリコからの選手が83.0%（69人）を占めていることは、このリーグの現在の立ち位置を端的に示している。つまり現在のドミニカ・リーグは、MLBの事実上のファームと言うことができ、この傾向は基本的に他の冬季リーグにも共通している。

　実際、このリーグに所属している選手の前年夏の所属をみてみると、全選手の81.9%にあたる実に280人がMLB球団と契約を結んでいた。このうち55人いたメジャーリーガーたちは、基本的にレギュラーシーズンはほとんどプレーせず、年明けのプレーオフからメジャーのスプリングトレーニング（春季キャンプ）の準備を兼ねて参加した。その一方、ドミニカ人、北米人問わず、マイナーリーガーにとっては、このリーグは北米での翌シーズンの足掛かりをつかむべくスカウトへアピールする場であるとともに、オフシーズンの収入を得る場である。

　また、MLBが外国籍の有望選手育成の場としてもこのリーグを活用していることは、キューバ、ニカラグア、パナマ、コロンビア、ブラジル、オーストラリアという自国に長期にわたるプロリーグのない国々からの選手の参加があることから理解できる。先に挙げたMLBドラフト対象地域とプロリーグのあるアジア諸国以外からの選手の出身国数は、2008年の3か国から6か国に激増しており、このことは、MLBが世界各地からスカウトした選手のうち、メジャー予備軍となる有望株を育てる場としてこのリーグを利用していることがうかがえる（図14）。

　また、オーガナイズドベースボール所属の全選手280人のうち、全体の59%に当たる202人が3A以上でプレーしていたというほどのレベルの高さは、アジアのプロリーグの一軍レベルの選手にとってもレベルアップの場となり、このシーズンはNPBから中日の又吉克樹投手が参加していた。但し日本人選手の参加は、2008年の11人からは激減しており、このあたりは現地の治安状況などを

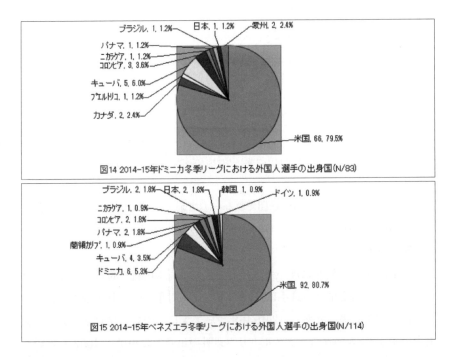

図14 2014-15年ドミニカ冬季リーグにおける外国人選手の出身国(N/83)

図15 2014-15年ベネズエラ冬季リーグにおける外国人選手の出身国(N/114)

憂慮したNPB球団が選手の派遣に消極的になってきた表れと解釈することができる。

3-1-2. ベネズエラ

　現在、米国以外ではドミニカに次ぐメジャーリーガー輩出国となっているベネズエラにも冬季プロリーグがある。このシーズンは、調査時点で483人の選手登録が確認でき、うち23.6%にあたる114人が外国人選手であった。また、71.4%にあたる345人が、夏季はオーガナイズドベースボールでプレーし、そのうち3A以上でプレーしていたのは全体の32.7%にあたる158人であった。オーガナイズドベースボール所属の選手の割合がドミニカ比して低いのは、夏はイタリアリーグ（IBL）でプレーする選手が36人もいることによるところが大きい。

　外国人選手の8割を占める米国人の他、中南米カリブ諸国、欧州からの選手も少数ではあるが参加するなど、外国人選手の構成は、ドミニカ同様の傾向を示している（図15）。但し、このリーグと日本球界との関係は薄く、NPB球団からの選手の派遣は行われていなかった。2人いた日本人選手（村田透/インディアンズマイナー、渡辺俊介/独立系アトランティックリーグ・ランカス

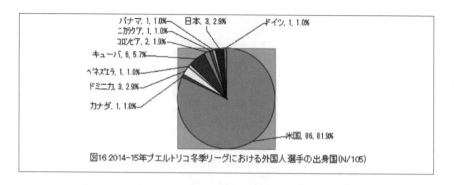

図16 2014-15年プエルトリコ冬季リーグにおける外国人選手の出身国(N/105)

ター)はいずれも夏は米国の球団でプレーしており、彼らの国際移動の要因は、他国からの選手同様、北米プロ球界でのステップアップにあった。

3-1-3. プエルトリコ

2013年WBCで準優勝に輝いたこの島の住民は、米国籍を持っている。したがって、この島生まれの選手はMLBのドラフト対象、つまり米国プロ野球では「国内選手」扱いである。2015-16年シーズンにこの島のプロリーグに在籍した全選手257人のうち、プエルトリコ以外の出身者の40.9%（105人）という高い割合は、そのうちの実に8割強（86人）を占める米国人の多さゆえである。また、中南米カリブ地域からの参加者の多さ、欧州からの参加者の存在は、ドミニカ、ベネズエラ同様のこのリーグのMLBのファーム的性格を示している（図16）。

この島とドミニカ、ベネズエラとの間の移動の存在は、冬季リーグ間においても上昇下降移動の連関関係が形成されていることを示唆する。つまり、プレーレベル、報酬ともより高い両国の冬季リーグでの契約を結ぶことができなかった選手が、プエルトリコに移動する流れができている。逆に自国のリーグに満足できないプエルトリカンは他のウィンターリーグを目指す。

そのことは3A以上でプレーする選手が全体の23.7%と両国に比して低いこと、このシーズン以前10シーズンでのカリビアン・シリーズでの優勝回数ゼロというプエルトリコの弱体ぶりから推測することができる。

一方で、米国領であることによるドミニカ、ベネズエラに比しての治安の良さ、経済の安定度は、NPBにとって若手選手育成の場としてのこのリーグの魅力を高めている。このリーグには、2010-11年シーズンから複数のNPB球団が

選手を派遣しているが、このシーズンも、ソフトバンク球団所属の3人が確認できた[13]。

3-1-4. メキシコ

メキシコでは、この冬季シーズン、確認できるだけで4リーグが実施されていた。夏季のトップリーグ、メキシカンリーグ（LMB）が運営するアカデミーで実施されるルーキーリーグ（9月中旬〜12月）、メキシカンリーグ傘下の若手選手を預かる球団によって行われるノロエステ・リーグ（10月中旬〜1月）、LMBとは別組織により運営されるメキシカンパシフィックリーグ（LMP）、ベラクルス冬季リーグ（リガ・インビエナル・ベラクルサナ, LIV）（ともに10月中旬〜1月）である。このうち、ロースターから出身国の確認をとることができたのは、所属選手は全員メキシコ人だと思われるルーキー級リーグ以外の3リーグであった[14]。

この国に数ある冬季リーグの中でも、最高峰と言われているのが冬季リーグの雄を決めるカリビアン・シリーズに優勝チームを送るLMPであるが、北米の3A以上でプレーする選手の割合は13.9%（43人）とすでに挙げた3国・地域と比べて著しく低い。これは、自国にサマーリーグが存在するため、LMPに参加している64%にあたる64人が、夏季はオーガナイズド・ベースボールにおいては3Aにランキングされるメキシカンリーグでプレーしていた。

しかしながら、外国人選手の割合は28.9%（89人）とドミニカ、ベネズエラに比して高い。これは、プエルトリコ同様、ドミニカ、ベネズエラに比して治安状況、経済が格段に安定しているため、米国人に代表される外国人選手にとって、移動しやすいプレー先であることによるものだろう（図17）。そのことは、同じように冬季リーグをもつドミニカから7人もが「出稼ぎ」に来てい

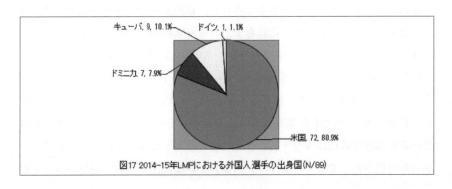

図17 2014-15年LMPにおける外国人選手の出身国（N/89）

ることに端的に表れている。実際、ドミニカ冬季リーグ、LMPの双方でプレーした経験をもつ選手は、近年、LMPの選手報酬が上昇し、他国よりもメキシコでプレーした方が待遇がいいとしている。

　このリーグへの国際移動の例を挙げてみよう。日本の独立リーグ、ルートインBCリーグに在籍していたドミニカ人のサンディー・マデラは、このシーズン自国ではなくLMPでプレーした。

　北米でプロキャリアを始めたのち、2006-07年シーズンに母国の冬季リーグデビューを飾ったマデラは冬の3シーズンをドミニカで送ったが、2009-10年シーズン以降はLMPに移籍、その後は母国のリーグに帰ることなく、2011年シーズン以降は夏のシーズンももっぱらメキシコで送るようになった。メキシコ以外でプレーしたのは、その2011年シーズンの一部を米国独立リーグの最高峰と言われるアトランティック・リーグで過ごしたのと、NPB球団との契約を目論んで2012年シーズンをBCリーグでプレーしたのみである。

　メキシコでは夏冬問わずタイトル争いを演じるなど、彼はメキシコ球界になくてはならない存在となったが、本来「里帰り」するはずの冬のシーズンを母国でなくメキシコで過ごす理由を、「その方がギャラが高いため」だとしていた[15]。

　MLBによってルーキー級ドミニカン・サマーリーグが開始された1985年以降28大会で15回の優勝と、2012年のカリビアンシリーズまで圧倒的な強さを見せつけてきたドミニカだったが、それ以降の5大会は優勝から遠ざかっている。2013年以降、メキシコが3度の優勝していることは、2回総当たりのラウンドロビン（リーグ戦）から1回総当たりの後、上位4チームによる（2013年大会以降キューバがこの大会に復帰している）トーナメントという大会形式の変化もその要因として挙げることもできるだろうが、富裕で安全なメキシコへの選手の国際移動フローを考えると、これもまたある意味必然であると言えるだろう。

　また、この国には、大西洋岸ベラクルス州周辺にLIVが展開されていた[16]。8球団に所属する214人の選手のうち、外国人選手は35人であった。14.5%というLMPに比して約半分の「傭兵」の割合は、このリーグでの報酬が、「出稼ぎ」に値しないと考える選手が多いことを暗示している。このリーグの優勝チームが参加する国際シリーズ、ラテンアメリカ・シリーズには、そのプレーレベルの低さからカリビアンシリーズ加入をいまだ認められていないコロンビ

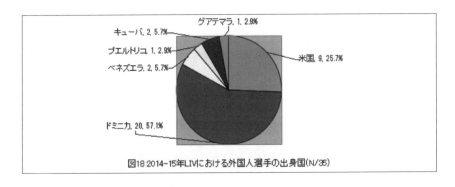

図18 2014-15年LIVにおける外国人選手の出身国（N/35）

ア、ニカラグア、パナマの冬季リーグが参加することからも、このリーグがLMPの事実上の下位リーグにあたり、そのプレーレベルに比例して報酬も少ないことがうかがえる。野球後進国と言える隣国、グアテマラからの選手移動はそのプレーレベルの低さゆえのことであろう（図18）。

3-2. コロンビア、ニカラグア、パナマ：中米における新興勢力

　ラテンアメリカでは、カリビアンシリーズの他、「セリエ・ラテンアメリカーノ」、ラテンアメリカンシリーズと呼ばれる国際大会が2013年から実施されている。この大会は、パナマ、コロンビア、ニカラグアに加え、メキシコの地方リーグ、LIVが参加していた。

　パナマには1946年、コロンビアには1948年にプロリーグが発足、ニカラグアには遅れて1956年にサマーリーグとしてプロリーグが発足している。しかしながら、もともと北米プロ野球から独立した存在であったこれらのリーグも、やがて、MLB傘下のマイナーリーグの統括組織であるナショナル・アソシエーションに組み入れられ、事実上のファーム組織となるに及んで、トップ選手を奪われることによって人気を失い、一旦は休止に追いやられている。現在のリーグは、コロンビアが1999年、パナマが2001年、ニカラグアが2004年シーズンに開始され、中断期間がありながらもリーグ戦を行っている。

3-2-1. コロンビア

　2015-16年シーズンに関しては、4球団計107人の選手登録があった。うち72%にあたる77人が自国出身者で、30人（28%）の外国人選手のうちドミニカ（11人）、ベネズエラ（3人）、キューバ、メキシコ（各1人）と、カリビアンシリーズ出場国からの選手が過半数を占めた（図19）。

　この数字を2008-09年シーズンのそれと比べると、まず外国人選手の割合が約

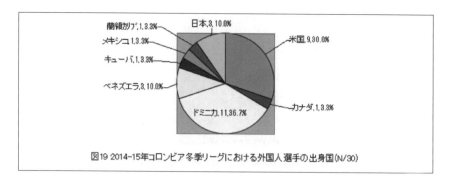

図19 2014-15年コロンビア冬季リーグにおける外国人選手の出身国(N/30)

半数（45人）から激減している。この減少分のほとんどは、北米からの選手の減少分（11人）で、この数字は、2008-09年シーズンには存在しなかった、ニカラグア、パナマの北米人選手の合計（9人）とほぼ同数である。

また、先述したようなカリビアンシリーズ、ラテンアメリカシリーズの上下関係からドミニカ、ベネズエラ、メキシコからの選手移動がより高いレベルでのプレー、高報酬を求めた上昇移動であることは考えにくく、これらの国々からの選手の移動は、母国で満足のいく契約が得られなかったことににによる下降移動であると考えられる。キューバ人については、基本的には北米プロ野球を目指して亡命しながらも、北米では成功を収められなかった者であり、10人の北米からの移動を考えあわせても、やはりこのリーグも北米プロ野球の事実上のファームとなっていると言える。

また、日本人選手が3人（2.8%）在籍しているが、これは、日本の独立リーグ、ルートインBCリーグとコロンビアリーグとの提携のもと、派遣されたもので、現在、トップリーグであるNPBだけでなく、独立リーグにおいてもオフシーズンの選手育成の場としてういんとリーグを活用する潮流が生まれていることを示している。

3-2-2. ニカラグア

確認できたのは各球団25名、全4球団で計100人のアクティブロースターである。このうちニカラグア人は72人であった。外国人選手は、各球団それぞれ7人の在籍していた。

その外国人選手の9割近くがドミニカ（12人,42.9%）、ベネズエラ（10人,35.7%）に代表される中米・カリブ地域出身者で占められているのは、そのプレーレベルの低さに比例した報酬の少なさ、リーグを取り巻く環境の悪さに

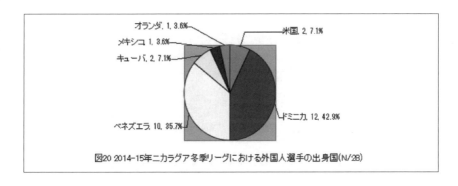

図20 2014-15年ニカラグア冬季リーグにおける外国人選手の出身国(N/28)

起因しているのだろう[17]（図20）。つまりは、北米人にとって、決して魅力的な「職場」ではないのだ。

このリーグのプレーレベルがプロリーグとしては決して高くないことは、このリーグに所属している全選手のうち、メジャーリーグ球団とマイナー契約を結んでいる選手は4分の1にあたる25人しかおらず、そのうち7人は、ドミニカ、ベネズエラのルーキーリーグ所属で米国本土にすらわたっていないことからうかがうことができる[18]。

3-2-3. パナマ

アクティブ（118人）、リザーブ（37人）あわせて145人のロースターが確認された。このうちMLB傘下のマイナーリーガーは約半数の73人であった。

パナマ運河一帯が、1979年までその主権下に置かれていたなど、コロンビアや反米政権下のニカラグアに比べ米国の影響が強いこともあり、MLBでは、このリーグをカリビアンシリーズ参加4リーグの下位のファームリーグと位置付けているようである。

そのような他のラテンアメリカシリーズ参加リーグに比べての北米野球のファーム的性格の強さは、全選手の18.6%（27人）にあたる外国人選手のうち、米国人がドミニカ人（15人）に次ぐ7人在籍していたことにもあらわれている（図21）。また、ドミニカ人とあわせ、ベネズエラ人（3人）の存在は、両国の選手にとって、この国が、コロンビア、ニカラグア同様の下降移籍先であることを示していると言えよう。また、コロンビア、ニカラグアに比しての外国人選手の少なさは、自国内のタレントの豊富さによるものと考えることができる。

3-3. オーストラリア：ウィンターリーグのさらなる拡大

現在、中南米カリブ地域以外には、オーストラリアにプロの冬季リーグが

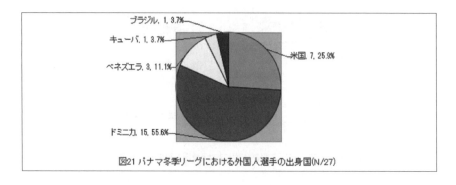

図21 パナマ冬季リーグにおける外国人選手の出身国(N/27)

ある。このリーグ、オーストラリアン・ベースボール・リーグ（ABL）は、元々は1989年秋に発足、その後、1999年にインターナショナル・ベースボールリーグ・オブ・オーストラリアに改組されるも2002年に休止に追いやられた。現在のリーグは、MLBの75%の出資の下、残りの25%の出資者であるオーストラリア野球連盟がこれを復活させ、2010-11年シーズンからリーグ戦を開始している。

　そのような発足の経緯もあり、このリーグは中南米カリブ地域の冬季リーグに比べ、よりMLBのファーム的性格が強い。ロースターの計199人のうち、直前の夏のシーズンに他国のプロリーグでプレーしていた者は半数弱の97人（48.7%）、そのうち66人がMLB傘下のマイナーに所属していた。これに加えて40人が過去に国外でマイナーでプレーしていた経験を持っている者である。富裕なオーストラリア出身の選手にとって、薄給のマイナーリーグを去ることは必ずしも引退を意味せず、その多くは母国に帰った後も、ABL発足以前はアマチュアのクラブチームでプレーを続ける。このアマチュアクラブのプレーレベルの高さは、そのメンバーの多くが参加し、銀メダルを獲得した2004年のアテネ五輪が証明している。ABL発足後は、そのようなアマチュアクラブのトップ選手がABLで「プロ復帰」を果たし、中にはMLB球団と再契約を結ぶこともある。

　外国人選手は全選手の36.7%にあたる73人であった。その内、8割超が北米からの移動であることもまた、このリーグがMLBの「ファーム」であることを示している。彼らの他、ニュージーランド、ドイツからの各1人ずつと韓国人選手2人もMLB傘下のマイナーから「派遣」されたものであった（図22）。

　また、このリーグには日本からの選手が6人[19]、台湾からの選手が3人在籍

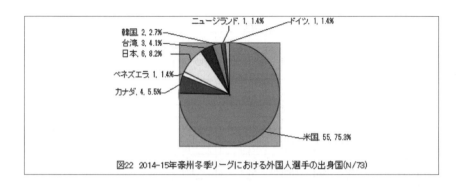

図22 2014-15年豪州冬季リーグにおける外国人選手の出身国(N/73)

していた。日本からの選手はその内5人がNPB球団から派遣されたものであり、台湾からの選手もプロリーグからの派遣選手であった。このことから、このリーグがMLBだけでなく、アジアのプロリーグにとってもオフシーズンの選手の育成の場となっていることがわかる。

4. 送出国側からみたベースボールのプロ化の広がり

前章では、受入国プロリーグの国外選手の出身国の分析からプロ化するベー

(表1)選手送出元から見たプロ野球選手の移動先 2015年夏季リーグ/筆者調べ												
	計	国際移動数	国際移動率	北米	ドミニカ	ベネズエラ	メキシコ	日本	韓国	台湾	イタリア
米国	6293	159	2.5	6134	10	0	66	39	24	10	10
カナダ	81	2	2.5	79	0	0	0	1	0	0	1
ドミニカ	1937	1157	59.7	1068	780	1	50	26	5	1	6
ベネズエラ	1143	1020	89.2	593	337	123	40	14	0	0	36
メキシコ	805	97	12.1	74	21	0	708	2	0	0	0
プエルトリコ	169	169	100	161	2	0	4	2	0	0	0
キューバ	109	109	100	75	0	0	21	9	0	0	4
米バージン	4	4	100	3	1	0	0	0	0	0	0
蘭カリブ	45	45	100	30	13	0	1	1	0	0	0
パナマ	45	45	100	41	0	0	4	0	0	0	0
コロンビア	65	65	100	40	23	0	1	0	0	0	1
ニカラグア	26	26	100	14	11	0	1	0	0	0	0
中米	5	5	100	2	2	0	0	1	0	0	0
南米	18	18	100	7	4	1	1	4	0	0	1
カリブ	8	8	100	4	4	0	0	0	0	0	0
日本	1099	18	1.6	18	0	0	0	1081	0	0	0
韓国	1038	16	1.5	11	0	0	0	5	1022	0	0
台湾	211	25	11.8	18	0	0	0	7	0	186	0
アジア	4	4	100	2	0	0	0	2	0	0	0
豪州	44	44	100	36	0	0	0	6	1	1	0
オセアニア	5	5	100	5	0	0	0	0	0	0	0
イタリア	137	7	5.1	6	1	0	0	1	0	0	129
オランダ	13	13	100	10	2	0	0	1	0	0	0
欧州	19	19	100	15	3	0	0	1	0	0	0
南アフリカ	8	8	100	8	0	0	0	0	0	0	0
不明	173	173	100	109	64	0	0	0	0	0	0
総計	13504	3261	24.1	8563	1278	125	897	1203	1052	198	188

注)縦軸が選手出身国、横軸は移動先のプロリーグの所在国
送出元について、
「中米」はエルサルバドル(1人)、グアテマラ(2人))
「南米」はブラジル(17人)、アルゼンチン(1人)
「カリブ」はハイチ、バハマ(各2人)
「欧州」は、ドイツ(7人)、チェコ(4人)、スペイン(2人)、イギリス、フランス、ベルギー、リトアニア、ポーランド、モルドバ(各1人)
「アジア」は、タイ、ミャンマー(各2人)
「オセアニア」は、米領グアム(4人)、ニュージーランド(1人)
「イタリア」にはサンマリノ出身者1人含む

(表2)選手送出元から見たプロ野球選手の移動先 (2014-15年冬季リーグ/筆者調べ)											
	計	国際移動数	国際移動率	ドミニカ	ベネズエラ	メキシコ	プエルトリコ	コロンビア	ニカラグア	パナマ	豪州
ドミニカ	333	74	22.2	259	6	27	3	11	12	15	0
ベネズエラ	389	20	5.1	0	369	2	1	3	10	3	1
メキシコ	590	2	0.3	0	0	588	0	1	1	0	0
プエルトリコ	154	2	1.3	1	0	1	152	0	0	0	0
コロンビア	84	7	8.3	3	2	0	2	77	0	0	0
ニカラグア	75	3	4	1	1	0	1	0	72	0	0
パナマ	122	4	3.3	1	2	0	1	0	0	118	0
キューバ	30	30	100	5	4	11	6	1	2	1	0
ブラジル	4	4	100	1	2	0	0	0	0	0	0
蘭領カリブ	2	2	100	0	0	1	0	0	0	0	0
グアテマラ	1	1	100	0	0	1	0	0	0	0	0
米国	398	398	100	66	92	81	86	9	2	7	55
カナダ	8	8	100	2	0	1	1	0	0	0	4
豪州	128	2	1.6	2	0	0	0	0	0	0	126
ニュージーランド	1	1	100	0	0	0	0	0	0	0	1
日本	15	15	100	1	2	0	3	3	0	0	6
韓国	3	3	100	0	1	0	0	0	0	0	2
台湾	3	3	100	0	0	0	0	0	0	0	3
欧州	5	5	100	0	1	1	1	0	1	0	1
総計	2345	584	24.9	342	483	712	257	107	100	145	199

注) 「欧州」は、ドイツ、オランダ

スボールシーンにおけるアスリートの国際移動の現状を探ってきたが、本章では、送出側からベースボールのプロ化が進んでいことを探っていく（表1、表2）。

　調査時において、世界中のプロ野球リーグには41の国と地域から選手が参加していた。以下に、その国・地域を列挙する。

　米国、カナダ、ドミニカ、ベネズエラ、メキシコ、プエルトリコ、キューバ、パナマ、コロンビア、ニカラグア、エルサルバドル、グアテマラ、ブラジル、アルゼンチン、ジャマイカ、ハイチ、バハマ、米領ヴァージン諸島、オランダ領カリブ、日本、韓国、台湾、中国、インド、タイ、ミャンマー、オーストラリア、ニュージーランド、米領グァム、イタリア、サンマリノ、オランダ、スペイン、ドイツ、イギリス、ベルギー、チェコ、リトアニア、ポーランド、モルドバ、南アフリカ。

　すでに述べた通り、ロースターの確認できた「プロ野球選手」は夏季リーグにおいて、計1万3504人であった。そのうち出身の不明な者が173人いたが、その多くは米国人であると仮定すると、確認できただけでも6293人いた米国は、

世界中のプロ野球選手の過半数を輩出している。以下、選手の出身国の内わけ
は、ドミニカ（1937人）、ベネズエラ（1143人）、日本（1099人）、韓国（1038
人）と続く。自国にプロリーグのあった米国、カナダ、日本、韓国、イタリア
は、国際移動をする選手の割合は少なかったが、メキシコと台湾は、自国にプ
ロリーグがあるにもかかわらず国際移動率が1割を超えている。これは、両国
のプロリーグの報酬の低さと関連するものと思われる。イタリアはメキシコ、
台湾同様に選手の報酬は低いが、北米や東アジアとの距離の遠さ、プレーレベ
ルの低さにより、国際移動が抑えられているのだろう。

　以下では、自国内にプロリーグを持たない、つまりは、プロ選手として野球
をするには、国境を超える必要にある国々に主として注目し、野球の広がりに
ついて述べていきたい。

4-1. 欧州・アフリカへの拡大

　Klein（2006, 191-195）は、すでにサッカーが人気スポーツとして定着し、経
済的にも豊かな欧州では、貧困から抜け出すツールとして野球競技が利用され
る中南米カリブ地域のような野球の定着、人気向上は難しいとしているが、イ
タリアでのプロ化もあり、プロ野球選手の総数は、前回2008年調査時の35人か
ら169人と激増している[20]。また、MLB球団がマイナーの有望株を送り込む
ウィンターリーグにおいてもオランダ、ドイツ人選手が確認できることから、
この地域におけるMLBのスカウト網は整備されつつるようにみえる。

　しかしながら、プロ選手輩出国自体は、9か国から10か国と微増であり、自
国リーグでプレーするイタリア、サンマリノ人選手の数を除いた選手総数は39
人と前回調査時と大差はない。イタリアン・ベースボール・リーグは、「本格
的なプロ化」を目指したものの観客動員にも苦しみ、2018年シーズンより以前
のセリエAのような選手とのプロ契約を必ずしも義務付けない「セミプロ」化
に戻る方針だという[21]。このことを考えると、北米や東アジアへの人材供給
地としてのこの大陸への野球普及は今後もなかなか進むことはないだろう。

　Kleinはまた、欧州への野球普及について、比較的貧しく、野球を競技する
ことが貧困脱出の手段となりうる可能性をもつ東欧に野球普及の期待を抱いて
いる。その言葉を裏付けるように、2008年にはロシア、チェコの2か国からし
か出現していなかったプロ選手は、2015年にはチェコ、リトアニア、ポーラン
ド、モルドヴァの4か国に拡大している。しかし、この地域が北米野球の選手

供給地になるのは、まだまだ遠い先のようである。

　ヤンキースと2013年に契約を結んだというポーランド人・アルトゥル・ストルザルカは、この2015年と翌年にルーキーリーグでリリーフとして計21試合に登板し3勝2敗、防御率5.28という成績に終わると、北米球界を去っている。2017年シーズンは日本の四国アイランドplusでプレーし、20試合で1勝3敗、防御率3.88を記録している。

　同じく2015年シーズンをルーキー級ガルフ・コースト・ツインズで過ごしたバディン・バランは旧ソ連圏のモルドバ出身である。彼は2012年8月、イタリア・ティレニアで行われたMLBアカデミーに参加していた。このアカデミーは欧州各国から若いタレントを集め、数週間にわたり連日ゲームをさせ、スカウティングするというものだが、弟ともに母国からバスを乗り継いでやってきた少年は、見事プロ野球選手というアメリカンドリームへのチケットをつかんだようだった。しかし、彼もこの年、リリーフで1試合、1イニング2/3を投げたのみ（無失点）に終わっている。

　Kleinの予言は、アフリカにおいてさらに正鵠を得たものとなっている。彼は、この大陸にドミニカ同様の野球の可能性を見出しているが、彼がその射程に置いた南アフリカ共和国出身のマイナーリーガの数は、2008年の4人から8人へと倍増している。この8人のうち、パイレーツと契約していたギフト・ンゴエペは2017年シーズン、「アフリカ初のメジャーリーガー」としてデビューを果たしている。英語が公用語でもあるアフリカ一の経済力を誇るこの国が今後もこの地域の野球の中心地となり、人材供給センターとなる可能性は大いにある。

　MLBによるスカウティングの一環として流れの他、アフリカには開発援助としてのスポーツ普及の一環としてのトレンドも存在する（石原2011a,b）。この活動は、とくに日本において盛んで、現在複数のNGOが現地野球連盟とともにアフリカでの普及活動を行っている。日米において独立リーグがその数を増やすなどプロのプレーレベルの下限が下がる中、その活動のひとつの結果としてプロ選手を送出することも起こっており、前回調査した2008年においても、日本の四国アイランドリーグ（四国アイランドリーグplus）にジンバブエ人選手がひとり在籍しており、2015年シーズンも調査時点においては、「練習生」扱いでロースターには入っていなかったが、シーズン終盤に、同リーグに

西アフリカのブルキナファソ出身者が選手契約を結び「プロデビュー」を飾っている。彼らはともに日本のNGOが行った野球普及活動の結果来日したもので、今後も断続的にこのような日本の独立リーグへのアフリカ出身者の国際移動は見られると考えられる。

4-2. アジア・オセアニア：野球界の「ブルーオーシャン」

日本、韓国、台湾を除くアジア、豪州を除くオセアニアはいまだ「野球不毛の地」と言ってよい。それでも中国、インド、タイ、ミャンマー、ニュージーランド、グアムから「プロ野球選手」が出現している。米国領であり、かつて読売巨人軍が春期キャンプを行っていたグァムや北京五輪にも出場した中国からMLB傘下のマイナーリーグに人材が供給されるのはある意味当然とも言えるが、その他の地域にも野球は確実に広がりつつある。

しかしながら、野球の普及が今後も進むかどうかについては難しいと言わざるを得ない。映画「ミリオンダラー・アーム」のモデルとなったリンク・シンを生んだインドからは、彼をプロ野球選手に仕立て上げた現地テレビ局の企画後、彼に続くものがいまだ出ていない。このことは、クリケット、カバディというナショナル・スポーツが、グローバル・スポーツであるサッカーをも駆逐しているこの国での現状以上の野球普及が難しいことを示している。

2人いた東南アジア出身者は、ともに日本の独立リーグに在籍していた。そのうちミャンマー人選手はアフリカ同様、日本人による普及活動の結果、独立リーグ入りを果たしている。このことはプロリーグとしては比較的プレーレベルの低い日本の独立リーグが、野球新興国のトップレベルの選手の目指す場所となっていることを示している。

4-3. 中南米カリブ：米国の後背地の拡大

プロのウィンターリーグが存在する国とキューバ以外は、サッカーが国技となっていると思われているこの地域だが、野球の組織化は次第に進んでいるようである。

今や国際大会の強豪となったオランダナショナルチームを支えるキュラソーをはじめとするカリブ領出身者は、2008年と比較すると、26人から45人と激増している[22]。

ここでは、1990年代前半まではサッカー人気が野球人気を凌いでいた。しかし、その状況は、アンドリュー・ジョーンズのメジャー昇格とその後の活躍に

より、大きく変わり、キュラソーは今や人口比ではドミニカを凌ぐ「メジャーリーガー製造工場」となっている（中島：(2017, 116-130)。

　オランダ領カリブだけではない。ブラジル出身者の数も、夏季リーグで6人から17人と激増している。この国は2013年WBCで予選を通過し、本選出場を決めるなど、国際大会においても着実に実力を伸ばしているが、この背景には、MLBのスカウト活動の活発化とそれに伴う国内での育成システムの整備の結果として国外のプロリーグに移動する選手の増加があると考えられる。

　この他、今回の調査の後のことにはなるが、近年、カリブ海の小国、バハマで野球場建設されたり、グアテマラのナショナルチームがメキシコのウィンターリーグであるLIVの後継リーグ、「リガ・エスタータル・インビエルノ・ベラクルス」と交流試合を行う（2017年）、ホンジュラス、エルサルバドルの冬季アマチュアリーグで各々の国出身のマイナーリーガープレーするなど、MLBの影響の下、中南米カリブ地域の「野球不毛の地」にも着実に野球の種が蒔かれ、プロ化が進んでいることがうかがえる。

　今後も、この地域にはプロリーグがない国が多いものの、国外でのプレーを選手が目指した選手の流出の波は続くであろう。

5. おわりに

　以上、本稿においては、2014年冬シーズンから2015年にかけての、世界全体の「野球移民」の動態を、各国プロリーグにおける選手の国際移動に着目して概観した。夏季シーズンのプロ野球選手の総数は、前回2008年の調査時と大差はなかったが、調査の及ばなかった中国リーグ、オランダをはじめとする各国リーグで有給でプレーしている選手、豪州のMLBアカデミーで現地アマチュア選手とともにプレーしている者の数なども考慮すると、野球を生業としている選手の総数は実際は、増加していると考えていいだろう。

　但し、このことが野球のプロ化の世界的拡大と取ることは難しい。「本格的なプロ化」を志向したイタリアの挑戦は、失敗し、MLBのルーキーリーグだったベネズエラン・サマーリーグは休止し、現在未熟な選手の育成は、米国内に集約されるようになっている。従来プロ選手を輩出することのなかった野球途上国出身者のほとんどは、MLB傘下の低レベルのマイナーリーグか、日米の独立リーグでプレーしている。グローバル化の進展により、「脱領域化」（アパ

デュライ：2004）した選手育成のためのプロリーグが、コストの安い「野球不毛の地」、アフリカに誕生する可能性も考えられないことはないが、2007年に発足したイスラエル野球リーグが1シーズンしかもたなかったことを考えると（石原：2008b）、それも現実的ではないだろう。

　地球規模でのプロ野球選手の「多国籍化」は、今後も進むものと思われる。しかし、世界規模で野球が普及、浸透し、プロ化が進むのは、北米や日本の独立リーグを含むマイナーリーグでプレーした選手たちが、母国で野球の種を蒔き、それが育つ次のフェーズを待たねばならないだろう。

[注]

(1) このリーグのパナマ人選手に尋ねたところ、月あたりの報酬は1500ドルという返事が返ってきた（2018.1.2, パナマ共和国アグアデュルセ市レモン・カンテラ球場）。

(2) 以下、2008年（2008-09年冬季シーズンを含む）のデータに関しては、石原（2010a）を参照した。

(3) 北米のプロ野球では、MLBを含め、複数のリーグが米国、カナダにわたって展開されており、両国の国境を越えたトレードも盛んにおこなわれている。そのため、本稿においては、この両国間の選手移動は国際移動とは扱わない。一方、米国自治領であるプエルトリコ、バージン諸島、グアムからの移動については国際移動として扱った。

(4) 本稿において取り上げる地域には、台湾、プエルトリコなどの非独立地域を含んでいるが、これらを含め、「国」という表現を使用する場合があることを断っておく。

(5) それ以前は、マイナーリーガーには基本的にP-1ビザよりも発給数の制限が強かった季節労働者向けのH-2Bビザが発給されていた。尚、独立リーグの選手にもP-1ビザが発給されるようになった時期については、複数の選手からの聞き取りから推測した。

(6) メジャーリーガーの数は、日本9、台湾3、韓国4、中国0であるのに対して、MLB傘下のマイナーリーガーの数は、日本2、台湾14、韓国7、中国1であった。LMBの外国人枠は1チームあたり4人である。全16チーム全体では64となるが、このシーズンの外国人選手の総数は米国出身選手55人を含む141人であった。

(7) この中には、米国で教育を受け、ドラフトを通じてMLB球団と契約を結んだものも存在すると考えられる。

(8) 最盛期の2001,02年には12チームだったこのリーグは、2016年に休止された。(Baseballamericaホームページ, 'Venezuelan Summer League Shuts Down',

HYPERLINK "http://www.baseballamerica.com/minors/venezuelan-summer-league-shuts/" http://www.baseballamerica.com/minors/venezuelan-summer-league-shuts/, 2016.1.21閲覧)

(9) 1997年から2002年まで台湾プロ野球は2リーグに分裂していた。台湾職業棒球大連盟 (Taiwan Major Legaue, TML) は、先発の台湾職業棒球大連盟 (CPBL, Chinese Professional Baseball League) に対抗して発足した後発リーグで、のちCPBLに吸収されるかたちで合併した。

(10) フィールドワークにおける、複数の選手へのインタビュー (2012, IBL各球場)

(11) G.G.佐藤へのインタビュー (2012.8.3, ボローニャ, ジャンニ・ファルキ球場)

(12) 同球団は実際にはこのシーズン5人をプエルトリコ・リーグに派遣していたが、調査時点ではロースターには3人しか入っていなかった

(13) メキシカンリーグ傘下のノロエステリーグの選手は全員メキシコ人であった。

(14) サンディー・マデラへのインタビュー (2012.7.16, 富山県小矢部野球場)

(15) LIVは、2016年冬季シーズよりベラクルス州リーグ (リガ・デ・ベースボール・エスタータル・デ・ベラクルス, 2017年冬季シーズンよりベラクルス州冬季リーグ＝リガ・ベラクルサナ・エスタータル・デ・ベイスボル, LVEB) に名称変更した。名称変更後のリーグは、シーズンを縮小、平日も行っていた公式戦は週末のみとなり、年をまたいで行っていた公式戦は決勝シリーズを含め年内に終わるフォーマットとなった。現行リーグでは、各チームのロースターは、上限8人のメキシカンリーグの現役選手と最低5人のプロ未経験者、それに外国人選手とフリーエージェント選手で占められている。

(16) このリーグでプレーしていた数名の外国人選手に尋ねたところ、一様に

月3000ドル（約34万円）と答えていた（2017.12, ニカラグア・リバス市、ハミル・リオス・ウガルテ球場、マナグア市、国立デニス・マルチネス球場）。これに対し、例えば、2003-04年から3シーズン、ウィンターリーグでプレーした経験をもつ元ダイエーの養父鉄は、ベネズエラでは5000ドル、メキシコでは8500ドルを手にしていたと言う。その額は、当時マイナーリーグで彼が手にしていた額をはるかに上回るものだった。

(16) この他、北米独立リーグでプレーした選手が3人在籍していた。

(17) このシーズンに豪州冬季リーグでプレーした選手は計9人だったが、ロースターの入れ替えの関係もあり、調査時には6人であった

(18) ナショナルチームレベルでは欧州屈指の強豪国、オランダにも国内リーグがあり、強豪チームはほとんどすべての選手とプロ契約を結んでいるが、リーグじたいはプロアマ混合の「セミプロ」状態であるので、本稿では調査の対象とはしなかった。

(19) イタリア野球連盟広報、マルコ・ランディへのインタビュー（2017.8.12, パルマ市アルド・ノタリ球場）。

(20) 冬季リーグにおいては変化はなかった。

【参考文献】

アパデュライ, アルジュン、門田健一訳（2004）『さまよえる近代―グローバル化の文化研究―』平凡社

グットマン, アレン、谷川稔ら訳（1997）『スポーツと帝国』昭和堂。

石原豊一（2008a）「ベースボールにみるグローバル化―MLBによるドミニカプロ野球包摂を　中心に―」『立命館国際研究』21（1）, 111-129。

――――（2008b）「ベースボール拡大の諸相―イスラエルプロ野球にみるスポーツ産業のグローバル化―」『スポーツ産業学研究』18（2）, 21-29。

――――（2009）「ベースボールにみるグローバル化（2）―メキシコ野球にみるローカリティ―」『立命館国際研究』22（2）, 179-200。

――――（2010a）「プロ野球をめぐるグローバルな相互連関関係＝『ベースボール・レジーム』の構築と拡大についての一考察：2008年世界プロ野球におけるスポーツ労働移民の分析から」,『ベースボーロジー』11, 46-48。

――――（2010b）「中国プロ野球の可能性―北京五輪会場の観衆への調査から―」『スポーツ産業学研究』20（1）, 81-90。

─────（2011a）「開発援助アクターとしてのスポーツNGO—ジンバブエ野球会の事例から」『立命館人間科学研究』22, 97-106。

─────（2011b）「グローバルスポーツに包摂されるアフリカ：スポーツを通じた開発援助とスポーツ労働移民」『アフリカ研究』79, 1-11。

─────（2013a）「ローカルスポーツのビジネスモデルに関する一考察：『地域密着』型から『国際化』戦略へ」『岐阜経済大学論集』46（3）, 103-119。

─────（2013b）『ベースボール労働移民—メジャーリーグから「野球不毛の地」まで—』河出ブックス。

─────（2013c）「グローバル化する新興プロ野球—『野球不毛の大陸』への橋頭保としてのイタリアプロ野球」『スポーツ産業学研究』23（1）, 107-118.

─────（2015）『もうひとつのプロ野球』白水社。

Klein, Alan（1991）Sugar Ball: The American Game, the Dominican Dream, Yale University Press.

─────（2006）Growing the Game: The Globalization of Major League Baseball, Yale University Press.

中島大輔（2017）『中南米野球はなぜ強いのか—ドミニカ、キュラソー、キューバ、ベネズエラ、MLB、そして日本—』亜紀書房。

参考ホームページ

Baseball Reference　HYPERLINK "https://www.baseball-reference.com/" https://www.baseball-reference.com/

【研究ノート】

「野球の起源」をめぐって
──日米の研究成果を検証する

松﨑 仁紀

　野球で一番スリリングなプレーは三塁打だとよく言われる。打者走者の脚力と外野手の送球の競走── それを演出するのが塁間90フィート（27.432メートル）、1周360フィートのダイヤモンドだ。ニューヨーク・タイムズ紙のコラムニストで、ピュリツァー賞を受賞したレッド・スミス（1905〜82年）は「塁間90フィートは人類の作品で最も完璧に近いものだ」と述べている。

　なぜ90フィートなのか、誰が決めたのか。この疑問は「誰が野球を創ったのか」を問うことでもある。アメリカ野球学会Society for American Baseball Researchの中心的会員で、長年、この謎を追究してきたアメリカ野球名誉の殿堂博物館（ニューヨーク州クーパーズタウン）の公認野球史家、ジョン・ソーン（John Thorn1947年生まれ）が2011年、集大成と言えるBaseball in the Garden of Eden , Simon & Schuster（以下『エデンの園』）を出版した。野球（ベースボール）の基本的ルールを制定したのは南北戦争の英雄、アブナー・ダブルデー将軍でも、野球殿堂に顕彰されているアレグザンダー・カートライトでもなく、19世紀中葉にニューヨークで誕生したニッカーボッカー・クラブの4人だったことを明らかにした『エデンの園』は、野球の起源をめぐる論争にひとまず終止符を打ったように思われる。筆者はその内容を拙稿「誰が野球を創ったのか」で紹介し、大東京竹橋野球団S・ライターズ編、『野球博覧』、2014年＝非売品＝に所収された。

　ところで、野球の起源に関する最近の考察に、『ベースボールのアルケオロジー──ボール遊びから大リーグまで──』（佐伯泰樹、悠書館、2014年、以下『アルケオロジー』）がある。「一本の棒きれと一個の石ころ」から始まった遊びから大リーグ誕生直前までを扱った「野球考古学」の研究書で、日本の研究者による著作の中で最も充実したものの一つと受け止めてよいだろう。しかし、ソーンが「野球を創った人物」としてのアレグザンダー・カートライト

を真っ向から否定するのに対して、『アルケオロジー』は彼をルールづくりの「立役者」と評価する。「近代野球の発祥」論争のキーポイントと思われるこの見解の相違を念頭に、旧稿を補筆しながら両者の説を検討してみたい。

「野球の起源」とは何を指すのか。「棒で石を打つ」行為とすると、ソーンも佐伯も述べているように、紀元前約1500年前、古代エジプトのトトメス3世の時代にさかのぼらなくてはならない。ティルエルバハリ遺跡のハトシェプスト神殿にある愛と喜びの神ハトルの霊廟の壁に、トトメス3世（在位紀元前1504～1450年）が片手にボール、片手に棒を持つ姿が彫られている。棒とボールの遊び（もしくは儀式）はさらに1000年前から続いていたとみられるという。しかし、現在私たちが「野球（ベースボール）」と呼んでいるゲームは19世紀中葉にアメリカで育ち、アメリカの「国民的娯楽」となり、世界規模で基本的に統一されたルールを持つ球技である。本稿でいう「野球の起源」はこの球技の成り立ちと発展を指すものとしたい。

チャドウィックの英国発祥説

〝野球の父〟と称されるヘンリー・チャドウィック（1824～1908年）は早くから、この球戯が英国——特にイングランド西部——で子供たちが「ラウンダーズ」と呼んでいた遊びに由来していると述べていた。日本人にはなじみのない球技だが、英国では現在も行われている。「ラウンダーズは、バッティングスクエア（打席）と四つの杭（ポスト）を置いた五角形のフィールドで行われる。出場するのは、1チーム9人ずつ」「投手がこれ（ボール）を下手から投げ、攻撃側は打順に従って打席に入り、長さ18インチ（約46センチ）以下という野球の半分ほどの長さのバットで打ち返し、四つの杭を回って第4ポストに到達することを目指す」「打者はフライを直接捕球されたり、ゴロを打ってもボールを持った野手に先に杭に触れられたりするとアウト。野球のようなタッチアウトもある。全員がアウトになると攻守交代」する[1]。

確かに野球に似ている。ただし、かつてのルールは現在と異なる点もあった。『アルケオロジー』によると、

（19世紀のラウンダーズは）ファウルボールを打つと即アウトとされてしまうことや、チームの全員がアウトになるまで攻守交代がおこなわれないことなど、歴然たる違いはあるものの、イニングの概念や三球空振りでアウトのルールは

既に存在しており、基本的には我々の知る今日のベースボールにかなり似ている。ただし、見過ごせない大きな相違点も二つある。ひとつは打者走者がベースボールとは逆に（中略）時計回りに走ることである。二つ目は守備側が打者走者にボールをぶつけてもアウトにできる——プラギングもしくはソーキングという——ことである[2]。

　チャドウィックはイングランドの南西部デボンシャー（現デボン州）エクセターで生まれ、13歳の時、アメリカに渡った。クリケットの名手で、フランスの舞踏曲の作曲を副業とするかたわら、クリケットの記事を書いて生計を立てた。野球を見たのは1856年、ニュージャージー州ホーボーケンのイリジャン・フィールズで行われていた試合をのぞいたのが最初だった。

　フォックスヒルでのクリケット試合が早く終わったその帰り、有名なイーグルズとゴーサムズの試合が行われていたイリジャン・フィールズをたまたま通りかかった。両軍とも機敏にプレーし、私はこれまでに見たどの試合よりも興味深く観戦した。間もなく、野球はアメリカ人の国民的スポーツにぴったりだと思い当たった。……クリケットがイングランドにとってそうであるように。……一流の野球試合を詳しく報道する方法を考え始めた。慌ただしく作られたルールはまだ完成されておらず、試合の細部を記録する系統だった方法もなく、実際プレーするにも記録するにも、確立したやり方はなかった。この課題に熱中するとすぐに私は助け合い精神を盛り込むよう、新聞を通してルール改正を提案した。最初の改革は当時行われていた記録の付け方を簡素化したことで、これは普及した。一歩ずつ少しずつ、直接的または間接的に、20年前のほとんど単純な野外運動から今日の男性的で科学的なゲームへと変化させることに力を貸してきた[3]。

　チャドウィックは新聞に野球の記事を執筆し、スコアブックやボックススコアの付け方を考案した。1868年にはThe Game of Base Ballと題する野球に関する初めてのハードカバー本を出版し、1881年からは「スポルディング・ベースボール・ガイド」を毎年発行して普及に貢献した。「野球の父」と呼ばれるのはそのためだ。チャドウィックはラウンダーズが移民とともにアメリカに渡り、タウンボールなどと呼ばれて各地でそれぞれルールを発展させながら、いつの間にかベースボールへと結晶したとする「イギリス起源」説を主張した。1898年8月、ニューヨーク・トリビューン紙が彼を題材に『野球の父』と題す

る本を出版した時、これを称賛した知人にチャドウィックは手紙を書いた。『野球の父』という題はふさわしくありません。トプシーと同じように、野球に「父はいません」。いつの間にか成長していたのです。それでも私は、これが国民的な球技に育つのに貢献できたこと、また昔、このスポーツに浴びせられた悪口と闘ったことに誇りを感じます。最も誠実なスポーツという称号の価値を確たるものにしたかったのですが、今日ではプロフェッショナリズムの見本になってしまいました[4]。

「トプシー」とは、ハリエット・ビーチャー・ストウ『アンクル・トムの小屋』に登場する黒人少女。女主人に問われたトプシーは「生まれたんじゃねえです」「あたいには、父ちゃんも、母ちゃんも、何もねえです」「あたいは自分で育ったんだって思うんです。誰もあたいを造ったなんて考えられねえです」と答える[5]。ちなみにチャドウィックの言う「プロフェッショナリズム」は褒め言葉ではない。むしろ、すがすがしいアマチュアリズムを捨て、金儲けに走る〝紳士に非ざる行為〟という非難の意味合いが濃い。

スポルディングの反発

それに反発したのが、チャドウィックの雇い主で「スポルディング・ベースボール・ガイド」のオーナー、アルバート・スポルディング（1850〜1915年）だった。友人への手紙で「野球はイギリスのラウンダーズに由来するという友人チャドウィックの話を聞くのはもう、うんざりだ」と述べている。

スポルディングはイリノイ州バイロンの農家に生まれ、中学生時代に野球を覚えた。1870年、ボストン・レッドストッキングス（ナショナル・アソシエーション）に年俸1500ドルで入団した。労働者の日当が「1ドルなら良い仕事」と言われた時代である。185センチ、77キロと当時としては大柄で、1871年から1875年までレッドストッキングスのエースとして活躍し、72年からの4連覇に貢献。1875年には全試合に登板し、54勝5敗（うち24勝は連続勝利）という驚異的な記録を残した。1876年にシカゴ・ホワイトストッキングスに移り、監督を兼任しながらオーナーのウィリアム・ハルバート（1832〜1882年）を補佐してナショナル・リーグの創設を推進した。通算成績は252勝65敗である。ハルバートの死後、球団社長になった。その傍ら、1877年に弟とともにスポーツ用具会社を設立し、「スポルディング・ベースボール・ガイド」を発行して、

野球の普及に努めた。

　球界を指導する立場になったスポルディングは1888年、ホワイトストッキングスとナショナル・リーグから選抜されたオール・アメリカズの2チームによる世界一周遠征を慣行する（当初、遠征はオーストラリアだけの予定だった）。ハワイ、ニュージーランド、オーストラリア、セイロン、エジプト、イタリア、フランス、英国と半年にわたる大遠征だった。

　（スポルディングは）野球をアメリカ生まれと考える利点は認識していた。世界遠征は野球という福音を広め、アメリカの価値に改宗する機会を提供するだけでなく、彼のスポーツ用具王国の勢力範囲を拡大するものでもあった[6]。遠征中、英国でクリケットチームと交流したことが、彼に野球の起源への関心を駆り立てるきっかけになったのは疑いない。

　スポルディングは日本とも縁がある。鉄道車両の製造技術を日本にもたらした工部省鉄道局の技師、平岡凞（ひろし、1856～1934年）はアメリカ留学中に野球に親しみ、帰国後の1878（明治11）年、日本最初のクラブチーム「新橋アスレチック倶楽部」を作った。東京・銀座2丁目10番地の写真館「二見館」で記念写真を撮ると、手紙を添えてスポルディングに送った。すると、スポルディングは最新の野球用具一式を送ってきた。「ボールやバットはもちろん、ミット、捕手用のマスクから、ホームベース、バックネットまで一式そろって入っていたので、平岡はじめメンバーたちは欣喜雀躍した。これらの道具一式は当時の金で五、六百ドルはしただろうと思われる高価な贈り物だった」[7]。用具の一部は1901年、平岡から慶応大学に寄贈された。慶応義塾野球部史に「慶応義塾学報第41号」からの引用としてこうある。「日本にてはじめてベースボール倶楽部を組織した平岡凞は新橋倶楽部当時、アメリカにおける知人スポルディングより見本として日本に送って来た寄贈の野球器具を五月慶応義塾に寄付した。その目録は次の通りで、野球部が保管していたが、散逸した」

目録　一、見本箱（但し球十五個入）一個
　　　一、アメリカオフィシャルリーグ球（但し箱入）六個
　　　　一、スポルディング写真　一葉
　　　　一、野球規則書　六冊
　　　　一、広告書　十六冊
　　　　一、数取書　一冊

一、バット　七本

「数取書」とはチャドウィックが考案したスコアブックのことと思われる。

ミルズ委員会の設立

　南北戦争後、経済的「離陸」を果たしたアメリカは大陸横断鉄道の建設、電話回線の拡大によって、1880年代後半までには人や組織が緊密に結び付いた統合的、有機的社会へと変貌した。近代合衆国社会の基礎的インフラストラクチャーが完成したのである。それに伴い「一九世紀後半の合衆国社会は、自らが、他のどの国の社会よりも自由で創意にあふれ、また個人の自立を確かにした社会であると強烈に自負しはじめていた」[8]。その自負はかつての「母国」英国に強く向けられた。スポルディングは野球を「アメリカ人が創造したアメリカ生まれ」と考え、英国の国技クリケットを意識して1911年、『アメリカの国民的スポーツ』と題する一文を書いた。

　私たちアメリカ人は国民的スポーツと呼べるものを持っているだろうか。アメリカ独自のスポーツの楽しみを知っているだろうか。（中略）野球はアメリカを起源とし、アメリカ人の性格と大衆の好みを反映している。野球が国民的スポーツの地位を有しているのは、それが勇気、自信、闘争心、鋭気、規律、決断力、活力、熱意、熱情、胆力、粘り強さ、偉業、アメリカ魂、聡明、幸運、気力、体力、男らしさを具現しているからだ。野球が最も優れた国民的スポーツである理由は、それが頭脳と筋力を必要とするからだ。それがない者は野球で成功しないだろう。政治家や裁判官、弁護士、聖職者、教師、技師、医師、商人のどの職業であれ、野球を経験した者は正しい精神と健全な肉体を持ち、アメリカ市民として名誉ある経歴を歩むことができるだろう[9]。

　野球は「イギリス生まれ」か「アメリカ生まれ」か——この問題に決着をつけようと、スポルディングは1905年3月「野球の起源に関する特別委員会」（ミルズ委員会）を発足させた。委員長はナショナル・リーグ第4代会長、アブラハム・ギルバート（A・G・）ミルズであった。委員に同リーグ初代会長で上院議員のモーガン・G・バルクリー▽同リーグの初代事務局長で第5代会長のニック・ヤング▽かつてのスター選手、アル・リーチ▽同じくジョージ・ライトというそうそうたる顔ぶれ（連邦上院議員のアーサー・P・ゴーマンは任期途中で死去し、後任者はいなかった）であった。事務局長はスポルディングの

腹心で、後にアメリカ・オリンピック委員会事務局長のジェームズ・E・サリバン。「スポルディング・ベースボール・ガイド」誌上で読者に資料提供を呼びかけ、集まった素材をサリバンがふるいにかけて各委員に送り、検討するという方法だった。

アブナー・グレーブズの〝証言〟

　膨大な「証拠と証言」の中からサリバンの目を引いたのは 1905年4月、コロラド州デンバーの73歳の鉱山技師、アブナー・グレーブズが寄せた手記だった。ニューヨーク州クーパーズタウンの幼年時代（5歳ごろ）の思い出をつづったその手記をグレーブズはサリバン宛に郵送するとともに、写しをオハイオ州アクロンのビーコン・ジャーナル紙に送り、掲載された。その実物は1913年の火災で焼失したと言われていたが、野球殿堂博物館に寄付されたスポルディングの出版物にまぎれて1999年、倉庫から発見された。

　アメリカの球戯である野球base ball（原注: とグレーブズは書いている）はハリソン将軍が大統領選に立候補した「丸太小屋とリンゴ酒の選挙運動」前後の春、ニューヨーク州クーパーズタウンのアブナー・ダブルデーが創案した。このアブナー・ダブルデーとは当時、クーパーズタウンのグリーン選抜学校の生徒で、南北戦争のゲティスバーグの戦いで勲章を授かったアブナー・ダブルデー将軍その人である[10]。

　南北戦争の〝英雄〟ダブルデーが野球を「創った」という注目すべき〝証言〟だ。「丸太小屋とリンゴ酒の選挙運動」というのは、ホイッグ党のウィリアム・ハリソン（1773〜1841年）が自らの無骨さを逆手に取り、開拓時代を象徴する丸太小屋とリンゴ酒をキャッチフレーズに勝利した1840年の大統領選を指す。グレーブズの手記にその他の証言をサリバンが付け合わせ、新聞社に持ちかけたと思われる記事が同年6月、いくつかの新聞に載った。そこには当時の「野球」が生き生きと描かれている。

　「投手は本塁の近くに立ち、ボールを真上に6フィート上げ、打者は落ちてきたところを4インチ（約10センチ）の平たい板を付けた棒で打つ。打順を待つほかの選手は遠近バラバラにフィールドに散らばり、打球を捕る。幸運にも取った者が次の打者になる。打った打者は50フィート離れた塁に走り、戻って来る。打球が捕られなかったり、走っているときに送球をぶつけられなかった

りしたら、『オールドキャット』と同じように打ち続けてよい」。「衝突してけがをする者が多かったので、ダブルデーはタウンボールを改良して、選手の数を制限した。私（グレーブズ）が述べたゲームでは20人から50人が参加していた。ダブルデーはまた、はっきりと組、つまりチームでプレーするようゲームを作り直した。塁が四つあることからベースボールと名づけた。三つの塁はアウトにならなかった走者が平らな石の上に足を置いてさえいれば、休むことができた。投手は6フィートの輪の中に立ち、一つの組は11人からなる。ボールはゴムを中心にして紡ぎ糸で巻き、現在のゲームより幾分大きく、なめし革か鹿革で包まれていた。ボールを捕った者は塁間を走る走者に投げ、ぶつけてアウトにしてよかった」[11]。

野球に無縁だったダブルデー

　アブナー・ダブルデー（1819～93年）はニューヨーク州ボールストンスパで生まれ、同州のオーバーンとクーパーズタウンの学校を出て1838年、陸軍士官学校に進学し、職業軍人となった。連邦軍（北軍）大尉としてサウスカロライナ州チャールストン港のサムター要塞の砲兵隊長だった1861年、南北戦争が勃発する。南軍の攻撃に対して反撃し、戦端を開いたのがダブルデーだった。少将に昇進し、1863年、ゲティスバーグの戦いでは1日目の戦闘の最後に北軍を指揮して英雄となり、栄光に包まれて死去した。

　3年という「ミルズ委員会」の調査期限が迫り、委員長のA・G・ミルズはスポルディングのアメリカ起源説とチャドウィックのイギリス起源説の板挟みに悩んでいた。ミルズがグレーブズの主張をすんなりと受け入れられなかったのには理由があった。ミルズとダブルデーは同じ退役軍人団体——グランド陸軍駐屯地（インディアナ州ラフィエット）—— に属し、会長だったミルズはダブルデーが死去した際、バージニア州アーリントン国立墓地で葬儀委員長を務めた間柄だった。それにもかかわらず、生前、ダブルデーとナショナル・リーグ会長でもあったミルズは一度も野球の話をしたことがなかった。ダブルデー自身、少年時代を回想して「私は詩と絵画が好きで、数学に大変興味があった。地図に夢中で、野外での活動と言うと住まいの周りの地図づくりだった」と書いているほど〝本の虫〟だった。数多く残されている手紙にも野球について書かれたものは発見されておらず、「私が野球を創った」と主張したこともない。

そもそも、1840年前後と言えば、ダブルデーは全寮制の陸軍士官学校（ニューヨーク州ウエストポイント）に在学中で、クーパーズタウンにいるはずがなかった。

「クーパーズタウン神話」の成立

しかし、委員会の任期は1907年12月30日まで。追い詰められたミルズはやむなく、以下の2点を認める手紙をサリバンに送った。

「野球」の起源はアメリカ合衆国である。現在までに得た最良の証拠に基づくと、野球の最初の概中略は1839年にニューヨーク州クーパーズタウンでアブナー・ダブルデーによって考案された[12]。

委員会の誰一人としてグレーブズと面談し、直接聴取することもないままに、調査結果が1908年3月20日の「スポルディング・ベースボール・ガイド」誌上で発表された。スポルディングは勝ち誇り、チャドウィックは打ちしおれ、1カ月後に死去した。だが、ミルズ自身はこれが〝フィクション〟であることを十分に自覚していた。スポルディングもすでに世を去った1926年2月2日、ナショナル・リーグ創立50周年を祝ってニューヨークのホテル・アスターで開かれた晩餐会で、クーパーズタウンを野球生誕の地であるとした根拠は何だったのかと報道陣から尋ねられた81歳のミルズは、質問に驚いた表情で答えた。「何もありませんよ、野球そのものの起源に関する限りはね。野球が生まれ育つのにふさわしいアメリカの典型的な村を探したら、ぴったりかなったのがクーパーズタウンだったということですよ」[13]。

しかし、「クーパーズタウン神話」は独り歩きし、広く信じられていった。コミッショナーのケネソー・マウンテン・ランディスやナ・リーグ会長のフォード・C・クリックらの後押しで1939年6月12日、「野球誕生100年」を祝い、〝野球発祥の地〟クーパーズタウンに名誉の殿堂博物館が開館した。「ダブルデー創造説」は〝歴史的事実〟になり、クーパーズタウンは〝聖地〟になった。野球の歴史をひもとく記事が新聞などをにぎわすようになり、「神話」は「歴史」として頻繁にメディアに取り上げられ、人々の関心を呼んだ。

ひび割れた「クーパーズタウン神話」

ミルズ委員会の事務局長、サリバンはメディアに発表した文書をニューヨー

ク公共図書館に寄贈していた。名誉の殿堂博物館の完成を前に、野球の歴史に関心を持ったのが図書館司書のロバート・W・ヘンダーソン（1889～1985年）だった。詳細に調査したヘンダーソンはグレーブズの証言とミルズ委員会やスポルディングの主張との矛盾に気づき、神話を覆す報告書を発表した。ヘンダーソンは1830年にダブルデーがクーパーズタウンにいた事実はなく、グレーブズの手記にないことをスポルディングが「証言」として捏造していることを明らかにした。さらに、18世紀のイングランドの本の中に、野球によく似た「ベース・ボール」という球戯の存在を発見した。ジョン・ニューベリーの『小さな可愛いポケットブック』で、1744年にロンドンで出版され、その木版画には少年たちが「ベース・ボール」に興じ、試合ぶりを歌った詩が描かれている。

　ベース・ボール

　　ボールが一撃されたなら/飛び出していくよ　少年は/

　　さだめられた次に杭へ/そして　歓びいっぱいにホームへ

　モラル

　　かくしてブリトン人ら　富を求めて/大海原を渡りゆく/

　　されど　満悦に有頂天になり/またふたたびは帰り来らむ

　（詩の訳は平出隆『ベースボールの詩学』、講談社学術文庫、2011年から）

　また、英国の女性作家、ジェーン・オースティン（1775～1817年）の『ノーサンガー・アベイ』（死後の1818年刊行）にはこう書かれていた。

　生まれつきヒロインらしいところが一つもないキャサリンが、十四歳にもなるのに、まだ本よりもクリケットや野球（筆者注:原文はbase ball）や乗馬や、田舎を走り回る方が、好きだったというのは、あまり感心したことではなかった[14]。

英国で18世紀に「ベースボール」が行われていたといっても、現在の「野球」とは異なる球戯であるのは当然だ。しかし、「ベースボール」という名のゲームがダブルデー以前からあったのも確実だ。『小さな可愛いポケットブック』も『ノーサンガー・アベイ』も遊んでいるのは女性や子供で、成人男子がするのはクリケットだった。「女子供の遊び」は記録に残らない。「野球の起源」をさかのぼっても霧の中に消えてしまうのは、これが大きな理由だろう。ヘンダーソンは英国の球戯を野球の「原型」と考え、ダブルデーの「独創」説に異

議を申し立てた。研究成果を最終的に『ボール・バット・ビショップ——球戯の起源』（1947年）にまとめたヘンダーソンはこう書いた。

　もしも野球博物館がスポーツマンシップに寄与するために設立されるなら、それがクーパーズタウンに存在していくとしても、よしとされよう。それはまた、われわれの望むところでもある。しかし、高い理想が欺瞞を土台に生きつづけることはありえない。真率さとは欠くべからざるものであり、ダブルデイ神話の伝統が、ベースボールの、一種のサンタクロースとして是認されるようなことは会ってはならないのである。クーパーズタウンの当局が彼らの偶像を去らしめ、そこに、アメリカの若者たちへの鼓吹となる神殿を建設するだろうと、われわれは信じざるをえない[15]。

　なお、アメリカで「ベースボール」という言葉が使われた最初の事例は2003年にソーンが発掘したマサチューセッツ州ピッツフィールドの町民集会議事録だった。

　アメリカ合衆国がまだ10代で、連邦議会はほんのよちよち歩きだった1791年のピッツフィールドの町民集会議事録が驚くべきことに残されていたことによって、新築された町公会堂のすぐ近くでベースボールと呼ばれていたこの地域の球戯をすると、法律違反になることが分かった。（中略）「新たな公会堂の窓を守るために……いかなる者も前述した町民も公会堂から80ヤード以内でウィケット、クリケット、ベースボール、バットボール、フットボール、キャット、ファイブズ、あるいはいかなる球戯をもすることは許されない」[16]。

　かくして、ダブルデーの殿堂入りは阻止された。しかし、ジョン・ソーンが言うように「アメリカ人が作り上げたものの中で、その歴史の初めから終わりまで、その創造神話から事業の、地域社会の象徴の、さらにフェアプレー精神のバラ色の模範に至るまで、すべてを嘘で固めた歴史がはびこるものは野球を置いて他にない。野球の持つ壮大な偉業や尊敬すべき人物、人種間の調和への敬意、外野席での自由と平等、スポーツと事業との芸術的な曖昧さ—これらはすべて大急ぎで作られた嘘である」[17]。

「カートライト説」の登場

　一つの神話が消えると、それに代わる神話を求めるのが人情なのかもしれな

い。「クーパーズタウン神話」の沈没とともに浮上したのがアレグザンダー・カートライト（1820〜1892年）だ。カートライトがマンハッタンの銀行の出納係で、草創期のニッカーボッカー・クラブの会員だったのは事実だが、ミルズ委員会の報告に彼が野球のルール作りに携わったという記述は見られない。しかし、息子ブルースと孫ブルース・ジュニアはカートライトの回想録や新聞の切り抜きなどを示し「カートライトが近代野球のルールを作った」と執拗に働きかけた。そのころになると、草創期の野球を知る人は既に世を去っており、ブルース父子に異論を唱える者は現れなかった。父子の主張を鵜呑みにする歴史家もいて売り込みは成功し、カートライトは1938年、設立から3回目の選出で殿堂入りした3人のうちの1人になった（1人は偶然にもヘンリー・チャドウィックだった）。

彼の銘板にはこう刻まれている。「〝近代野球の父〟。塁と塁の間を90フィートとし、試合を9イニングスと決めた。さらにチームは9人の選手で構成するとし、1845年、ニューヨークにニッカーボッカー野球クラブを結成した。開拓時代の太平洋岸とハワイに野球を普及させた。1938年ベテラン委員会選出」。「太平洋岸とハワイに野球を普及させた」というのは、カリフォルニア州で金鉱が発見された1849年、カートライトも「フォーティナイナー」として一攫千金を狙い、西部を目指したからだ。だが、夢破れてハワイに渡り、その地で生涯を終えた。この銘板の文言が事実なら、カートライトを〝近代野球の父〟と呼ぶことに異論はないだろう。

『アルケオロジー』は「カートライト説」を肯定したうえで記述を進めている。

ベースボールにもルール統一に向かう転機が訪れる。（中略）1845年のことだった。その経緯は次のようなものだったと考えられている。立役者は、ニューヨークのユニオン銀行に勤める二五歳のアママリグザンダー・ジョイ・カートライト[18]であった。

旧式のベースボールに飽き足りなくなったカートライトはタバコ商のウィリアム・タッカーと弁護士のウィリアム・ホイートンに相談を持ち掛ける。

かくして、カートライト、タッカー、ホイートンの三人によって改革案がさらに練り上げられたらしい。そしてついには、自分たちの考えた新ルールにのっとってプレイする新しいクラブを設立しようと話がまとまる。クラブの名

はニッカーボッカー・ベース・ボール・クラブと決まった[19]。

　カートライトとニッカーボッカーズは、まったくの無から新しいゲームを創造したのではない。（中略）決してベースボールそのものを〝発明〟したのではなかった。（中略）旧ベースボールの段階ですでに、今日のベースボールを形づくっている不可欠な基本要素は出そろっていた。それらの要素をさらに洗練させて、余計なものは削り、現行ベースボールのもとになるスタイルを確立したのである。その功績によって発案者のカートライトは「モダン・ベースボールの父」と讃えられ、クーパーズタウンの殿堂にその名と事績を記した銘板が飾られている[20]。

　実はソーン自身、かつてはカートライトを高く評価していた。連名ではあるがこう書いた。

　「（「塁間90フィート」「9イニングス制」「1チーム9人」の）三つの功績は彼（訳注：カートライト）一人に委ねられるわけではないが、影響力ある草創期のメンバーで、ニッカーボッカー・クラブに欠かせない業績を代表していた」「カートライトは大人が関心を持つように、野球を〝男らしく〟〝科学的な〟ゲームにした上で、高くそびえる存在だ」[21]。

　そして、ベーブ・ルース、ジャッキー・ロビンソンに次ぎ「野球史で最も重要な100人」の3番目にカートライトを挙げた。しかし、『エデンの園』でソーンは、銘板はブルース・ジュニアらの捏造に基づくもので、まったくのでたらめだと、次のように断言する。

　野球殿堂の銘板にアレグザンダー・カートライトの業績として彫られている「90フィート、9人、9イニングス」について言うと、1845年にカートライトもニッカーボッカーズもこれらの数字を創案したのではないことは間違いない。銘板は続いて「開拓時代の太平洋岸とハワイに野球を普及させた」と読めるが、近年の研究でそれも嘘と分かった。ハワイ居住のウィリアム・キャッスルは1864年から1866年までオハイオ州のオーバーリン大学で学び、故郷に帰った。自伝にこう書いている。「野球という新しい球戯について読み、やってみたいと思う人が何人もいたが、誰もプレーの仕方を知らなかった。当時、ハワイで行われた唯一の試合は2年前、私がした〝2匹のネコ〟か〝3匹のネコ〟とまったく同じだった」。1866年に帰郷したキャッスルは数年後、仕事の関係でカートライトを訪ねた。「彼は昔、野球選手だったと言って私を驚かせたが、〝今〟の

ゲームはほとんど理解できないとも付け加えた」。

　しばしばカートライトに帰せられる他の功績——1880年まで続いた45フィート（約13・5メートル）という投手と打者の距離の決定や、フライをアウトにするには空中で捕球しなければならないこと、あるいはボールとストライクを宣告する決まりなど——についても、彼が考え出したのではないことを知ると、キャッスルの記述をより理解できる。つまり、近代野球の創出は「野球を創った男」が時を隔ててハワイを永住の地にするよりはるか後だったのだ。

　それではカートライトが確実に行ったと言えるものは何か。1866年、チャールズ・A・ペベアリーは『アメリカの娯楽について』で述べている。「1845年春のある日、試合に熱心だったアレックス（筆者注:アレグザンダーの愛称）J・カートライト氏はフィールドで、新入会員を獲得するための組織を常設するよう提案した。提案は了承され、W・R・ホイートン、カートライト、D・F・カリー、E・R・デュピナック・ジュニア、それにW・H・タッカーの諸氏が新人獲得委員会を構成し、間もなく見物するに値する選手たちを獲得した」。ミルズ委員会ができるまでに、カートライトの発案とされるのはこれだけだ[22]。

　ソーンはまた、こうも記している。

〝野球の父〟を主張するこの人物（筆者注:アレグザンダー）が忘れられた存在であることをさらに示すものとして、1888年11月25日にアラメダ号の甲板でいとこのアルバート・スポルディングを迎え、世界一周の旅人たちに何人かのハワイ在住者を紹介したホノルル屈指の薬剤店主、ジョージ・W・スミスが野球の改革にカートライトが何らかの役割を果たしたかどうかをスポルディングに尋ねた手紙がある。（中略）スミスの手紙は残っていないが、スポルディングは1899年3月1日、率直に答えている。

親愛なるスミスへ

　2月19日の貴君の手紙にお答えします。アレグザンダー・ジョイ・カートライトが我らの国民的娯楽の草創期に関わったかどうかという歴史的事実についてお尋ねでしたが、私が持っている昔のニッカーボッカー・クラブの記録には貴兄の友人に知らせるべき十分な情報がないことを残念に思います。カートライト氏が最初に結成された野球クラブの創立者の一人だったことは疑いありません。球団の対外活動の記録に彼の名前が頻繁に現れるだけでなく、クラブのごく初期の歴史にもよく出てきます。この手紙を書いている机上に1845年に行

われたニッカーボッカーズの試合の古いスコアブックがありますが、カートライトの名前はどの試合にも現れて、立派なことに平均以上の得点を挙げています。この偉大な最初のクラブの方向性を左右する上で、彼が非常に活動的な存在だったことはほぼ明白です。この事実以上に、貴兄の友人の関心を引く記録は見当たりません。これ以上調査しても、彼が出場した練習試合の数を増やすとか、よりよき野球のために熱心に賛成の声を上げた会合の数くらいしか分からないでしょう。これでご満足いただけると幸いです。彼が偉大なクラブの一員だったことについて、私が高く評価しているのは間違いありません。私を信用してください。敬具　　　　　　　　　　Ａ・Ｇ・スポルディング[23]

　スポルディングが保有していたニッカーボッカーズの試合記録は1882年にニッカーボッカーズ・ベースボールクラブが解散した時、会員のジェームズ・ホワイト・デービスに委ねられ、彼の死後、ヘンリー・チャドウィックに託された。1908年にチャドウィックが死ぬとスポルディングの手に渡った。スポルディングの死後、ニューヨーク公立図書館に寄贈され、保存されている。

ミルズの手紙に鍵があった

　では、やはりチャドウィックが言うように「野球は創られたものじゃない。いつの間にか成長した」のだろうか。謎を解く鍵は、やむを得ず「ダブルデー創造説」を認めたミルズがサリバンに宛てた手紙の中に秘められていた。

　私（筆者注：ミルズ）はまた、草創期のニッカーボッカー・クラブの（原注：ダンカン・Ｆ）カリー氏が述べ、有名なブルックリンのアトランティック・クラブの（原注:トマス）タッカー氏が裏付けた話、すなわち現在と実質的に同じ内野の見取り図をある日、ウォズワース氏が描いたという主張にも大いに興味を持ちます。カリー氏は「その案は大いに議論を呼び、最後は試してみることで一致した」と言っています。彼らが実行してそれを受け入れたのかどうか、その後の発言は残っていませんが、事実だったことは明らかです。当時から現在まで、カリー氏が述べたこのゲームの形式がごくわずかの細部の変化を除いて、そのまま継続されているからです。カリー氏が昔のニッカーボッカーズの初代会長で、初めて発行されたルールブックの立案にも参加したことに心を留めるべきでしょう。

　1839年にダブルデーが描いた見取り図と、1845年前後にウォズワースがニッ

カーボッカーズに提示した見取り図の間に、多かれ少なかれ直接の関連がある
かもしれません。私は数日前、この点について資料を求める手紙を書きました
が、まだ返事がありません。しかし、貴君が手紙で求めている報告の発送をこ
れ以上延ばすべきではないと決心しました。前述の資料は入手し次第、内容を
問わず貴君に提供すると約束しましょう[24]。

野球を創った4人の男

　ミルズはこれまでスポルディングの〝傀儡〟と見られる傾向があったが、実
は史実にかなり近づいていた。しかし、「ウォズワース氏」が税関に職を得て
いたことはつかんだものの、それ以上の手掛かりは得られず、調査を打ち切ら
ざるを得なかった。果たして「ウォズワース氏」とは何者だろうか。ソーンは続
ける。

　野球の起源に関わったと主張するに足る男が4人いる。その日は特定できな
いが、4人ともニューヨークのニッカーボッカーズ・ベースボールクラブの創
立に参加し、プレーした。うち3人は1845年末にニッカーボッカーズの創立会
員6人を撮影したハーフサイズの銀板写真にポーズを取っている。この写真は
個人収集家の元に奇跡的に残されていたもので、本書のグラビアに挿入されて
いる。ウィリアム・ルーファス・ホイートン、ダニエル・ルシアス〝ドク〟ア
ダムズ、そしてウィリアム・H・タッカー。彼らの名前は最近までほとんど忘
れられていた。4人目のニッカーボッカーはすでに述べたウォズワースで、ウィ
ル・ランキンがフィールドの見取り図の鍵を握る人物と初めて特定し、ミルズ
も意見が一致した男だ。（前掲書、30頁）

　ウィル・ランキンとは、ミルズの手紙にあった「カリー氏の発言」をミルズ
に伝えた新聞記者。だが、見取り図を持ってきたのは「ウォズワース」と述べ
た前言を後になって「カートライトだった」と翻した。ニッカーボッカーズの
4人は野球に対してどのような貢献をしたのだろうか。その前に、カートライ
トが「立役者」になって作ったと佐伯が主張する1845年のニッカーボッカーズ
のルールを見ておこう。

ニッカーボッカーズのルール

　1845年9月23日に制定されたニッカーボッカーズの最初のルールは、現行の

ルールと似ている点も多い。

1　会員は運動時間を厳守し、集合時間を守るべし

2　試合のため集合したら、会長もしくは彼が欠席の場合は副会長が審判を指名する。審判は試合の経緯を専用の冊子に記録し、試合中のすべての会則・ルール違反を記入する

3　チーム責任者はメンバーのうち2人を主将に指名し、両チームが互いにできるだけ同数の選手で試合ができるように計らい、必要があれば出場を辞退する。次にベンチをどちら側にするかはコイントスで決めるものとし、「先手」（訳注:先攻のこと）の決定も同様とする

4　本塁から二塁までは42歩、一塁から三塁までも等距離の42歩とする

　1歩を1ヤード=3フィートと換算すると、42歩は126フィートで約38・4メートルになる。現行のダイヤモンドは塁間が90フィート=約27・43メートルだから、対角線（本塁―二塁間、一塁―三塁間）は約38・8メートルで、ほぼ一致する。カートライト説の支持者はこれを彼の〝霊感〟の素晴らしさと捉えがちだが、ソーンは1歩の距離は2・5フィートと考えるのが適切だと言う。

5　通常の練習日に〝規則外〟試合はしない

6　試合開始の時間になっても十分なクラブ会員が集まらない時は、会員でない人を選定して試合に加えることができる。遅れて会員が現れた場合、彼を出場させるために試合を打ち切るべきではない。しかし、どのような場合でも、試合開始時に出席している会員に優先権がある

7　試合開始後に会員が現れた場合、両チームが合意すれば出場できる

8　試合は21カウントつまり得点先取で成立する。ただし、同数の打者が打席に立った結果を必要とする

打者の数やイニング数は特定されていない。従って、理論的には1845年の野球は1イニングでも成立した。

9　打者に対する投球は上手から投げるのではなく、下手から放ること

10　球場の外に出た打球、もしくは一塁か三塁の外側に飛んだ打球はファウル（反則）とする

11　3球空振りし、最後の投球を捕手が捕ったら、打者はアウトになる。捕られなかったら、フェアと見なし、打者は急いで走り出すこと

12　強打であれ軽打であれ、空中もしくはワンバウンドで捕られたら、打者

はアウトである

13　以下の場合、走者はアウトになる。走者が塁に到達する前に、塁に付いている守備選手がボールを保持しているか、ボールを保持した守備選手にタッチされた場合。しかし、言うまでもなく、いかなる場合でも走者にボールを投げつけてはならない

　このルールが、ニッカーボッカーズの野球と、走者にボールをぶつけてアウトにする（プラッギング）形式の他の野球との重要な相違点だ。これによってボールはクリケットのそれのように、硬い芯の周りをきっちりと糸で巻くようになり、はるかに遠くまで打ったり投げたりできるようになった、とソーンは言う。

14　塁に到達する前に、捕球しようとする相手選手を走者が妨害した場合、走者はアウトになる

15　打者3人がアウトになると、攻守交代する

16　選手は決まった順番で打席に入らなければならない

17　試合に関するすべての争いや意見の相違は審判が裁定し、これに対する抗議はできない

18　ファウルでの打球では得点も出塁もできない

19　投手がボークを犯した場合、走者はアウトになることなく次の塁に進む

20　打球がフィールドの外に転がった場合、一つの塁の進塁が許される

　ニッカーボッカーズがこの新しいルールでプレーしたのは1845年10月6日が初めてだった。1チーム7人、3イニングスの紅白試合は11対8で終わった。審判は1837年にできたゴーサム・クラブのルールを手直ししたホイートンだった。1チーム9人と9イニングス制は明らかに1845年のルールでは採用されておらず、特徴的だった21点先取制は望み次第で無視された[25]。

　1845年のニッカーボッカーズのルールには、カートライトの名誉の殿堂入りの理由となった「塁間90フィート」「9イニングス制」「1チーム9人」という現在の野球と共通する基本的な規則は定められていない。カートライトを〝近代野球の父〟と認定するのは無理があると言わざるを得ない。

ルールを成文化したホイートン

　さて、「野球の起源に関わったと主張するに足る男が4人いる」と述べるソー

ンの本題に耳を傾けよう。まず、ニッカーボッカーズのルール作りに関わった
ウィリアム・ホイートンから足跡を追ってみる。

　ウィリアム・ルーファス・ホイートン（1814〜1888年）はロングアイランド
州ジャメイカの高度教育機関ユニオンホール・アカデミーに学び、36年に弁護
士資格を得た。ニューヨーク第7連隊で兵役に就いた後の1841年、ニューヨー
クの衡平法裁判所と最高裁判所での活動を許可された。ニッカーボッカーズの
初代副会長で、法律知識に詳しいホイートンはルールの成文化という大事な役
割を担った。1845年10月6日、ニュージャージー州ホーボーケンのイリジャン・
フィールズで行われた、記録に残っている試合としてはニッカーボッカーズ初
の対外試合では審判をした。また、ニッカーボッカーズの規則委員会の代表と
して、1845年9月23日に成立したルールを実際に作成した。ホイートンは1830
年代にもゴーサム・クラブのためにルールを作っており、ニッカーボッカー・
ルールはそれを当てはめた——あってもわずかな変更だけで——ことを後に認
めている。

　ホイートンは優秀なクリケット選手でもあった。1846年春、事情は不明だが
ニッカーボッカーズを退会してクリケットの活動に戻り、1848年10月、ニュー
ヨーク・クリケットクラブの試合で最多得点賞を獲得した。ゴールドラッシュ
の1849年1月28日、ニューヨーク鉱山会社という投機会社に入り、カートライ
トらニッカーボッカーズ会員5人とともにカリフォルニアに旅立った。サンフ
ランシスコ湾地区に居を構え、商人、弁護士、自警団員、立法府議員などで
名声と財を築いた。オークランドで1888年に74歳で死去する1年足らず前、ホ
イートンはサンフランシスコ・エクザミナー紙の記者に語った。「野球はいか
に始まったか。50年前のゴーサム・クラブ員が語る」と見出しがついた記事で、
彼は1837年から1845年の時期の野球を魅力たっぷりに回想している。記事に彼
の名前はないが、語っているのがホイートンであることは疑いないとソーンは
断言する。

　1830年代、私はニューヨークのラトガーズ通りとイースト・ブロードウエー
の角に住んでいました。1836年に弁護士資格を取り、体を動かすのが大好きで
した。……アレン通りに周りを建物で囲われたラケット・クラブがありました。
私や若い商人、弁護士、医者の親友仲間はクリケットは時間がかかるし退屈だ
という意見で一致しました。十分に運動した気になれないのです。運動になる

のはボールを投げるボウラーと打者だけで、他の選手は脚を伸ばす機会もなく、ずっと立ったままの時もありました。ラケットボールは十分活発ですが金がかかるし、フルスイングしたり、芝生の上で新鮮な空気を存分に吸ったりするだけの広い場所がありません。「3匹のネコ」は子供の遊びで、少年たちはやっていましたが、塁の間を走る選手にボールをぶつけるので、力のある大人には危険でした。……ふさわしい野外スポーツを探しましたが、流行っていた中に適当なものがなかったので、「3匹のネコ」を改良し新しいゲームを作りました。最初に作ったクラブがゴーサム・ベースボールクラブです。合衆国で初めて結成された野球チームで、1837年でした。メンバーには当時人気のあった運動家のジョン・ミラー医師、有名なホテル経営者のジョン・マーフィー、ニューヨーク商工会議所会頭のジェームズ・リーらがいました。

　……最初に決めたことは、走者にボールをぶつけるルールを廃止することで、その代わり野手に投げ、走者が塁に達する前にタッチするようにしました。「3匹のネコ」では塁は決まったものではなく、埋まった丸石や古い切り株を利用していたため、内野は奇妙な多角形のようにいびつでした。我々はマディソンスクエアのグラウンドに正確な正方形を描き、本塁と砂袋の塁を置きました。知っておいてほしいのですが30年代、現在5番通りのホテルの向かいにあるマディソンスクエアあたりは郊外で、市街地から遠かったのです。ショートストップはなく、1チームわずか6人か7人でプレーしたこともよくありました。スコアラーが試合を記録し、揉めた場合は彼が裁定しました。今のように球審はなく、彼らの苦労とは無縁でした。ゴーサム・クラブができて数カ月後、新しいゲームのルールを書き表す必要が生じ、私が担当しました。そのときに定形化された規則が本質的に現在も使われています。我々はワンバウンドで捕球した飛球をアウトにする古いルールを止め、バウンドする前に捕った場合のみアウトにしました。ゴーサムズはブルックリンのスター・クリケットクラブと野球試合をし、当然、このイギリス人チームに大勝しました。最初の野球クラブが行った対外試合はこれと第2戦の2試合だけでした[26]。

　ニッカーボッカーズより以前に、ルールを成文化したクラブがあったというのは、「カートライト説」と対立する衝撃的な証言だ。佐伯もこれを踏まえてこう述べている。

　近年ではカートライトの評価が過大であるとして修正案が提起されてい

る。（中略）ホイートンの証言内容が事実であるとすれば、通説がくつがえって、モダン・ベースボールの栄誉はカートライトとニッカーボッカーズではなく、ホイートンとゴママッサムズに与えられねばならなくなるだろう。じじつ、ホイートン発言を全面的に信じる研究者は、ニッカーボッカーズを二番煎じの域を出ないクラブに格下げし、カートライトの功績もクラブ組織化と会員のリクルートに限定してしまうのである[27]。

　そして、翌年、死を迎える73歳の老人の発言に「記憶違いや混同がない、と言いきれるだろうか」と疑問を投げ、「ゴッサムズによる一八三七年モダン・ベースボール誕生説は可能性としては成立するにしても、現段階では裏付けとなる証拠を欠いており、通説をくつがえすまでには至らないと判断せざるを得ない」[28]と自説を主張している。これに対してソーンはこう言って、ホイートンの証言の正確さに太鼓判を押している。

　この記録はゴーサムズの会則や試合ルールとともに、老いたホイートンの想像の産物ではない。（中略）通説と異なる、ホイートンの驚くべき追憶—つまりすべての野球史に述べられている物語と反対の—にさらに光沢を加えると、上に述べたゴーサムズがイギリス人チームに大勝したという試合は1845年10月21日と24日、ニューヨーク対ブルックリンの対戦と新聞に記録されている試合とまさに同じなのだ[29]。

ホイートンを助けたウィリアム・H・タッカー

　ニッカーボッカーズのルールを策定する上で、「ホイートンを計り知れないほど助けた」[30]のがタバコ商のウィリアム・H・タッカー（1819～1894年）だった。しかし、『エデンの園』でタッカーに触れている箇所は他の三人に比べるとはるかに少ない。ここでは彼が関わった事柄を列記するにとどめよう。

　カートライトが提案した新入会員を獲得するための委員会に、ホイートン、カートライト、ダンカン・カリーらとともに選出され、成果を収めた[31]。
▽イリジャン・フィールズで1846年6月19日に行われたニューヨーク・ベース・ボール・クラブとの初の対外試合を前に、カリー、アダムズとともに試合の準備委員に指名された[32]。▽ニッカーボッカーズは1846年4月の新シーズン開幕に合わせて休養する前に、14試合をこなした。ウィリアム・H・タッカーは14試合のうち10試合に出場し、10月6日の試合では敗れたものの8得点のうち

3点を挙げた。ホイートンや他の仲間と同じように、タッカーは以前、ニューヨーク・ベース・ボール・クラブの選手で、彼らとつながりを保ち、ニックスに入団して1カ月後の1845年10月21日と24日、ニューヨークスとブルックリン・ユニオンスタークラブとの公式戦2試合に出場した[33]。

ショートストップを作ったアダムズ

3人目のダニエル・ルシアス〝ドク〟アダムズ（1814〜1899年）は著名な学者・医師・雄弁家だったダニエル・アダムズを父に、ニューハンプシャー州マウントバーノンで生まれた。1838年にハーバード大学で医学を修め、ニューヨーク市で開業。ニューヨーク施療院で貧しい人たちを診療する活動に積極的に参加した。ドクターの中略称である〝ドク〟の名で知られたアダムズは翌1839年、ニューヨークで健康のために野球をするようになった。「大学にいたころも、その後も常にスポーツが好きだった」と81歳の1896年、スポーティング・ニューズ紙（現在もあるこの週刊新聞は1886年3月17日、アルフレッド・ヘンリー・スピンクによってセントルイスで創刊された）2月29日号で回想している（この記事は1980年代遅く、ソーンが野球殿堂博物館で発見した。『野球の真の父』の表題で1992年、イリジャン・フィールズ・クオータリー誌で発表され、以後、『トータル・ベースボール』のいくつかの版にも掲載された）。

ニューヨークに出てすぐ、運動のために若い医師仲間と一緒に野球を始めました。ニューヨーク・ベースボールクラブというクラブは前からありましたが、きちんとした組織ではなく、長続きしませんでした。そのクラブの若い会員が集まって1845年9月24日（原注：正しくは23日）、ニッカーボッカーズ・ベースボールクラブを作ったのです。商人、弁護士、ユニオン銀行行員（原注：カートライトのような）、保険会社員など、午後3時過ぎに仕事から解放される人たちです。運動を楽しむことだけが目的で、大げさになった現在の選手よりずっと純粋に楽しみを満喫したと思います。私を含めて何人かの医師たちが入会したのは、クラブが結成されて1カ月ほど経ってからでした。翌年、私は会長になり（訳注：初代会長はダンカン・F・カリー）、気持ちが続く限り力を尽くしてきました[34]。

ショートフィールダー、すなわちショートストップというポジションを作ったのはアダムズだった。1849年か1850年のことだ。アダムズは回想する。「私

はショートストップを守りました。あの位置で守ったのは私が初めてだと思います。それ以前は誰も守りませんでした」。しかし、彼が二塁と三塁の間や、その後ろを守る目的は内野の強化ではなく、外野からの返球を助けるためだった。当時のボールはとても軽く、遠投できなかったため外野から本塁に返球するには中継役のショートフィールダーが必要だった。そんなボールだったから素手でプレーできたわけで、1880年代までこれが一般的だった。

「ボールを作るのはとても苦労しました」とアダムズは振り返る。「6年か7年の間、私は我がクラブだけでなく、できたばかりのクラブのためにボールを作りました（原注：彼はこの時期、旋盤でバットを丸く削る方法も教えた）。この仕事を引き受けてくれる人をニューヨーク中で捜しましたが、誰もいません。ようやく見つけたのはスコットランド人の馬具屋。ムチに使う馬革でボールを包むという、うまいやり方を考えてくれました。3〜4オンス（85〜113グラム）のゴムの切れ端で詰め物を作り、紡ぎ糸で巻くと皮で包む。もちろん、このボールは今（原注：1896年）使われているものより、ずっと柔らかでした」。ボールがよりしっかりと巻かれ、硬さと弾力を増すにつれて、打球はより遠くに飛び、投げる距離も目覚ましく伸びた。このためショートストップはアダムズが守ったように内野の一員になった。また、走者にボールをぶつける行為は依然として地方で行われていた。それまでは塁間の走者にぶつけても軽いけがですんだが、危険だと見なされた。この方法で重傷を負ったという記録はないのだが[35]。

　各地に野球クラブが結成され始めた。1850年のワシントン・ベースボールクラブを皮切りに、1852年にはワシントンズが生まれ、由緒あるイーグル・ボールクラブはイーグル・ベースボールクラブとして再編成された。1856年末にクラブは12に増え、すべてのクラブの代表が集まって永続的な共通ルールを確立することになった。そのために先輩組織としてニッカーボッカー・クラブ役員の署名で招集状が発送され、1857年5月に開かれた野球選手による初の会議でアダムズは議長に選ばれた。この会議で先に21点を挙げたチームを勝ちとするルールが改められ、決められたイニングを戦って得点の多い方を勝ちとすることに変更された。カートライトが西部に旅立ったのは8年も前のことだから、名誉の殿堂の銘板が誤った記述であることが分かる。アダムズはさらに回想している。

塁間90フィート、投手―本塁の距離も

　翌年春（原注:1858年）開かれた第2回会議で、会議を毎年開き、永続的な組織にすることが決議されました。必要な組織と会則を持つ「全国野球選手協会」National Association of Base Ball Playersが誕生しました。私は会員だった間、発足時からずっとルール委員会の委員長を務めました。十分に検討して最初のルール草案を提案し、大筋で承認されました。それまでの決まりは「本塁から二塁まで42歩、一塁から三塁までも同じく42歩」でしたが、私は塁間を30ヤード（筆者注：90フィート、約27.4メートル）としました。会員だった間、毎回の全国野球選手協会会議で飛球のワンバウンド捕球をアウトと認めないルールを支持しましたが、投票で否決されました。しかし、私が辞めると間もなく、予想どおり変更されました。投手から本塁までの距離を私は45フィートとしました。ファウルの規則のように、古いルールの多くは現在（原注:1896年）と本質的に同じです。もちろん、変更されたり新たに付け加えられたりしたものもありますが。1862年に委員長を辞めましたが、間もなく何千人もの人が試合を見るようになり、クラブ会員ではない人も普段の練習日に仲間入りするようになりました[36]。

　アダムズは1862年、「長老選手」の尊称を授与されてニッカーボッカーズを退団し、医師も辞めて、新妻とともにコネティカット州に移り余生を送った。野球用具の規格化やショートストップというポジションを開拓した功績でアダムズは2015年、名誉の殿堂選出の候補となり、野球黎明期から1946年までを対象とする人種差別撤廃前委員会（16人）の投票で10票を獲得したが、招聘に必要な75%に達しなかった。次回の選考は2018年になる。

「9人」「9イニングス」を決めたウォズワース

　4人目はミルズが行方を追い求めた〝謎の男〟ルイス・フェン・ウォズワースだ。彼の名は1973年、ハロルド・ピーターソンが書いたアレグザンダー・ジョイ・カートライトの伝記The Man Who Invented Baseball,Scribnerで「洗礼名、職業、住所、家系はミルズの胸中に秘められたまま、ウォズワース氏の名前は［原注:1877年にニッカーボッカーズの元会長のカリーがランキン記者に話した］運命的なその日の午後まで、そしてその後も長い間聞いた者はい

なかった」[37]とあるように正体不明だった。家族史研究者や歴史家も何ら手掛かりを得られなかった。1850年代の初期から1862年まで、彼がゴーサムズとニッカーボッカーズの一塁手で、通常、新聞に「L・F・ウォズワース」と記録されていたことは分かったが、ニューヨーク市の住所録から消えた後、消息が途絶えた。

　しかし、インターネットという検索手段、なかんずく昔の新聞が大量に電子データ化されたことが過去への扉をわずかにこじ開け、謎が少しずつほぐれ始めた。ミルズがつかんだようにウォズワースは確かに税関に関係していた。だが、1845年ではなくそれより数年後だった。弁護士で北部諸州派のホイッグ党支持者として、公務員ではなかったが政治的な恩恵に浴する役職を得ていた。彼はコネティカット州リッチフィールド郡で1825年5月6日、父エイモス、母アマンダの間に生まれた。1844年、同州ハートフォードのワシントン大学（現トリニティ・カレッジ）を卒業する時、法律の勉強をするか軍人になるかで悩み、1845年10月、陸軍士官学校を志願したが合格しなかった。1848年からマンハッタンで弁護士活動をする一方、ゴーサムズで野球を始め、第一人者の一塁手として華々しい活躍をした。熟練したプレーを買われ、恐らく「報酬」の婉曲的な表現だった「手当」が理由で1854年4月1日、ニッカーボッカーズに移った。1887年のニューヨーク・サン紙でニッカーボッカーズのベテラン選手が回想している。

　チームで最も重要な人を危うく忘れるところだった。ルー・ウォズワースだ。 彼はクラブの魂だった。ユニフォームの白いシャッツの背中には黒い悪魔が貼ってあった。ボールを追いかける姿を思い出すたびに、今でも笑ってしまう。彼の手はとても大きく、ボールを捕るときは牡蠣取り用の熊手で掻き集めるようだった。それでもちゃんと捕り、めったに失策しなかった[38]。

　ウォズワースは激しい気性の持ち主で、ニッカーボッカーズを3年ごとに3回退会し、最後はゴーサムズに戻った。50年代初めにフィールドの見取り図を球場に持ってきたかどうかは実証できないが、「1チーム9人」「9イニングス制」という野球ルールを確かなものにする上で、彼の役割は大きかった。

　1856年のニッカーボッカーズの集まりで、ウォズワースはドク・アダムズとともに、会員が18人以上集まらない場合、イリジャン・フィールズでの紅白試合に会員でなくても出場することを許可するとの動議を支持した（まだルール

で義務づけられていなかったが、試合の際の1チーム9人制はこのころまでに一般的になっていた）。ウォズワースと彼の仲間はクラブの会員ではない人たちを排除するより、試合の質を維持することの方が重要だと考えた。ダンカン・F・カリーは会員が14人になれば部外者を入れなくても試合は成立するのだから、1845年以来実施しているように人数不足でもプレーするという反対動議を提案した。カリー派、あるいは守旧派（中略）が13対11で多数を占めた。そこでニッカーボッカーズは1チーム7人制を受容すべき標準とすると決定した[39]。

いったんは挫折した「1チーム9人制」だが、「9イニングス制」とともにクラブ内で議論の分かれる問題になる。本来、ニッカーボッカーズの活動は外部のクラブとの試合など念頭になく、会員同士の試合（紅白試合）が主体だった。アダムズやホイートンの話にもあったように、野球を始めた動機が運動と健康維持にあったことが大きな理由だろう。

ウォズワースの〝背負い投げ〟

さらにその少し前、日没を理由に12対12の引き分けという満足できない試合があったため、21点先取制という昔からの習慣に代わって7イニングス制を採用することにした。この7イニングス制対9イニングス制の問題はクラブの歴史で最も白熱し、分裂を生じかねない事柄だったため、会員のウィリアム・F・ラッドは紅白試合での選手数はそのつどチームに任せるとして、対外試合の場合は何人が適当かを決める委員会を他のクラブと協力して設置するよう提案した。この動議が満場一致で承認され、ウォズワースは議長のアレグザンダー・ドラモンドに委員を指名するよう提案した。ドラモンドはカリーとラッドを指名したが、ラッドが断ったためアダムズが務めることになり、7イニングス派（カリー）と9イニングス派（アダムズ）を抱えたまま、次の集まりは1856年12月6日、ブルーム街462番地のスミスホテルで開くことにした。ニッカーボッカーズの会合の目的はすべてのクラブに会議への参加を呼びかけることだった（中略）。

その他にも「投手の位置についてのあやふやな点」を解決するとか、飛球を直接捕るべきかワンバウンドでもアウトにすべきかの問題についても、ニッカーボッカーズはすべてのクラブと歩調を合わせることにし、クラブはウォズワース、アダムズ、ウィリアム・ヘンリー・グレネルの3人を委員に任命して、

ニューヨーク地域の全クラブに会議への出席を取りつけるよう命じた。ウォズワースはまた「総会に提出される予定の野球法典起草委員会」のニッカーボッカーズ代表にも任命された（中略）[40]。

後に第1回全国野球選手協会会議と名づけられた1857年2月25日の会議に先立って、1月22日に開かれた起草委員会はニッカーボッカーズが提案した7イニングス制ルールを了承した。しかし、会議に集まった14チームの代表は9イニングス制を提案したウォズワースの動議に賛同し、ニッカーボッカーズ提案の7イニングス制を9イニングス制に修正してしまった。他のクラブの支持を得て、ウォズワースはニッカーボッカーズの多数派に逆転の背負い投げを食らわせたのだ。

10日後の3月7日、ニッカーボッカーズはクラブ集会を開いた。全国協会会議の決定に不満なダニエル・S・スタンズベリーが今後、対外試合をすべきでないと提案したほど守旧派の抵抗は強かったが、会議で決定された規則は承認され、ウォズワースはニッカーボッカーズのルールと内規を改め、会議でのすべての変更と整合させるよう提案した。これも了承され、カリーを中心にする守旧派の反対は終息し、ある意味で本来のニッカーボッカーズ・ベースボール・クラブは過去のものになった。ヘンリー・チャドウィックがしばしば、ニューヨーク形式の野球は1840年あるいは1845年ではなく、1857年に始まると言ったのはこの改革を根拠にしていたのだった。

オークションに出された手書きの草稿

ところで、1857年2月の会議に提案されたルールの草稿が2016年2月、スポーツ記念品を対象とするオークションに出品された。一点は端正で力強いアダムズ直筆の下書き。もう一点は委員の一人、ウィリアム・ヘンリー・グレネルが流れるように美しい筆跡でアダムズの草稿を12枚以上にわたって清書した文書。アダムズは前出のスポーティング・ニューズ紙とのインタビュー（1896年）で草稿作成の思い出を語っていた。「主将として、私は参加者を募るために持てる文章力を総動員した。こんなことを続けるのは無意味だと思うこともしばしばだったが、野球への愛とイリジャン・フィールズで過ごした楽しい思い出によってやり通すことができた。夏の間は多くのメンバーが街を去ってしまうので、プレーする時間は短かったものだ」[41]。

グレネルは鉛筆で単語や文章に線を引き、アダムズの原案に対する変更や、採用された規則を記入しており、会合で交わされた議論がスコアカードのように読み取れる。例えば、試合のイニング数「ナイン」を消して「セブン」とした箇所があり、「9イニングス制」か「7イニングス制」かで揺れた経過がうかがわれるという。これらの文書の価値についてソーンは「死海文書のようなもの。果てしなく研究に値する」[42]と語った。グレネルはウォールストリートの株式仲買人で、1850年にニッカーボッカーズに加わり、「全国野球選手協会」の会議にも代表として数回出席したが、1868年には会員名簿から消えている。「恐らく会費未納のため」とソーンは推測している。ソーンによると、文書の骨子は

▽塁間は90フィート

▽投手と本塁の距離は45フィート

▽選手数は1チーム9人

▽試合は21点先取ではなく、9イニングスで決する

▽賭博行為とリボルビング（選手が勝手にチームを転々とする行為）を抑止する――などで、現在のルールと共通するところが多い。打者を「ストライカー」、得点を「エース」と呼び、「ボーク（balk）」を「baulk」とつづっている。

　これらの文書は4月24日、身元不明の人物によって326万ドルで落札された。1999年にこの文書がサザビーズの競売に付された時の落札値は1万2650ドルだった。野球に関する文書としてはこれまでの最高額だが、バスケットボールの考案者、ジェームズ・ネイスミス（1861〜1939年）が書いた13条のルール書の430万ドルや、ベーブ・ルースのユニフォームの440万ドルには及ばなかった。

晩年は寂しかったウォズワース

　閑話休題。近代野球にとっては「9人」と「9イニングス」を定めた恩人のウォズワースだが、クラブ内での立場は微妙だった。1857年6月8日のイーグルズ戦に出場せず、6日後、3度目にして最後の退会をした。翌月、いつもの堂々たる態度で一塁の守備位置についた時はゴーサムズの一員になっていた。1862年に裕福な未亡人マリア・イザベル・メシュット・フィッシャーと結婚し、彼女の連れ子の2人の子供（妹のマリアンはウォズワース姓を名乗った）ととも

にニューヨークを離れ、ニュージャージー州モリス郡のロッカウエーに移ると試合から遠ざかった。ユニオン郡判事、民主党地区支部長、教育委員会委員を歴任したが、1883年に男やもめになると酒浸りになり、30万ドル（現在の貨幣価値で約800万ドル）と見られる財産を使い果たした。プレーンフィールドの街頭で 日曜日に新聞を売るのが唯一の収入源だった時期を経て1898年に貧困者の救済施設に入った。ミルズが謎のウォズワースを探している間、プレーンフィールドの施設の長期収容者だったウォズワースを野球の創案者と結びつけた者はいなかった。ミルズの最終結論を掲載した『スポルディング・ガイド』が発売された8日後、またミルズが調査を諦めた5日後の1908年3月28日、ウォズワースは死去した。ハートフォード・デイリータイムズに遅れて載ったウォズワースの死亡記事は「家族はなく、兄弟姉妹もいないようだった。肉親について語ったことはほとんどなく、手紙も来なかった。施設の看護人たちは自分の居場所を知らせたくなかったのだろうと推測している」と書かれている。

「草創期」から「近代」へ

　野球の人気が爆発的に拡大したのは南北戦争（1861～1865年）以降だ。野営地で、あるいは捕虜収容所で野球を覚えた若者たちが故郷に帰り、ブームに火をつけた。プロ化の流れはあらがい難く、その第1号がシンシナティ・レッドストッキングスだったことは広く知られている。1871年には早くも20以上のプロチームが生まれ、最初のプロ野球組織The National Association of Professional Base Ball Playersが結成された。しかし、この組織はまだ規則が不徹底で、試合数や対戦の日程などは各チームに任されていた。球場内での賭博や飲酒もおおっぴらに横行し「国民的娯楽」には遠かった。

　この状況に不満を抱いたシカゴ・ホワイトストッキングスのオーナー、ウィリアム・アンブローズ・ハルバート（1832～1882年）は1876年、フィラデルフィア・アスレティクス、シンシナティ・レッズなど8チームでThe National League of Professional Base Ball Clubs（現在のナショナル・リーグ）を結成した（1892年から12チーム）。1893年、ルールに大きな変更があった。1881年以来50フィート（約15.24メートル）だった投手と本塁の距離が60フィート6インチ（約18.44メートル）に改正された。ニューヨーク・ジャイアンツの投手、エイモス・ルーシー（1871～1942年）の球があまりにも速かったためで、当初

は切りのよい60フィートのはずだったが、作業者のミスで半端な数字になったとも伝えられる。ともあれ、これによって野球の基本的な規則は現在と同じになったわけで、この年をもって「近代野球の幕開け」とする野球史家が多い。

　さて、野球の起源を巡る長い論争にそろそろ終止符を打つべき時だろう。野球は英国から渡来したと言ったヘンリー・チャドウィックはアルバート・スポルディングより正確だった。しかし、すべてのアメリカ人が野球として知っているゲームはラウンダーズではないと言ったスポルディングの直感は、チャドウィックより鋭かった。「野球の父」は一人ではなく、何人もいたのである。

【注】

(1)　毎日新聞、2012年1月10日付朝刊。

(2)　『アルケオロジー』96頁。

(3)　『エデンの園』101～102頁。

(4)　前掲注（3）108頁。

(5)　小林憲二訳、明石書店、1998年。

(6)　前掲注（3）231頁。

(7)　『ベースボールと陸蒸気』鈴木康允・酒井堅次、小学館文庫、2005年、111頁。

(8)　『アメリカ合衆国の膨張』、紀平英作・亀井俊介、『世界の歴史23』所収、中央公論社、1998年、233頁。

(9)　前掲注（3）序文。

(10)　前掲注（3）8頁。

(11)　前掲注（3）10頁。

(12)　前掲注（3）16頁。

(13)　前掲注（3）3頁。

(14)　中尾真理訳、キネマ旬報社、1997年、10頁。

(15)　平出隆『ベースボールの詩学』、講談社学術文庫、2011年、104頁。

(16)　前掲注（3）55～56頁。

(17)　前掲注（3）序文。

(18)　前掲注（2）123頁。

(19)　前掲注（2）124頁。

(20)　前掲注（2）130～131頁。

(21)　From Babe to Mel…The Top 100 People in Baseball History,Alan

Schwarz and John Thorn, Total Baseball　8thed.,Sport Media Publishing,2004,pp.810

(22) 前掲注 (3) 28頁。

(23) 前掲注 (3) 282〜283頁。

(24) 前掲注 (3) 15〜16頁。

(25) 前掲注 (3) 77頁。

(26) 前掲注 (3) 38〜39頁。

(27) 前掲注 (2) 132頁。

(28) 前掲注 (2) 133頁。

(29) 前掲注 (3) 39〜40頁。

(30) 前掲注 (3) 77頁。

(31) 前掲注 (3) 28頁。

(32) 前掲注 (3) 40頁。

(33) 前掲注 (3) 77頁。

(34) 前掲注 (3) 30〜31頁。

(35) 前掲注 (3) 33〜34頁。

(36) 前掲注 (3) 35〜36頁。

(37) 前掲注 (3) 19頁。

(38) 前掲注 (3) 51頁。

(39) 前掲注 (3) 51〜52頁。

(40) 前掲注 (3) 52頁。

(41) ニューヨーク・タイムズ電子版、2016年2月28日。

(42) 前掲注 (41)。

［評論］

鈴木惣太郎小伝と
「鈴木惣太郎関係文書」について

総合教育研究所所代表 波多野 勝

1. 鈴木惣太郎について

　日本のプ本格的なプロ野球の創設、及び大日本東京野球倶楽部（通称　東京ジャイアンツ、巨人）組織に尽力した鈴木惣太郎（以下、「鈴木」という）は、明治21（1890）年5月4日に群馬県佐波郡伊勢崎町（現在の伊勢崎市）に生まれた（1982年5月11日死去）。彼は、旧制前橋中学から早稲田大学に入学、しかしながら病気を患って中退、その後大倉商業学校（現在の東京経済大）に再入学、卒業後、横浜にある絹貿易を扱う小松商店（社長は小松晋）に就職、大正5（1916）年にニューヨークに赴任した。その後支店長になっている。書物によっては卒業後、渡米してコロンビア大学留学、あるいはコロンビア大学の聴講生となったとの記述があるが事実誤認で小松商店という貿易商に就職している。鈴木は、午前中に取引を終えると、午後には野球観戦やコロンビ大学の聴講生として語学を勉強した。

　大正12（1923）年関東大震災で横浜の小松商店は大打撃を受けた。その後、小松は六邦商店として東京に移転、惣太郎は取締役に就任した。その間、『横浜貿易新聞』に野球記事を数多く寄稿し、野球の本を出版し、これが読売新聞社の江間盛の目にとまり、読売の嘱託になり、従来の貿易業務から手を引いた。昭和6年と昭和9年の日米野球で通訳やマネージャーとして読売内で地位を確立していくことになる。また鈴木は、小松晋との親交は続いていたようで、彼が亡くなったとき「日記」に昔を振り返って彼の死を惜しんでいる。

　さて、鈴木は、球団嘱託として通訳、マネージャーなどを経て取締役に就任、戦時中に読売を退陣、さらに戦後に日本野球連盟の副会長、正力のパージの解放で、鈴木は読売に正式に復帰する。さらに一度、読売を離れて野球評論家として野球の啓蒙に尽力し、その後、再び球団の取締役就任、さらに顧問、巨人

OB会長と人生の多くの部分を巨人の戦力強化に貢献する部署で活躍している。本稿は、横浜市山手の鈴木家に所蔵されている彼の関係文書（以下「鈴木文書」という。）を整理したものである。「鈴木文書」は大きく分けて①書簡・葉書、②日記及びメモ、③電報綴、④アルバム・スクラップブック、に分類することができる。資料は、一度鈴木家の改装工事により残念なことに大量に存在した野球関係のスクラップ記事などが一部流出している。しかし、一部が東京体育野球博物館の開館のときに、鈴木家より寄贈されて同所で展示されているものもある。あるいは「日記」や「書簡」、及び「書簡」の控えなども外部の関係者が来宅し、そのさいに、これもまた一部が流出しているが鈴木家の聞き取りから判明している。とはいうものの、プロ野球の関係者でこれほどまとまって資料が残されているものは他にない。

　また「鈴木文書」には、アルバムのほかに現在は数点になったが、多くのサイン入りボール、サイン入りバットが存在した。しかし惣太郎は生前、自身の遺言として記念品を著名な選手に手渡しているので、同家のバット、ボールは数多く関係者に渡されているようだ。

　昭和9（1934）年、ベーブ・ルース一行が来日した折、ルースが放ったホームランの数本のサイン入りのバットを惣太郎は所有していたが、長嶋茂雄にその一本を渡している。これは長嶋が巨人の監督時代、優勝して選手らと共に日本テレビに出演した際、巨人の歴史や鈴木惣太郎の話に及び、ルースのバットについて「惣太郎先生の遺言のような形でいただいた。今でも床の間に飾ってあります」と語っていることからも明確である。注意したいのは、長嶋が「惣太郎先生」と言っていることである。長嶋にとっても、また他の選手にとっても彼は巨人において一目置かれた存在だったのである。

　巨人の野球は読売の野球というテーゼに、鈴木は最後まで抵抗するが。自身の生活や巨人への愛着もあり、読売首脳には知られていたが、この問題で表立って対立することは無かったが、読売の首脳からは「理想家」の鈴木と理解されていた。日本のプロ野球の特徴にもなるが、球団は親会社が存在することで、人事が左右されることも忘れてはならない。戦後の読売争議、また反正力派という正力の復権に反発する読売幹部、また日米野球の主導権の問題など、従来明らかになっていることも含めてあらためて再考する意味でも惣太郎の文書分析は必要不可欠である。

2. 史料からみた鈴木惣太郎略伝

(1) 戦前巨人の草創期

　惣太郎は、なくなる数年前まで日記を記していた。彼自身もいつかこれをまとめて書物にしたいと日記に記しているが、90歳前後から急速に体力が衰えた惣太郎には、自身で伝記を書き残す力は残っていなかった。池井優慶応義塾大学名誉教授がかつて『白球太平洋を渡る』を記されたとき、数回惣太郎氏に面会して聞き取りされているが、惣太郎氏は日記の存在を明言されなかったようだ。だが2000年から翌年にかけて著者が二度、鈴木惣太郎家を訪問して多くの日記や書類、アルバム、記念品、メモ、電報などを確認したとき、まだ未整理だったことが判明した。特に、別室で風呂敷に無造作に入れられていた電報の発見には、二度目の捜索が無ければ確認は不可能だった。

　またノンフィクション作家佐野真一氏が多くの材料を集めて『巨怪伝』を記したとき、惣太郎の日記を断片的に使用したことが判明している。また惣太郎自身が著作物（書籍、野球関係雑誌）を出すとき、自身の日記を使用していたことも判明する。このように資料を使用する場合、数人の関係者が鈴木家に出入りして日記の出入りがあったため、日記がすべて現存しているとはいえない。惣太郎と関係のある人物が数人持ち出しており、未だ返却されていない日記などが数点があると推察される。

　鈴木の動向については池井優『白球太平洋を渡る』、波多野勝『日米野球史』『日米野球の架け橋』で明らかなので、概略に留めたい。さて、大正時代の日記は1番の一冊だが、このころの日記は、当日の出来事や、状況を簡潔に記したものでさほど多くはない。同時にニューヨーク赴任中の日記が全く存在しないのも不思議である。昭和に入って多少は、メモに近い記し方で昭和4年ころから昭和9年の冬ごろまで同様な書き方になっている。惣太郎の性格からすれば、備忘録程度のものは残しても不思議ではない。惣太郎家に出入りして戦後まもなく野球関係の記事や著作を記した評論家やジャーナリスト、あるいは、貸し出した人物も存在するのでそのまま返却がされない状態になっている可能性もある。またこのころの状況については、まだ「電報綴り」が残っているおり日米野球の交渉経緯がわかる。

　惣太郎とオドールの電報は、彼が帰国した昭和7年初めから残っている。そ

れを見ると、ルース招聘、プロチーム創設、チームの渡米遠征、などのために密接に連絡を取り合っていたことがわかる。だが、企業から独立したチームを作るプランは難航した。結局昭和6年のルー・ゲーリッグ来日から二年も経過して、ついに正力に依頼することになる。ルース一行チームに鈴木は帯同したが、多忙のためか記述は少ない。

　昭和10年の巨人遠征については、三宅の渡米遠征の日記が存在する。また惣太郎自身の日記はあまり細かく記述されていない。ただ電報では、惣太郎とアメリカのオドールとの動きは判明するが、読売や正力松太郎周辺の動きが十分把握できないのが残念である。しかし惣太郎と市岡の関係が、当初から微妙な関係だったこと、オドールや惣太郎の良好な関係、正力との葛藤などがわかる。

　次に惣太郎の人生にとっても一番の重要な史実、昭和九年のベーブ・ルース一行の来日、大日本東京野球倶楽部設立の動きについてであるが、この部分も日記よりも電報が多くの情報を与えてくれる。ルース説得のプロセスなどは電報状況によるところが大きい。昭和8年2月ころには、新チームを結成して渡米し、そのことにより選手を獲得しようとしていたことも新たに判明した。オドールはこれを危険として止めている。また二度の渡米遠征が赤字になり、市岡が遠征に消極的になっていることもわかる。同時に、市岡と惣太郎との間に溝が生じ、これが戦後にまで続くことになる。

　日本のプロ野球誕生物語はこのあたりの関係者（新聞社が関与を知っていたこともあり）の証言が多いため、大日本東京野球倶楽部が本格的なプロ野球史の中心になることに注意しなくてはならない。いまでこそ大正時代に誕生したプロ球団が見直されているが、正力の野球は日本プロ野球の父なるのも、読売という新聞社の活躍と証言者の多さや正力自身の興行開催に対するあくなき欲望などがこの球団の歴史的意義を高くさせている。

　一方、昭和12年から盧溝橋事件が始まり、日中両国は戦闘状態に入った。惣太郎はスカウト活動をする中、各地の駅で出征する兵士の送迎を目撃していた。選手が次々と入営して球界では戦力不足が蔓延する。野球が戦争と両立するのか不穏な時代に入った。

　ところで戦前の日記で興味をそそるのは、花の13年組期といわれる川上哲治と吉原正喜の獲得交渉だった。惣太郎はこのころ取締役でスカウト活動の職務も兼ねていた。九州で巨人のためにスカウト活動する彼の日記は、当時も今も

あまり変わらない人脈と金銭を背景とした獲得交渉である。吉原獲得を当初の目的としていた惣太郎だが、川上にも目を付けた惣太郎は粘り強く交渉し、ついに二人を入団にこぎつける。川上と惣太郎の終生の繋がりが始まる。この動きは惣太郎がスポーツ紙に川上獲得の詳細なやり取りを記しているため今でこそ判明するが、惣太郎の日記には、そこまで詳しい記述の部分はない。これについては、おそらく惣太郎はメモにして別の日記に残したと推察されるが、未だ発見に至っていない。これも外部に持ち出されたままと思われる。

　ところで、川上は監督になっても惣太郎を「先生」と呼び、惣太郎がOB会顧問となって宮崎キャンプに赴いたときも、川上監督はメモを取りながら惣太郎の話を選手と共に聞く姿や敬老の日なると惣太郎に花を贈る姿勢は、律儀な川上と終生スタイルを変えない頑固者の惣太郎の良好な関係を物語っている。惣太郎も晩年になり「当代一の名監督」から花を受けることに感謝を率直に記している。日記を読んでいても読売内の様々な事件などが多く記される中で一服の清涼感さえ感じる場面である。鈴木は、読売首脳とは溝が生じることもあったが、現場のユニフォーム組とは総じて良好な関係を続けていたことがわかる。

　日中戦争後の惣太郎の日記は、再び淡々とした記述になっていくが、日米交流は（1940）年ごろまで予定されていたようである。オドールも再び来日する予定があったが、戦況の悪化で頓挫した。一方、巨人の選手の入営が増え、興行のため正月野球を始めたことに対し、寒くて観客も増えないし、時期が悪すぎると評価は良くない。この経験はフランチャイズ、一シーズン制として戦後のプロ野球復活のときの教訓になった。さらにアウト、ストライク、ビジターなど野球用語が英語から日本語化していくことに憤慨して、規則委員会を中途退席するのは惣太郎の真骨頂であろう。

　昭和18年2月19日、惣太郎は久しぶりに沢村栄治に面会した。中国戦線に召集された沢村はすでに肩は思わしくなく投手としては難しく、ついに巨人から解雇通告されたのである。惣太郎は沢村がロッカーを整理してきた直後に会い、他のチームに行かず巨人で終わることをアドバイスしている。沢村は明確に返事をしなかったようだが、その後、関西に帰り元巨人監督の三宅に促されて南海に入団したという話がある。だが12月三度目の召集で台湾沖で乗船していた船舶が撃沈され戦死した。鈴木がスカウトした吉原も昭和一九年、インパール

作戦失敗後まもないビルマ戦線で、沖縄戦では田部武雄も戦死している。

　この間にも戦況は悪化の一途を辿り、惣太郎も政府筋に近い人物から実情を聞き、政府の戦況報告の出鱈目さに憤慨する記述がこのころ何度も記している。横浜の山手の自宅から米軍爆撃機が東京に向う光景を見て戦況の圧倒的な不利を感じている。また自宅近くに爆弾が落ち、命拾いをしている。また食料難のため惣太郎も群馬に時おり戻り調達し、職業野球も中止となり、見通しのない戦争に不安を隠さない記述をしている。惣太郎はついに読売を退職して、友人の誘いで新たな貿易事業の会社を作ろうとして上海へも渡ったが、中国戦線も好転せず、戦局の悪化で挫折して帰国している。

(2) プロ野球復活と読売の内紛

　昭和20年8月15日終戦を迎えて市岡が早くもプロ野球復活を言ってきた。すでに仲間と会合を行っていたようだ。惣太郎は正力同様慎重な姿勢を崩さなかった。鬼畜米英を推進してきた国民が簡単にアメリカを代表する野球を簡単に受けいれるとは思わなかったのである。プロ野球復活に尽力したのは鈴木龍二や市岡ら野球報国会の幹部たちだった。彼らにしてみれば、アメリカに友人が多く、英語に堪能な惣太郎を頼みにしていた。また惣太郎は横浜に駐屯した米第八軍の将校たちと親交を深め、ベーブ・ルースを日本に呼んだ功労者と知って交流が広くなり、野球関係者から頼りにされることになった。30、31、32番のころの日記は、そうした国内の復活への動向とGHQ関係者との親交が詳細に記されている。

　その後、正力に呼ばれ惣太郎はまたもや読売の嘱託となった。戦犯指定を先読みしていたのか正力は英語のトレーニングをすると言うのである。鈴木は教師役になった。正力にとって戦後は苦難の出発だった。朝日新聞社では戦時報道の責任をとって役員は総退陣したが、読売の重役は居座り、社内では左翼勢力が台頭し、いわゆる争議が始まった。さらに正力はA級戦犯に指定され、年末巣鴨に収監されることになる。

　一方、プロ野球復活、後楽園球場での東西対抗復活に連盟関係者の尽力と惣太郎が自身の経験を多く活かされて成功したことが判明する。鈴木龍二も『鈴木龍二回顧録』で、その詳細な記述から惣太郎の尽力が伺える。大戦中、龍二は箱根に疎開していたため戦災にあっておらず、恐らく彼の日記も残存していると思われるが、現在確認はしていない。

新球団が続々増えるなか、まずは解散状態だった日本野球連盟の再編が始まった。会長は鈴木龍二、副会長は惣太郎、二人は粛々と職務を遂行したが、新興球団のオーナーたちは、選手集めと野球興行に奔走した。鈴木龍二はリーグ戦の日程の調整役だったが、球場での観客が少なくなると、巨人対阪神戦を週末に組んだり、直前で日程を変更したりと、このころから鈴木龍二は巨人偏重のスケジュール調整をしていたようだ。

　だがこの分野は惣太郎の出る幕でもなかった。彼はむしろメジャー野球のスタイルをいかに日本へ導入するかに関心が強かった。そのため球団関係者には「理想家」として映っていた。ある意味融通の利かない彼への皮肉だが、自身の味方であるはずの読売内でもその意識は強かった。最大の功績は1シーズン制の実現であろう。惣太郎は球界改革を会議で議論するが、解決できない課題をときには惣太郎は『ベースボールマガジン』などに寄稿して世間に訴えるという評論家でもあった。フランチャイズ制度やオーナーの役割、コミッショナーの職務などを連盟でも主張したが、それは、オーナーたちとの確執も生んでいた。それだけに日記と当時の雑誌記事と見比べながら読むと興味深い。

　ともあれ東西対抗で多くの観客を集めたため、野球興行を模索する実業家は積極的だった。そのことは、戦前の反省からメジャー野球のノウハウを導入しようとする惣太郎と意見の衝突が繰り返された。また占領の影響もあったのだろう、「メジャー野球に倣え」といった空気が大きな方向性にあった。日記には戦後復活した野球連盟が主催したオーナー会議の内容が記されている。これは、鈴木龍二の回顧録末尾に断片的に記されており、参照すると興味深い。惣太郎は会議をリードし、フランチャイズ制度や一シーズン制では決定的な役割を果たしたことが判明する。ただオーナーたちのフランチャイズへの不満は高く、激論があったことが伺われる。

　オーナーたちは、野球で十分採算が取れると読み、正月野球など季節に関係なく試合開催を企画した。このため興行試合では、「サーカス興行」のようだと日記に書きつつも惣太郎はかなりの妥協をしている。惣太郎の影響力は、その後、マーカット少将率いるESS（経済科学局）の支援もあってメジャー流導入がある程度の道筋が出来る。日記には、野球好きだったマーカットのプロ・アマを問わない日本野球への思い入れや介入が判明する。資料的制約は多いだろうが、マーカットと日本野球の関係も検証する必要はある。

他方で惣太郎には嬉しいこともあった。昭和21年から翌年にかけて明仁皇太子が後楽園に来場して、彼が試合の案内役になったのである。開かれた皇室を見せる意味でも惣太郎は、警護側を説得して一般客席に近いところで観戦するべく手配した。皇室も注目している野球人気を内外にみせる惣太郎の腕の見せ所だった。ベンチ近くでは、打球が飛んでこないように東大野球部の数人の選手に依頼してグラブで待機させるほどだった。

ところで読売では争議のほかにさらなる問題が起きていた。正力収監（昭和20～22年）後に、編集長から副社長に就任した安田庄司、業務局長の武藤三徳、球団代表の四方田義茂など反正力グループが台頭していた。社長は言論人の馬場恒吾だったが、反正力派と連係した様子が日記からは判断できなかった。以後数年の惣太郎日記は正力派対反正力派の構造とプロ野球の混迷がリンクしていることを証明することになる。40番から50番ごろまでの日記はこの意味で従来の野球史では不透明だった正力と読売首脳の権力闘争の一端を明らかにしている。同時に、それは巨人への影響も免れない。読売と巨人が一体だったからである。

二リーグ分裂について、毎日新聞のプロ参加も含めてそれぞれの思惑が錯綜していたことが判明する。正力は毎日も参加させて、関東、関西でプロ野球の拡大を図ったが、安田副社長ら反正力派は、球団が野球人気のわりには赤字に苦しんでいるため毎日の参入に反対していた。正力は当初の一リーグからメジャーリーグ流の二リーグ制への移行を遠い将来に考えていた。これが、読売の権力闘争と結びついていくことも判明する。

巣鴨から出処したとはいえ、公職追放中の正力に対し、読売の実権を掌握した反正力派は復権を恐れ公然と紙上で正力を批判するようになる。反正力派は正力の読売復帰を危惧し、追放中に正力の社会的立場を削ぐことに奔走した。それゆえに正力の復権に繋がるような初代のコミッショナー就任（昭和二四年）に猛反対するのである。惣太郎はこの対立構造に完全に巻き込まれた。

惣太郎としては、混乱する野球界で強いイニシアチブを発揮して改革するためには正力の存在が必要だった。かくして惣太郎ら連盟は正力のコミッショナー就任に奔走した。ところが、法務当局から正力はパージ中と反対され、また反正力の牙城だった安田ら読売も反対した。正力の援助を必要としていた惣太郎は、当然正力派とみなされ、ますます正式な読売復帰が曖昧になっていっ

た。惣太郎は正力をサポートしていたため、巨人からも疎遠になる。

　連盟の副会長だった惣太郎は、反正力派の非難の矢面に立った。それは球界でのいくつかの事件がきっかけだった。たとえば、別所毅彦を南海から巨人が引き抜くという事件があった。副会長惣太郎が裁定し、巨人や別所に出場停止などペナルティーを与えた。また昭和24年4月12日巨人・南海戦で暴力事件が発生し、三原脩監督に出場停止を課したため、武藤ら読売側から惣太郎は身内を不利に裁定したと批判された。さらに、正力のコミッショナー就任は無効であるため裁定に意味がないと反発したのである。このいきさつも詳しく惣太郎は日記に記している。また惣太郎は、巨人に裁定を下すことに「耐え難い悲しみ」とまで書いている。この問題は、正力が読売に復帰するまで続くことになる。

　ところで惣太郎には思わぬ再会があった。昭和23年1月にESSマーカット少将の副官の原田恒男に面会した。キャッピー原田は和歌山県出身の父をもつ日系二世で、巨人が戦前渡米遠征したときにサンタマリアで対戦チームの選手として顔をあわせた。惣太郎は巨人入りを誘ったが、家庭の都合で原田は入団しなかった。戦後原田は、GHQ傘下のマーカット少将の副官に就任した。マーカットは太平洋戦争中、マッカーサー司令部の情報部におり、そのまま日本占領に参加し、日比谷公園で野球をするなど日本野球にも大きく関与していた。副官原田も、野球で日の丸掲揚を復活させたり、球場の手配、水原茂の早期シベリア帰還など野球の発展に少なからず支援していた。

　当時新聞記事にはマーカット少将が球場で観覧していることが写真で判明するが、連盟の惣太郎と親交があったことが伺える。このため、原田はマーカット少将の意を受けて正力のコミッショナー問題にゴーサインを出すなどプロ球界に接近した。原田はいつまでも軍に在籍するつもりはなかった。彼は日米の架け橋の経験から、日本で退役後の仕事を模索していた。それが野球の周辺に関わることだった。

　このとき、原田は、法務当局や民生局から反対されて正力のコミッショナー問題について言及を避けることになる。さらには、自身のコミッショナー就任を売り込み連盟は驚いた。惣太郎が原田に最初に不信感を持ったのはこれが最初である。鈴木会長や惣太郎はこれを食い止めた。当時正力派と反正力派の対立で正力が巨人で力を持ち得ない最中、原田は徐々に安田ら反正力派に接近し

ていくことになる。それは後述するオドールにも同様な事態がおきる。

　同年10月サンフランシスコ・シールズが来日した。オドール監督率いるシールズは、本来なら昭和12年か13年に来日するはずだったが、日中戦争で不可能になった。それがこの昭和24年の来日となったのである。日本ではシールズ歓迎実行委員会が結成され、アマから松本滝蔵が委員長に、副委員長に惣太郎が就任した。正力や惣太郎はプロ主体で行うべき試合と主張していたが、マーカットの主導でアマ・プロ共同となった。惣太郎も占領軍に協力せざるを得ないが、アマとの協力には不快感があった。「アメリカからチームを招いてこんな不愉快なことはない」と書いている。正力の要請もあり、惣太郎はアマに協力する。

　ここで決定的な働きをしたのが原田である。マーカットの意を受けて、原田は惣太郎と打ち合わせもなくオドール訪日に向けて渡米して根回しをおこない、コミッショナー側と協議し、シールズの訪日実現が決まった。この成功で原田はオドールに接近し、一方惣太郎とオドールの関係が微妙な状況になる。
10月シールズを率いたオドールは羽田空港に到着した。久しぶりの面会にオドールは喜んでいたが、惣太郎は心が晴れなかった。プロ・アマ合同会議に巻き込まれたこと、なにも知らないプロの監督だったオドールがアマ・プロ共同作業に反対しなかったことが不愉快だった。シールズの人気は改めて日本の野球人気を内外に示したことになったが、戦後の惣太郎と原田やオドールの関係は、読売の権力闘争も加わり複雑な状況になっていく。

　一方、正力はコミッショナーとしていくつかのチーム間のトラブルを解決したが、読売の反発やGHQ内の反対で嫌気を感じた彼は身を引くことを惣太郎に話し、結局正式な決定のないままコミッショナー職は空白になった。かくして初代コミッショナーは幻なのか、正式なのか、辞任手続きもないままに今日に至っている。また二リーグ分裂を機に連盟は解散し、惣太郎も浪人生活に入るが、スポーツ新聞社や雑誌社の要請もあり、野球評論家として世間に名前が知られるようになる。

3. 正力の追放解除と惣太郎の読売復帰

　昭和24年12月15日、安田副社長がセ・リーグ会長に就任した。同日、原田が陸軍を退職してその後旅行会社を新橋に創設した。日米野球交流の発展を見込

んで旅行業務に従事することにしたのだろう。原田は正力ではなく、反正力派でこのとき読売の実力者だった安田副社長に接近していった。これが惣太郎と原田の運命を分けることになる。

翌年1月20日読売では重大な出来事が起きていた。読売は増資を行い、正力の所有株の比率を下げて、彼の影響力を下げようとしたのである。巨人の代表には武藤三徳、専務取締役に四方田義茂が就任し、彼らは巣鴨を出所した正力の復帰を嫌い読売から全面的に追い出そうとしていた。だが正力は増資に対し財界から速やかな資金集めに成功し反正力の目論みは外れた。反正力派の凋落はここから始まる。

この昭和25年は正力が読売に徐々に復帰していくプロセスになる。安田は事態の変化に正力派と認定していた惣太郎にも会うことになる。だが、同年末には三原脩が安田邸に挨拶に訪れた時、家人から熱海で集まりがあって不在と返答があった。熱海では、反正力派が集まり、正力復帰に備えて鳩首会議を開いていたのである。ワンマン正力の復帰は、徐々に彼らを追い詰めることになる。急先鋒の一人だった武藤は孤立して読売を退任、販売は務台光雄が実権を握ることになる。四方田も長くは読売にはいなかった。

昭和26年1月27日惣太郎は安田に面会し、読売復帰について話し合い、復帰したら日米野球に従事したいと述べ了解を得た。安田も正力の復帰が迫っているだけに、惣太郎に冷たい態度はなくなっていた。だが、原田も日米野球興行で主導権を握ろうとしていた。惣太郎の復帰は安田とのパイプをもつ原田との新たな葛藤が生じさせることになる。すでに球界では、川上哲治ら数人のモデスト・キャンプの計画が進行していた。原田の仕事である。だが計画の杜撰さを知った惣太郎は心配した。事実このキャンプは赤字になり社内で問題になる。

8月6日、正力は追放解除を迎えた。復帰した正力は料亭に読売の幹部を集めて留守中のことを詫び、感謝した。だが、それだけでは終らなかった。正力は安田に向って「留守中、君は、正力、正力といつも呼び捨てにしていたというじゃないか」と問いかけた。名指しされた安田は、正力の迫力に押され、彼が床にひれ伏して詫びたことを柴田秀利（『戦後マスコミ回遊記』）は記している。強烈なカリスマの再登場だった。安田も正力に謝罪し、副社長として残るが読売内で往年の力は喪失した。それは惣太郎の野球交流の裁量権が復活する伏線になった。当然のことながら、それは読売で日米野球の主導権を握っていた原

田との利害が生じる。

　同年四月福井盛夫がコミッショナーに就任した。公式には初代コミッショナーである。惣太郎は、福井が同郷の群馬県の出身ということで歓迎したが、選挙に出馬し惣太郎を憤慨させた。さらに依然として弁護士事務所を開いていて、コミッショナーの職を軽んじているというのが惣太郎の認識だった。二足の草鞋を許さないというところも彼らしい姿勢である。ある意味、コミッショナー職に対する希薄な意識を感ずることになる。

　正力が復帰した八月末、惣太郎は久しぶりに渡米した。オドールはシールズの監督からパドレス（3A）の監督に就任していた。このときコニー・マック、ルース夫人、ゲーリッグ夫人など多くの旧友に面会している。惣太郎はクーパーズタウンの野球の殿堂も訪問した。この経験が後に東京野球体育博物館創設において多くの野球関係の記念品を提出する背景となっている。日本がサンフランシスコ条約に調印して国際社会に復帰するころ、日米野球は一足早く日米友好の役どころを背負っていたのである。

　読売に復帰した惣太郎の仕事は、オドールと協力して日米野球でどのチームを招聘するか協議することになった。惣太郎としては気乗りしないが、正力の指示だけに従うほかはない。オドールはヤンキースを推薦、惣太郎は常勝チームになっていたブルックリン・ドジャースを押していたが、結局ヤンキースの選手を軸にディマジオ兄弟やビリー・マーチンなどメジャー選抜軍が来日した。原田やオドールの影響力がまだ存在していた。複雑な思いを抱いたまま月日は過ぎていった。

　昭和27年3月安田は巨人代表に就任し、また惣太郎はようやく球団にカムバックする事になる。これを受けて、一五日惣太郎は正力に日米野球について直談判に及んだ。反正力派の中心だった安田だが、武藤らと違い即座に左遷されたわけでもない。正力不在中、巨人で存在感を見せていたため、しばらく様子見だったようだ。

　さて、原田—オドールの野球交流は従来、常にどんぶり勘定で赤字になると注意を促した。興味深いのは10月1日原田が突然渡米し、それを惣太郎は思わず日記に「何のこったい」と珍しい書き方をしていることだ。メジャーチーム来日の根回しは、惣太郎と原田が協力する手はずになったが、惣太郎に黙って彼は渡米した。スタンド・プレーである。

そして11月1日原田はオドールと共に帰国した。驚いたのは惣太郎だった。原田はサンタマリアのキャンプを企画し、さらにオドールは監督業を退任して実業家を目指していたようだ。それがTV事業だった。来日早々、オドールはテレビ機材の商売を正力に持ちかけ、原田は惣太郎にも事業に参加をしないかと伝えた。しかし、正力にとってオドールは野球大使であり、実業家を期待してはいなかった。さらにTV事業は正力が日米交渉を行いながら国家事業として従事している。正力はこのあたりからオドールへの信頼感が低くなり、テレビについては極めて冷淡に対応した。オドールは、正力の対応振りがわからず惣太郎にその理由を尋ねたが、惣太郎は正力の真意を伝えなかったようだ。

　従来オドールは日米プロ野球交流の中で大きくその功績が伝えられているが、それは間違いないが、彼の監督辞任後、実業家に転身していく過程でこうしたトラブルがあり、読売から少しずつ距離を置かざるを得なくなるのである。このことはオドールの伝記では言及されていない。とはいうものの、その後オドールは郷里のサンフランシスコでレストラン・バーを開店して成功する。

4. 読売・毎日と日米野球…原田路線への不信

　昭和28年2月巨人はサンタマリアのキャンプに出発した。巨人初めての海外キャンプだった。原田の回想録では、武者修行の様子が書かれているが、選手たちの証言などではかなり大変な遠征で2,000万円以上という大赤字を出した。70番や71番ではこの遠征に対し惣太郎が苦々しく記している。惣太郎は計画の杜撰さを憂慮していた。しかし、最大の問題は、巨人の帰国が遅れて4月の開幕に間に合わず、5試合を消化しないで公式戦に入っている。今日では考えられないことだが、巨人だからこそ許される行為だったのだろうか。

　原田の攻勢は続き、ペリー来航百年記念でアメリカから」ニューヨーク・ジャイアンツを招聘しようとしていた。ところが毎日新聞もメジャー・リーグ・チームを招聘していた。日米野球に観客が多く入るため毎日新聞も参入してきたのである。これが米コミッショナーを困惑させた。結局読売が1955年ヤンキース招聘を毎日に譲り、以後読売と毎日が交互に招聘するというフリック米コミッショナーを含めて三者協定が結ばれた。惣太郎はこの根回しに尽力し、読売の日米野球をリードする立場になった。

　原田はこれを機にニューヨーク・ジャイアンツの極東スカウトに就任した。

彼にとっても正力が読売に復帰した以上、安田頼みは危険だった。メジャー
リーグ側のスカウトであった方がリスクは回避できた。彼の行動はこのスカウ
ト就任によって読売からも正当化されることになった。

　現場は大変だった。二つのメジャー球団の来日で日本のプロ野球はペナント
レースを中断したり、終了したりした。優先権はメジャー球団側にあったから
である。川上もペナント・レースが混乱すると不満足だった。さらにこれほど
の来日で日米野球開催の球場が満員にならないという事態が起きていた。惣太
郎は危惧した。これも惣太郎の日本のプロ野球状況に意を解さない原田への不
信感になる。同時に原田と手を組んだオドールへの不信にもなった。

　一方、昭和28年7月31日、惣太郎は正力の計らいで、読売興行の取締役に就
任した。正力は巨人の代表とも考えていたが、惣太郎は読売で「理想家」とし
て知られて不満の声もあり、正力は熟慮して代表ではなく取締役にした。戦後
惣太郎はようやく読売の重役になったのである。

　これを機に職務に忠実でありたいとする惣太郎は、正力に巨人選手の若返り、
原田―オドールの日米野球交流の刷新、日米野球の見直し、沢村栄治の父親や
弟たちへの対応について進言をしている。父親の沢村賢二が三重県から上京し
て栄治死去後の巨人の対応を批判する動きもあった。沢村をスカウトしたのは
市岡だった。本来は市岡が対処すべきだが、市岡は回避した。惣太郎が対処す
ることになった。父親に会い栄治のお墓への協力、また弟たちの就職の世話を
している。これは従来あまり知られていないことで沢村の遺族たちの貴重な情
報を与えてくれるが、惣太郎が世話をして銀行まで入行させた弟の一人が行内
の不正事件に関与するなどして退職するという残念な一件もある。

　8月28日、日本テレビが開局し、街頭テレビも登場した。正力の頭の中はTV
で一杯だった。ところで10月5日、久しぶりに見た巨人の激励会は惣太郎に衝
撃を与えた。出席者の多くが読売販売店の店主であり、重役たちの発言も読売
の巨人を祝うものだった。惣太郎は「自分たちの作った巨人が今や全く違った
一権力下にあるからだ」と記している。取締役に就任してかえって葛藤も大き
くなった。

　巨人はすでに読売新聞拡販の最大の宣伝になっていた。12月31日の日記は、球
界のためには正力ではなく、自身か誰かがコミッショナーに就任して立て直す
ほかはないと記しつつ、他方で正力を敵にするとすべてが水の泡になると惣太

郎の本音や葛藤が記され実に興味深い。

　翌29年2月始め、マリリン・モンローとディマジオ、オドールが原田の世話で来日した。惣太郎は「こんな連中に来てもらいたくない」と厄介な出来事と冷めていた。惣太郎の葛藤に比べて、大衆は二人を大歓迎した。それもディマジオではなく、モンローをである。帝国ホテルでは、マスコミがモンローに質問攻めをして彼が不快になる事態となっている。二人の旅行はハネムーンでもあったが帰国後離婚する。その後、モンローは在韓米軍慰問に一人で出かけ、ディジマジオとの関係は崩壊に向っていく。

　オドールらは原田と帰国しほどなく、原田はメジャー球団の幹部と接触し、日米野球を開催することを発言し、また巨人のGMとして日本の英字新聞に肩書きが紹介された。惣太郎は驚いた。惣太郎は、国の内外で自身の職務について原田が二枚舌を使っていると批判した。原田への不信感はいっそう高まった。11月巨人はオーストラリア遠征から帰国した。この当時の野球状況を考えるとこの遠征は合理的ではない。野球大国ではないこの地域への遠征は、むしろ原田のツアー会社の思惑が働いていたとみるべきだろう。巨人の遠征は、今日と違って組織的というよりもまだまだ個人的な人脈、利害関係が強く作用していた。

5. 日米野球の転換…オドールからオマリーへ

　昭和30年2月安田は病気で死去した。原田の回想録では、これが機で読売との関係が離れたことを記しているが、それは事実であろう。後ろ盾を失った原田は読売との関係が疎遠になった。巨人では、当然惣太郎の立場が高まることになる。原田の回想録である。

「このドジャースの仕事を最後に、原田は読売新聞社と巨人の縁を切った。国際的な問題に関して全面的に原田にまかせ切っていた安田社長が、故人になったということも、その大きな理由だった」

　この記述は、かなりの問題があろう。すでにドジャースとの交渉は惣太郎の手にあり、原田に主導権はなかった。惣太郎がオドールに同情してハワイでのオープン戦でオドールと原田に試合に関与させただけだった。

　ところで、正力は1月ついに富山から総選挙に出馬した。側近から惣太郎のもとに応援演説の依頼電話があり、巨人の選手が富山まで出向いて選挙応援を

134 Baseballogy Vol.12

したことは多くの書に残されている。正力は頭をなかなか下げないだけに選挙対策関係者の尽力は並大抵ではなかった。読売の幹部だった橋本道淳が秘書役に回り苦労している姿を惣太郎は目にしている。結局同じ地域の松村謙蔵を抜いて一度もトップ当選はなかった。正力は当選後すぐに初代の原子力委員長、ほどなく科学技術庁長官などを歴任した。正力のTV事業の次は原子力だったのである。

同年12月22日惣太郎は、読売の重役の橋本道淳に面会し、今までの曖昧な資金拠出による日米野球を見直すことを主張した。そして次回の日米野球開催を橋本から指示された。橋本も原田を関与させないと言明した。だが翌年1月5日、原田が惣太郎を尋ねてきて日米野球への協力を申し出た。70番台の日記は、読売が原田への傾斜から全面的に転換する過程を垣間見ることができる。

慎重な惣太郎は10日、読売運動部の記者室に赴き、今後の日米野球の方向性を聴取した。彼らはオドール流の見世物野球は時代遅れで、本物のプレーを見たいと訴えていた。また原田・オドールの野球は資金がかかりすぎると不評だった。代表の渡辺文太郎はオドールとのパイプは状況次第で利用し、原田については「会計が曖昧」とこれも厳しい指摘があった。

ほどなく惣太郎は原田に面会し、読売と日米野球への接近を手厳しく批判した。かくして原田は読売から離れ、戦前から鶴岡一人など知遇もあったパリーグとのパイプを使うことになる。後の日本初のメジャーリーガー村上雅則の誕生などは、原田の選手留学手続きによる。だが規約が曖昧で、メジャーリーグ側から村上問題で南海にクレームが来る。これも原田の日米選手交流の詰めの甘さが問題と惣太郎は批判的である。いずれにせよ、原田の回想録には、日米野球の先導役だったことが強調され、惣太郎から批判されたことは記されていない。ややもすると、原田が積極的に回想録を記すことによって、戦後日本プロ野球の歴史が、原田の主観に依拠することになる。同時に原田は、惣太郎のことはプロ野球復活で貢献したことは認めているが、その後の日米野球で自身が主導権を握ったことが誇張されすぎて非常に残念である。

3月6日惣太郎は渡米した。この渡米は、惣太郎の日米野球交流のなかで、実に権力の移行を明確にした旅行でもあった。中途、七日ハワイで原田が面会を求めてきた。主導権が惣太郎に渡ったため、原田は惣太郎に直接接近したが野球交流の「蒸し返し」話だった。

さらにアメリカに到着してオドールに面会し、彼の役割が惣太郎の補助に回ることを知り、従来の読売との関係を力説して、なぜ中心的役割を果たせないかを惣太郎に抗議した。オドールの妻からも抗議の電話があり惣太郎は困惑している。「日記」はこの経緯を率直に記している。彼は戦後、読売内の権力闘争に原田を通じて巻き込まれ、さらに実業家に転進していく過程で、正力のご機嫌を損ねたのが失敗だった。従来、知られていないことだが惣太郎の「日記」で、なぜ巨人からオドールが外されていくのか判明する。惣太郎はオドールに「友情とビジネスは別」と言及して二人の仲は急速に冷えていった。この状況は彼の「日記」の重大な部分でもある。

　そして4月フリック・コミッショナーの助言もあって、ブルックリン・ドジャースの来日を招聘するためオーナーのウオルター・オマリーに面会した。日本プロ野球において、窓口がオドールからオマリーに移行するという日米野球の大転換だった。オマリーはニューヨークの弁護士出身で、惣太郎はその紳士ぶりに魅了されてしまった。これから死去するまで二人の長い交流が続き、それが、巨人の野球にもなった。ドジャースは創設以来の黄金時代を迎えていた。ロイ・キャンパネラ、ドン・ニューカム、そして黒人最初の大リーガーたるジャッキー・ロビンソンを有したドジャースは強力なチームに変身していた。

　日本が国際社会に復帰するころには、すでにプロ野球は大リーグの強豪チームと交流が進んでいたのである。惣太郎はドジャースを招くため加瀬俊一国連大使に面会し、「日米親善」の見地から支援を要請、大使は快諾した。日本が国連に加盟する直前であり、惣太郎の要請はアメリカ国内向けにも日米親善ムードを増すいい機会だった。惣太郎はこういう機会には人生において極めて幸運を持ち合わせた人物だった。日本のプロ野球復活に寄与した惣太郎は、日本の国際社会復活に寄与しようとしていた。またオマリーはこよなくメジャー野球を愛し、日米交流に熱心でドジャースの選手を個別に口説き、10月18日ついにドジャースは惣太郎とともに来日した。補助役に回ったオドールにはハワイでの練習試合についてオドールに配慮した。そこに原田も関与したといわれている。来日したオマリー夫妻を惣太郎は全行程帯同した。休みを利用して京都案内まで惣太郎は付き添った。このあたりが几帳面で責任感の強い、誠実な彼の人柄が表れている。

　ドジャースの来日が決定すると、今度は旅行会社がこの国内ツアー計画を請

け負おうとして読売に殺到した。原田の会社もそのひとつだった。結局正力の指示ですべてを惣太郎の采配で行われた。惣太郎はこのドジャース招聘で読売内の日米野球交流の力を決定的にした。これはルース招聘のときとは比べ物にならなかった。

さてドジャースはワールドシリーズを落とし、終了後直ちに訪日したため、当初実力を出せず苦労したが、結局14勝4敗1分けで面目を保った。読売とドジャースのパイプは深まり。さらに惣太郎とオマリーの親交はオドール以上のものとなった。このためこのころの惣太郎の日記はオマリーとの話で内容は満ち溢れている。ドジャースが帰国してまもなくの12月7日、惣太郎は原田が闇ドル問題で摘発され家宅捜索を受けた新聞記事を目にした。
「誠に気の毒なことだが、あまりに日本の政府を馬鹿にしすぎ、日本人を甘く見ていたからこうした事になったのである」

手厳しいが、日ごろから原田の曖昧さに不満だった惣太郎には同情できない状況があった。一方、惣太郎はドジャースの計らいでベロビーチに水原茂監督ら四人の監督、選手を帯同した。惣太郎は1957年通訳を兼ねてすっかりドジャースの仲間になっており、巨人の選手たちは、惣太郎の顔の広さに驚かされた。だがドジャースの練習方法がわからず、職場放棄をする選手もおり、惣太郎は彼らを諫めたりした。これが本格的な海外キャンプの始まりであり、メジャー野球のトレーニング方法を学ぶ新たな日米交流が開始した。巨人野球はドジャース流であることの原点はここにある。その後もベロビーチキャンプは続き、キャンプの最中、戦前のホームラン王、ジミー・フォックスが来訪、惣太郎と親しげに会話していることにメジャーの選手はあらためて、惣太郎に敬意を払うようになったことも日記の細部を読んでいると理解できる。オマリーは球団用に買った専用飛行機ドジャース号に惣太郎だけを乗せて移動用に使うなど、惣太郎への配慮はまさに友人としての対処だった。またこのときオマリーから日本への進出話が出ている。事実、ドジャースはブルックリンを出て、西海岸ロスアンゼルスに移転する話が具体化していた。日系移民が多い西海岸は日本進出の足場にもなりえた。ところで正力は、惣太郎を通じてオマリーに日米野球決戦を打診するが、これには日米間に圧倒的な差があるとしてオマリーは消極的だった。野茂英雄がドジャースに入団するまで40年、簡単にまとまる話ではなかった。

巨人とドジャースの交流が始まったころの昭和32年3月中旬から日本テレビでは「ミユキ野球教室」が始まった。司会はNHKから日本テレビに転出した越智正典だった。翌年は巨人内で混乱が発生した。巨人の成績がよくなかったため水原監督退任問題が品川主計代表が言い始めた。惣太郎は水原を自身の日米野球交流の後継者と考えていため、上層部に解任回避を説いている。結局水原は留任した。

6. 青天の霹靂とオマリーとの交流の深化

昭和33年12月29日、惣太郎は突然読売興行取締役退任になった。類推するに、惣太郎も68歳とすでにかなりの高齢になっていたこと、読売内に理想家惣太郎を煙たがる人物が存在したこと、水原問題で品川に睨まれて結局彼が惣太郎の首を正力に進言して追い込んだことがその後に判明する。しかし、惣太郎はその仕打ちに激怒した。「日記」に憤慨して赤ペンで数ページ記しているが、今や、それが裏目に出て、赤字が流れて却って判読できない状況になっているのは残念である。惣太郎の人生で一番悔しい出来事だった。多くの読売幹部が正力に睨まれ辛酸を舐めたが、惣太郎は正力の真意が不明なまま退職となった。

年が明け、重役たちが心配し始めた。読売では珍しいことである。普及本部長の橋本道淳から電話があり、惣太郎に自重を要請した。鈴木龍二も惣太郎に正力に逆らわないように自重を促した。1月28日、橋本は昭和35年の日米野球交流の全権を委任したいと説得を始めた。宇野庄治からも自重を促す電話があり、惣太郎は悶々としていた。

5月20日橋本から連絡があり、天覧試合の解説を依頼した。読売側の惣太郎への配慮だった。だが6月22日鈴木惣太郎に電話があり、惣太郎は外され、パリーグ会長がその栄誉を担うことになった。これは天覧試合が巨人対阪神のセリーグの試合のため、解説でパリーグに配慮したのである。これを知らない惣太郎は再び激怒した。昭和天皇の近くで野球解説など明治人の惣太郎には取締役退任問題を癒すほどの出来事だったが、見事に裏切られた。詳細を知らない惣太郎は読売に再び煮え湯を飲まされた思うほかなかった。

昭和34年6月25日正力は、天覧試合に昭和天皇を後楽園球場に招いた。長嶋が最終回、村山実投手からサヨナラホームランを放った歴史的一戦である。長嶋の名前は全国的に知られ、正力は警視庁警務部長時代の虎の門事件で責任を

問われ辞職して以来の復権だった。だがその試合で正力と天皇の後ろの席で解説をするはずだった惣太郎は、自宅で複雑な気分でテレビを見ていた。

　12月21日、重役連の尽力もあって惣太郎は正力と面会した。すでに惣太郎を巨人の顧問として迎える根回しが始まっていたが、惣太郎は突然取締役を退任させられたことでついに、正力に生涯初めてだろう、自己主張した。さすがに正力も性急な人事工作に非を認めたのか「君の功績を認め、別に何とかするつもりだ」との発言があり、惣太郎は「プロ野球の父らしくしてもらいたい」と述べた。読売の重役連では発言できない言い分だった。プロ野球の父については、惣太郎も葛藤があった。自身にもその資格があったからだ。だが地位を正力に譲って彼の野球界での功績を惣太郎が認め、その上での自己主張だった。さすがに頑固一徹な彼らしい性格を表している。この部分も惣太郎日記の極めて面白い記述である。惣太郎は従来、監督経験もなく、記者経験もなく、日米野球での嘱託あがりだったこともあり、読売内でも傍流だった。このため惣太郎は、常々日米野球における正当な評価を得たいと考えていたのである。これは惣太郎の葛藤のひとつである。そして彼は、昭和35年1月31日、巨人の顧問に就任した。

　一方、12月2日読売の貴賓室で正力、惣太郎、オドール、原田らが参集して、サンフランシスコ・ジャイアンツ来日問題が議論された。原田はジャイアンツの国際スカウトとして出席した。さらに顧問となった惣太郎は、正力が東京にドーム球場を建設するというので会議に参加することになった。各建設会社も参加していたが、正力の設計士への注文は多く、ときおり彼の怒号が飛んで社員たちが一挙に萎縮し「震え上がった」姿を垣間見ている。そこで正力は、惣太郎にドジャースのドーム建設調査とベロビーチキャンプについて指示を受け彼は9月24日渡米した。ブルックリン時代のオマリーは新球場についてドーム球場を考えていた。だが、ロサンゼルスは雨が少なくドーム建設は流れ、現在のドジャー・スタジアムが完成する。

　また惣太郎がオマリーを訪問したとき、すでに原田はドジャース側にドーム建設の青写真を手渡し売り込んでいた。惣太郎は原田の情報収集能力に驚いている。しかし、オマリーは、原田は「私の友達ではない」と言明、また原田の友人には「闇ドル仲間がいるので付き合わない」と断言して原田の持参したドームの青写真を惣太郎に渡してしまったのも驚きである。

ニューヨークにおけるオマリーの交友関係は、原田の及ぶ範囲ではなかった。その意味で惣太郎のドジャース・ファミリー入りは、当時としては別格の扱いだったと見るべきだろう。だが、残念なことに読売グループ内では、この名誉というべき惣太郎の立場を高く評価する役員は多くはなかった。メジャーのステータスが日本と雲泥の違いがあることへの認識不足のためである。だが選手の間では、惣太郎の存在感は海外遠征で垣間見ることになる。その意味で改めて、彼の球界に於ける彼の立場は見直されなくてはならない。

　さらにオマリーは惣太郎に友情の証として、初めて面会して一年後に記念指輪を手渡し、また新型の車に乗車してオマリーの山荘に招かれた。何もかも異例な待遇で心憎いばかりの配慮である。惣太郎とオマリーはまさに義兄弟のような関係になった。オマリーも計画があった。日本の野球熱にドジャースの極東への進出を考え、読売との提携は大きな一歩だった。

7. 巨人野球のルーツになったベロビーチ・キャンプ

　昭和35年末、巨人は日本シリーズで南海に四連敗して水原茂（1955年から五九年まで登録名は水原円裕）監督を退任した。水原は自身の著書『私の見た裸のジャイアンツ』で、退任する際、巨人の代表に戦前から世話になっている惣太郎を推薦している。だが、上層部の意見が分かれるとして却下された。監督には川上哲治が就任した。また年末、原田が率いたニューヨーク・ジャイアンツが来日した。原田はパ・リーグとの交流を続いていた。親交が深かったのは鶴岡一人である

　翌36年2月20日惣太郎は渡米、遅れて川上が率いる巨人が渡米した。惣太郎らしくキャンプへの資金やスケジュールは綿密に練られていた。昭和10、11年の渡米以来の全権マネージャーだった。キャンプで溌剌だったのは長嶋茂雄だった。彼の躍動感溢れる素晴らしい動きを見たドジャース側は、鈴木に何度も獲得を示唆されもした。

　さらに新幹線や高速道路もない日本だったが、球団専用機のドジャース号に乗った巨人選手は資金豊富なメジャー球団に圧倒された。一方、盗塁、スライディングや投手の投法など別所毅彦がドジャース・コーチと激論しながらメジャー流を学んだ。かくしてドジャース戦法が巨人に浸透していった。引退していた牧野茂は評論家として活躍していたが、メジャー野球を勉学して巨人の

名伯楽コーチとなる。

　8月17日、日本テレビ関係者のパーティーで正力は日米野球における惣太郎の功績を称え、さらに「読売の名称は不要」と言明した。まさか正力が「読売」というネーミングにこだわらない説明に惣太郎は驚いた。実はこのころ正力は、球団は公のものであって、一企業が独占するものではないといい始めていたのである。球団創設以来、読売ジャイアンツではなく、東京ジャイアンツを望んでいた惣太郎には、読売の総帥がまさか名称で「不要」と述べるとは思わなかった。だが、正力没後の読売首脳は、名称について多くを語ることはなかった。やはり巨人は、読売の拡販宣伝の手段だったのである。

　この年、巨人は日本シリーズで南海に敗退したが、着実にドジャース戦法は巨人の力になっていた。昭和37年3月27日、惣太郎は巨人を代表してドジャース球場完成式典に出席した。惣太郎は妻の徳子と渡米した。ブルックリン・ドジャースはついに西海岸のロサンゼルスへ移転したのである。メジャー球団のエクスパンションの結果だった。ジャイアンツもサンフランシスコへ、その後、アスレチックスもオークランドへ移転している。

　4月9日シティーホールでのパーティーで何百人の出席者を前に、オマリーは惣太郎を紹介、惣太郎は壇上にあがり出席者の拍手に答えた。米球界では惣太郎を知らないものはいなかった。その後惣太郎は記念として、日系の庭師だった江籠フランク与春の力を借りて、ドジャース球場に石灯篭や桜の木を贈呈した。これが惣太郎ガーデンとして今も球場に残っている。二人の友情の証でもあった。

　一方帰国した惣太郎は、毎日新聞の本田親男から日米野球交流で三者協定の見直しを言われることになる。なぜなら第一に、正力の高齢問題、つまりいつまでも正力が球界を牽引できないこと、第二は、これからはプロ野球の機構として対処すべきと考えていたからだった。正論だが、これにはもう少し時間が必要だった。だが日米野球の窓口の見直しは当然のことだった。

　昭和37年秋、巨人から移った水原が東映の監督二年目で優勝した。東映は水原監督を通じて、アメリカキャンプ実施を企画を報告し惣太郎の協力を依頼した。惣太郎は了としたが、東映は、球団としてシステムが整備されておらず、事務方が惣太郎と営業に慣れない交渉に失敗して結局海外キャンプは流れた。そのため東映は国内キャンプにドジャースから臨時コーチを招聘する話になっ

た。また巨人の選手が引退し、各チームのコーチとして招かれると、惣太郎に海外キャンプや外国人選手の獲得で依頼が殺到するようになった。新しい現象だった。

昭和39年5月、正力松太郎の息子、正力亨が巨人のオーナーに就任した。正力は息子に巨人の運営を委ねたが、これが新たな問題を生んだ。球団経営など陣頭指揮の経験がなかった正力亨はマスコミに登場する機会が増えた。しかし、メジャー側にはまだ無名である。東京オリンピック一色のこの年、再び日米決戦を親子ともども言い始めた。

また秋に、トミー・ラソーダら二人のコーチを巨人は招いてドジャー野球の徹底を計っている。ラソーダはその後ドジャースの監督を歴任した名物監督である。11月2日、正力亨の意を受けて惣太郎はロサンゼルスに到着した。宿泊したホテルに突然原田がやってきた。惣太郎の手伝いをするというのである。惣太郎は「私は、読売を通じてやる」と返答した。

彼の原田への不信感は相当である。原田は東京オリオンズの永田雅一と組んでマウイ島キャンプなどで日米野球に関わっていた。だが年末村上雅則事件が勃発した。これももともと鶴岡監督と原田が関わった村上のフレズノ野球留学から発生した事件である。細則を決めていなかった南海は、ジャイアンツの判断で村上のメジャー昇格に驚くことになる。翌年、南海は彼を帰国させようとしたが、保有権をめぐりジャイアンツと南海の間にトラブルが発生、この影響を受けて日米野球交流は中断することになる。

8. 晩節の惣太郎

昭和40年1月2日恒例の正力邸の新年会は、長嶋の結婚式も控え盛会だった。席上、正力は「鈴木なんかは　どうもアメリカに対して弱気でいけない」と言われている。正力ならではの発言だが、惣太郎は日米野球交流でオマリー家との信義、絆を大切にしているだけに、弱気に見えたのだろう。それよりも、惣太郎には新しい出会いがあった。生原昭宏という早大野球部出身、亜細亜大学野球部監督を経て、テレビで日米野球を見て感激したようだ。彼はメジャー野球を学びたいと惣太郎に接触を試みた。

1月6日、生原は惣太郎に面会を依頼してきた。惣太郎は、紹介者もない見知らぬ青年で最初は面会を断ったが、あまりの熱心さについに折れて数日後に面

会することになる。彼こそが惣太郎の後継者になる生原だった。この経緯は生原の妻の回顧録と読み比べると若干のニュアンスの違いはあるが、惣太郎の頑固一徹さが伝わり非常に興味深い。

　惣太郎は、2月の巨人の宮崎キャンプに生原を帯同した。プロ球団のキャンプを体験してさせるためである。さらに「ドジャースに誠心誠意働いて、勤めて日本に帰りたがらぬこと」と伝える惣太郎はあえて、生原に厳しい生活を要求した。まさに彼に要求したのは修行だった。まもなく彼をつれて渡米、ドジャースの球団付きになることをオマリーに依頼した。それも当初は無給だった。後にドジャース・コーチになる生原のスタートだった。

　一方、惣太郎に対する生原の気配りは尋常ではない。生原の書簡は、鈴木惣太郎先生で始まり、彼のアドバイスを忠実に守る良き弟子になっている。一度、生原がドジャースと共に来日し日米野球で、日本のテレビでインタビューで数度テレビに出演すると、惣太郎は、野球の勉強をしているのに自身の約束を遵守していないと、暫く連絡も口もきかなかったことがあった。インタビューは生原だけの責任ではないが、頑固者の惣太郎を怒らせるとなかなか大変だったようだ。心配したピーター・オマリーが仲介して、生原は佗びを入れて和解している。あまり知られていないことだが、後継者と思っているだけに、修行中にもかかわらず浮かれたようにテレビに登場することを強く戒めたのである。

　惣太郎を悩ませたの父正力松太郎にも劣らない正力亨のマイペースぶりだった。経験の浅い正力亨は惣太郎の切り開いた道を独自で歩んでしまうことがあった。またまた惣太郎は不快に感じるということが増えた。だが正力は「亨さんのことになると目を細くして喜んで」という場面を目にすることも増え、惣太郎も否定するわけにもいかず苦労している。息子に期待する正力、それに答えようとする正力亨、惣太郎の葛藤はまた増えた。こういう状況が続き、惣太郎も世代交代を考えるようになる。5月4日の日記である。

「私の対米野球の仕事は、これによって対内的に大転換期に入り、もうアメリカを訪れることは永久にないだろう。もっとも今日76歳になった年齢を考えると渡米しようとしても至難なことである」

「人は人を散々使っておいて不要になると木の葉の如く捨ててかえりみぬものだ。そんなことを解っていても、ヨモヤに引かされるのが人間の慾だ。昨日から今日にかけて生涯のつらい日で76歳の誕生日は実にミジメな日となったもの

だ」

　高齢になり自虐的でもあるが、あまり身動きが出来なくなった自身のことを思いつつ悔しさが沸々と沸いているようだ。

　昭和42年夏、ウオルター・オマリー会長は息子のピーターをヒュースケンから呼び戻し、ドジャースの副社長に任命した。ドジャースも世代交代が始まっていた。このため、ドジャースの来日において、高齢になり惣太郎の孤立感に同情したウオルターは、惣太郎を元気付ける書簡を送った。ドジャース来日のとき、公式行事はともかくプライベートでは、オマリー夫妻は惣太郎と共に行動しようというのである。オマリーは名門ドジャースのオーナー、惣太郎とオマリーの絆がここまで深いものかと感じざるを得ない。事実、来日したウオルターは、日米野球をピーターや幹部に任せて惣太郎夫妻をホテルに招いて食事を共にしたりと惣太郎に配慮する行動をしている。

　昭和42年4月3日、ベロビーチ・キャンプから帰国した巨人は、激励会を開催した。巨人の激励会は毎度のことだが、惣太郎には好んでこの会合に出席したわけではない

「この激励会というのが読売の職員や販売店主をむやみに優遇するので気に入らない」

　惣太郎らしい記述である。巨人は読売の広告塔であり、宣伝媒体の手段であることは変わっていなかった。惣太郎の心を和らげたのは、このころ始まった「野球古顔の会」の出席だった。三宅など往年の選手、監督が顔をそろえていた。

　一方、正力も病気がちになり、44年には熱海の病院に入院した。だが事業意欲は衰えなかった。ただ正力亨の時代になり、球団のシステムはスムーズに移行していたわけではなかった。この年、巨人の優勝祝賀会になんと惣太郎は招待されなかった。事務方も世代交代が進んでいたのか、長年巨人に貢献してきた人への対応は不満足なものだった。

　正力松太郎息子には、惣太郎は父親に依頼されていたこともあり、日米交流での気配りをアドバイスするのだが、正力亨は、惣太郎に対し「あまり忠告してくれるな」とまで言われ、なかなか惣太郎も直言できなくなる。正力亨も存在感を示したいのだろうが、ドジャースとの関係は、読売というよりも惣太郎との絆の仲で進行していただけに、日米野球を自身でイニシアチブを取りたい

正力亭に対し、惣太郎の進言は煙たかったようである。

　同年はカージナルスが来日、阪神の江夏豊に三振をいくつか取られ、惣太郎は、メジャーが弱くなったのか、日本プロ野球が強くなったのかと自問自答するほどだった。この年、江夏は絶好調で、奪三振401個という桁外れの記録を打ち立てた。二位が稲尾和久の353個、1884年のC・バフィントン417個という前近代時代の記録はともかく、N・ライアンの383個、サンディー・コーファックスの382個を超える偉大な記録である。

　昭和43年2月カイザー田中（田中義雄）が惣太郎に連絡をしてきた。来日したオドールが会いたいというのである。昔の仲間は、鈴木とオドールが音信不通状態になっていることに心配して仲介したのである。鈴木が電話口にでると、オドールに代わり、結局帝国ホテルの懇親会で二人は会うことになった。サンフランシスコでレストラン・バーを開店して実業家に転進していたオドールはいつもの明るさで惣太郎と握手し、「君がナンバー1の友達であるのに、つれなくするのは情けない」と述べた。オドールはかつての確執を忘れていたようだった。

　惣太郎にはまだ漠然とした気分があったようだが、この日から連日、二人は会い、旧交を温めることになった。二人の友情は再び長く続くと思えたが、残念なことにオドールは翌年死去している。惣太郎には悔やまれることだった。同年末、惣太郎は野球殿堂入りした。長年の日米野球交流に貢献したことへの高い評価だった。翌年1月10日、祝賀会が開かれ、正力亭オーナー、宮沢コミッショナーなど球界の重鎮から祝福された。惣太郎は席上、「私には格別の功労などない。正力さんのキビに付して使い走りをした」と彼らしく控えめに述べている。

　正力の事業意欲は晩年でも続いていた。東京オリオンズとロッテとの提携話が起きていて、正力松太郎が合計15億円のうち、5億円の資金を援助する話を惣太郎は聞いている。さらに大洋ホエールズの横浜市移転問題も関与していた。このような球団の再編成話は他球団にもあり、読売が資金的にも球界で絶大な力を発揮できたのは、フィクサーのように動いていたからだ。

　正力松太郎は昭和44年10月死去した。しかし、その正力は同年10月に死去した。惣太郎は、複雑な思いを抱きながら、正力の後ろ盾があったからこそプロ野球は発展したことを認めている。惣太郎は、巨人創設後、多くの葛藤を抱え

ながら、それでも読売の存在で球界をリードしてきた正力に無念の気持ちを日記に記している。しかし、その後、読売では革命的変革が起きた。務台が読売の実権を掌握、社長に就任する。正力亨は社主ではあったが、徐々に権力の中枢から外れていくことになる。後の長嶋監督退任問題では、正力亨オーナーに人事権がないことが判明する。

一方、ドジャースでもオマリーに代わって、息子のピーターが会長に就任した。四五年にはピーター夫妻が日本シリーズ観戦のため来日、惣太郎との親交は続いた。

昭和47年3月惣太郎は、渡米、31日に全米野球大会に出席、千人を超える出席者の中で、日本プロ野球の創設者と紹介された。名誉な話だった。だが帰国して5月4日、読売運動部長から巨人顧問の退任が通告された。82歳の高齢だけに止む無いところもあるが、またもや突然の退任通告は惣太郎を愕然とさせた。理想家惣太郎と販売の神様といわれた務台との関係は、読売ジャイアンツという名称問題でも葛藤があったように順調ではなかったようだ。

昭和49年11月長嶋が現役を引退、監督に就任した。戦力の低下は覆いがたく、惣太郎は長嶋の窮地を助けるため生原に相談し、デーブ・ジョンソン、続いてライト投手などをドジャースを通じて獲得した。これは生原の書簡でわかる。

昭和53年1月24日正力亨から珍しく呼び出しがあった。ドジャースとの交渉でトラブルが生じたというのである。務台社長が渡米して初めてメジャー側と交渉して、メジャー・チーム招聘でドジャースとの信義をかける部分とコミュニケーション不足が問題だった。どうも独自の裁量権を発揮したい正力亨と務台のルートの二重構造もあったのである。要するに惣太郎に泣きついてきたのである。渡米していた川上からも同様の話がもたらされた。

早速、惣太郎はピーター宛の書簡を書き、正力亨に見せた。すると、予想外の発言があった。文中に「読売全体の主権者であることが私の手紙に出ていない」と言うのである。さすがに「オーナーを故正力松太郎さんの御世話になった御礼として献身的に仕えている」と思わず注意を促してしまった。オーナーのワガママにいつも世話を焼かざるを得なかった。正力亨は自身の存在感を書簡でピーターに伝え、社主である誇りを維持しようとしたのである。惣太郎の晩年は、再び読売内の闘争に巻き込まれることになる。惣太郎はこうした書簡をピーターに多くを出していた。メジャー視察に行く解説者や財界人にも紹介

状を持たせた。長嶋にも同様だった。このような尽力も惣太郎の役割を高めていた。

これを機に正力亨の惣太郎への接し方が変化したことが重要だった。メジャーとの交渉で父同様にアドバイスを求めるようになったのである。

昭和53年11月26日、歴史に残る江川事件が発生した。務台社長は病院に入院中で多くを知らなかったようだ。これは長嶋監督を応援する正力亨の独走かどうか議論が起こる。ところで江川事件について、巨人のOB会長だった惣太郎はこれには関与していないので巨人内の動きを理解していないが、長嶋巨人を支援する惣太郎には、確かに複雑な事件だったようだ。

昭和54年ごろは惣太郎は、V九記念で始まった九穂の会に参加することが楽しみになっていた。同年5月4日惣太郎夫妻の体調を案じるウオルター・オマリーの書簡に涙している。このころ川上も盆、暮れなどに惣太郎に御見舞として花を送っている。日記の文脈から惣太郎の感慨がにじみ出ている。
「珍重の名花で私は初めて見る。何と形容してわからぬ。私の方はもらいっぱなしで、何の御返事もしない。ただ誠意をもって御礼状を書くだけ」

高齢の惣太郎をさらに辛くさせたのは同年七月、八月にオマリー夫妻が続けて亡くなったことである。このころから惣太郎の気力がまた落ちていく。惣太郎の良き理解者だったオマリーの死去はあまりにも大きいものがあった。日記に落胆した惣太郎の気持ちが書かれている。「歩行がいやだ」と記述しているほどである。

一方ピーター・オマリーと正力亨オーナーの確執は解消に向かった。ピーターからの書簡を正力は惣太郎に見せた。「ピーターが私に書いた手紙がよほど気に入ったものとみえて、それをもう一度読みかえして私に聞かせた」という。惣太郎の根回しで解決に向かったことが正力亨にはうれしかったとみえる。

日米野球交流で再び正力は惣太郎の出番を促した。物理的にベロビーチ・キャンプが中断していたわけではない。ピーターやメジャー球団と正力亨の意思疎通の不味さで中断していたのである。巨人も六年ぶりベロビーチ・キャンプが復活した。正力亨からキャンプ帯同の話もあったが、さすがに90歳になる惣太郎には荷が重かった。

昭和55年の夏に大洋が動き始めていた。まさに刷新計画だった。その目玉

は、惣太郎を球団代表か社長に招き、生原をドジャースから入団させ、いくいくは長嶋獲得まで考えていた。これは秘密裏に行われ、大洋の球団社長も渡米して生原に面会して説得した。そして惣太郎も説得された。惣太郎は巨人でのサポートの限界を悟っており、巨人から離れる気持ちも働いていた。だが生原が、惣太郎の言葉を協議が妥結する寸前で思い出し、太陽入りを拒否した。一方、事情を知った正力亨は惣太郎に面会し、大洋球団の赤字があったことを紹介し、これを知り大洋入りを断念した。

　10月21日、監督解任が発表され、25日夜、長嶋監督から電話があった。監督解任の件である。長嶋は直後にピーターに書簡を出し、それを生原は理解していた。生原は次のように記した。

「長嶋問題は単に国家的英雄を球界が失したというセンチメンタルなだけでなく、フロントの野球経営並びに運営に於いていかに無力無意味であることを如実に表し、将来日本野球の健全な発展に教訓を残してくれたと信じます。今年巨人軍より4人当球団に大リーグ運営視察に来られましたが、どんなことを学び、得ようとしても、それ等を生かせる基盤、先生の書かれた一茎九穂基と成る良きFOUNDATION無くはよき物は育たないでしょう。」(11月3日付)

　長嶋に情を寄せる関係者には解任など信じがたい話だった。惣太郎は自身から辞職するなと言明していた。惣太郎はほどなく長嶋に会見「「君はユニフォームの男だ。しかし、あわてて、いま進態を決することはない。半年か一年はアメリカの野球を見学するなりして、ゆっくり遊ぶがいい。軽率に動いてはいかんよ」と説諭した。そしてピーターに長嶋渡米のさいの世話を依頼した。務台は後に正力亨の判断を覆し巨人の不調に対し、Aクラス確保で監督留任としていた正力オーナーの決定を覆し長嶋解任を決定する。惣太郎は、監督の去就を比重に気にしていて長嶋の留任を期待していた。だが退陣と知ると、生原を通じてメジャー野球視察んため尽力している。他方で、長嶋降ろしの黒幕といわれた川上は、大企業の決定することに、一介のOBが影響力を行使するといったことはありえないという惣太郎に弁明の書簡を送っている。江川事件に触れた貴重な川上書簡がある。

　惣太郎は以後、交流関係は少なくなる。長嶋が浪人すれば巨人との関係も密度は減ることは当然だった。晩年、惣太郎は知人に次のように語っていた。

「私は毎日、神様に一日でも長生きができますようにお祈りをしています。そ

して少しでも野球界のためお役に立てるようにしたいのです……」

鈴木惣太郎は、昭和57年5月11日死去した。葬儀には正力亨、川上、長嶋な巨人のBが駆けつけた。日記は昭和40年代後半は記述も少なくなるが、巨人の状況や選手やOBとの会見は記されており、記録としても重要である。

鈴木日記は多くの情報を提供しているが、巨人の立ち上げで、惣太郎が日米決戦を目指していたこと、オドールとの交流、スカウト活動の状況、連盟の副会長、戦後はプロ野球復活のためGHQ関係者や米第八軍との交流、さらに惣太郎が書いた書物が彼の日記がベースになっていることも判明する。GHQとの交渉でESSも登場、マーカット少将との交流は野球史に新しい情報を与えてくれる。

中でもオドールや原田との再会、それによるプロ野球交流、惣太郎は、読売内の正力派、反正力派の抗争に巻き込まれ、原田は反正力派の安田副社長と連携し、戦後まもなくのシールズ招聘以来、日米野球の主導権を握ったことがわかる。だが、企画の曖昧さ、資金の不透明さに惣太郎が不信感を露にするようになった。原田はいくつかの巨人の海外ツアーを企画したが、すべて赤字でこれも問題になった。この点で、原田の伝記は自身の功績を誇大に記しており、相当吟味して読む必要がある。一方、読売内の反正力派は正力の復帰とともに敗れ、惣太郎が読売に復帰し日米野球の全権を握った。同時に、オドールとの関係が薄れ、あらたにドジャースのウオルター・オマリーとの出会いで惣太郎の日米野球は大転換したことが判明する。その後の巨人が、ドジャースとの蜜月時代を迎えるが、その基盤を作ったのは惣太郎であり、巨人野球はベロビーチ・キャンプを通じてドジャース野球を継承しようとしたことも理解できる。

9. 主要書簡類

書簡類については、ハガキも含めて数多く残されている。ここの掲載した書簡は、野球関係者や著名人を中心にした。分類番号は、原本文書の番号であり、あーから始まっているが、途中で飛んでいるのは、本稿では省略したからである。ここには掲載しなかったが、貴重なものとして、殿堂入りした沢村栄治の軍事郵便の印が捺印されているハガキも一点存在する。また多くの書簡は野球関係者のものが多く、また彼の趣味でもあった歌舞伎や囲碁関係者などが中心である。ただ友人として親交があったオマリーとの交流を示す書簡がないのは、

不可思議なことである。惣太郎が読売に持ち込んだからか、野球関係の書物を書く執筆者に貸し出されたままになっている可能性がある。他方で、生原の書簡が多く存在するのは珍しく、惣太郎の彼の晩年の動向やドジャースとの交流の一端が判明する。

1. 生原昭宏

① い-3-01　昭和47年1月25日付

② い-3-02　昭和48年10月5日付

③ い-3-03　昭和50年8月23日付

④ い-3-04　昭和51年3月29日付

⑤ い-3-05　昭和51年6月23日付

⑥ い-3-06　昭和51年7月3日付

⑦ い-3-07　昭和51年7月16日付

⑧ い-3-08　昭和52年1月14日付

⑨ い-3-09　昭和52年5月4日付

⑩ い-3-10　昭和52年8月24日付

⑪ い-3-11　昭和53年5月19日付

⑫ い-3-12　昭和53年7月31日付

⑬ い-3-13　昭和54年4月18日付

⑭ い-3-14　昭和54年7月27日付

⑮ い-3-15　昭和55年1月17日付

⑯ い-3-16　昭和55年11月3日付

⑰ い-3-17　昭和●●年11月16日付

⑱ い-6-00　昭和42年5月2日付

2. 市岡忠男

① い-19-00　昭和33年3月21日付

② い-19-01　昭和●●年3月30日付

3. 井上登

① い-25-00　昭和33年7月20日付

② い-25-01　昭和33年8月6日付

③ い-25-02　昭和33年10月1日付

④ い-25-03　昭和35年7月18日付

⑤ い-25-04　昭和36年7月●日付

⑥ い-25-05　昭和36年10月●日付

4. 江籠フランク與春

① え-01-00　昭和46年8月22日付

② え-01-01　昭和47年1月19日付

③ え-01-02　昭和47年5月14日付

④ え-01-03　昭和49年1月29日付

⑤ え-01-04　昭和50年1月18日付

⑥ え-01-05　昭和50年4月29日付

⑦ え-01-06　昭和50年5月22日付

⑧ え-01-07　昭和50年8月23日付

⑨ え-01-08　昭和50年

⑩ え-01-09　昭和54年8月27日付

5. 大浜信泉

① お-07-00　昭和47年7月

② お-07-01　昭和48年4月

③ お-07-02　昭和48年9月

④ お-07-03　昭和48年9月

⑤ お-07-04　昭和48年10月

⑥ お-07-05　昭和49年4月

⑦ お-07-06　昭和49年7月

⑧ お-07-07　昭和50年10月

⑨ お-07-08　昭和50年11月

6. 王貞治

① お-08-00　昭和48年11月

② お-08-01　昭和48年11月

7. 越智正典

① お-18-00　昭和49年2月12日付

② お-18-01　昭和52年1月14日付

③ お-18-02　不明

8. 金子鋭

① か-02-00　昭和52年5月付

② か-02-01　昭和53年5月23日付

9. 川上哲治

① か-07-00　昭和35年12月

② か-07-01　昭和38年11月7日付

③ か-07-02　昭和41年7月19日付

④ か-07-03　昭和46年9月15日付

⑤ か-07-04　昭和55年6月30日付

10. 小西得郎

① こ-08-00　昭和32年9月20日付

② こ-08-01　昭和41年4月5日付

③ こ-08-02　不明

④ こ-08-03　昭和47年5月27日付

⑤ こ-08-04　昭和47年8月20日付

⑥ こ-08-05　不明

⑦ こ-08-06　昭和50年1月7日付

⑧ こ-08-07　昭和50年4月8日付

⑨ こ-08-08　昭和50年7月2日付

⑩ こ-08-09　昭和51年7月10日付

⑪ こー08-10　不明

11. 小林與三次

① こ-09-00　　昭和41年10月

② こ-09-01　　昭和43年10月

③ こ-09-02　　昭和43年10月

④ こ-09-03　　昭和48年8月28日付

12. 品川主計

① し-02-00　　昭和33年9月22日付

13. 清水與七郎

① し-05-00　　昭和28年7月31日付

14. 下田武三

① し-09-00　　昭和54年4月1日付

15. 正力亭

① し-10-00　　昭和41年12月
② し-10-01　　昭和43年11月
③ し-10-02　　昭和50年3月
④ し-10-03　　昭和54年3月20日付
⑤ し-10-04　　昭和54年3月29日付
⑥ し-10-05　　昭和54年4月10日付
⑦ し-10-06　　昭和54年6月26日付
⑧ し-10-07　　昭和54年7月31日付
⑨ し-10-08　　昭和54年8月7日付
⑩ し-10-09　　昭和54年8月20日付
⑪ し-10-10　　昭和55年5月
⑫ し-10-11　　昭和55年10月7日付

16. 正力松太郎

① し-11-00　　昭和33年8月15日付
② し-11-01　　昭和37年5月4日付
③ し-11-02　　昭和38年7月
④ し-11-03　　昭和39年8月
⑤ し-11-04　　昭和39年9月25日付
⑥ し-11-05　　昭和40年1月30日付
⑦ し-11-06　　昭和40年2月19日付
⑧ し-11-07　　不明
⑨ し-11-07　　不明
⑩ し-11-08　　昭和43年10月
⑪ し-11-09　　昭和37年9月15日付
⑫ し-11-10　　昭和39年7月27日付

17. 白石勝己

① し-12-00　　昭和39年7月27日付
② し-12-01　　昭和49年7月12日付

18. 鈴木龍二

① す-05-00　　昭和19年11月2日付

② す-05-01　　昭和35年3月

③ す-05-02　　昭和39年3月20日付

④ す-05-03　　昭和41年3月

⑤ す-05-04　　昭和42年4月

⑥ す-05-05　　昭和45年3月

⑦ す-05-06　　昭和46年3月

⑧ す-05-07　　昭和47年3月

⑨ す-05-08　　昭和48年3月

⑩ す-05-09　　昭和49年3月

⑪ す-05-10　　昭和50年3月

⑫ す-05-11　　不明

⑬ す-05-12　　昭和51年6月29日付

⑭ す-05-13　　昭和52年1月29日付

⑮ す-05-14　　昭和52年3月10日付

⑯ す-05-15　　昭和52年3月

⑰ す-05-16　　昭和52年5月25日付

⑱ す-05-17　　昭和55年3月

⑲ す-05-18　　昭和55年6月16日消印

⑳ す-05-19　　昭和55年6月29日消印

㉑ す-05-20　　昭和38年11月

19. 瀧安治

① た-01-00　　瀧安治　不明

② た-01-01　　瀧安治　昭和51年2月23日　速達

20. 高橋実二郎

① た-07-00　　昭和40年5月17日付

② た-07-01　　昭和40年5月16日　ハガキ

③ た-07-02　　昭和54年2月24日付

④ た-07-03　　不明

⑤ た-07-04　　不明

⑥ た-07-00　　昭和49年3月20日付

⑦ た-07-00　　昭和50年2月27日付

21. 高橋雄豺　（読売興行株式会社　社長）

① た-09-00　　昭和38年12月1日付

22. 橘眞翠（南海野球株式会社　取締役社長）

① た-15-00　　昭和33年8月3日付

23. 武田和義（東京オリンズ球団　代表）

① た-16-00　）　昭和40年8月

② た-16-01　　　昭和41年2月1日付

24. 田中角栄（内閣総理大臣）

① た-19-00　不明

② た-19-01　昭和48年11月

③ た-19-02　昭和49年4月

④ た-19-03　昭和49年4月17日　新聞切り抜き

25. 張江五

① ち-02-00　昭和54年6月27日付

26. 土屋弘光

① つ-03-00　不明

② つ-03-01　昭和49年7月2日付

③ つ-03-02　昭和50年6月20日付

④ つ-03-03　昭和50年8月25日付

27. 徳武定之

① と-03-00　昭和46年4月20日付

② と-03-01　昭和51年2月23日付

③ と-03-02　昭和55年7月14日付

④ と-03-03　履歴書

28. 中上英雄

① な-00-00　昭和50年3月17日Air　Mail

29. 中島治康

① な-03-00　昭和50年5月8日付

30. 長嶋茂雄

① な-04-00　不明

31. 永田雅一（大映株式会社　大毎オリオンズ　取締役社長）

① な-05-00　　昭和37年6月

② な-05-01　　昭和●●年6月15日付

③ な-05-02　　昭和33年1月22日付

32. 中沢不二（太平洋野球連盟　会長）

① な-08-00　昭和34年3月16日付

② な-08-01　昭和34年3月

③ な-08-02　昭和35年3月

④ な-08-03　昭和39年3月

33. 西亦次（西鉄野球株式会社　取締役社長）

① に-00-00）　昭和33年12月

② に-00-01　　昭和29年11月

34. 日刊スポーツ新聞社

① に-01-00　昭和49年5月28日

② に-01-01　昭和50年9月9日消印

35. 日本テレビ放送網（株）

① に-04-00　昭和35年6月25日

② に-04-01　昭和35年8月17日

③ に-04-02　昭和36年1月9日

④ に-04-03　昭和36年1月16日

⑤ に-04-04　昭和36年1月31日

⑥ に-04-05　昭和36年2月4日

⑦ に-04-06　不明

⑧ に-04-07　昭和39年4月

36. 橋本道淳（読売新聞社　事業本部長）

① は-04-00　不明

② は-04-01　不明

③ は-04-02　昭和36年11月4日付

④ は-04-03　昭和42年10月

⑤ は-04-04　昭和43年3月

⑥ は-04-05　昭和43年11月

⑦ は-04-06　昭和44年3月

⑧ は-04-07　昭和44年11月4日付

⑨ は-04-08　昭和45年3月

⑩ は-04-09　昭和46年3月

⑪ は-04-10　昭和46年9月

⑫ は-04-11　昭和39年2月

⑬ は-04-12　不明

⑭ は-04-13　昭和41年4月

⑮ は-04-14　昭和42年3月24日

⑯ は-04-15　昭和48年3月

37. 畑福俊英

① は-05-00　不明・ハガキ

② は-05-01　昭和50年5月22日消印

38. 原田恒男（キャピー原田）

　①は-07-00　　昭和30年2月14日　英文

39. 藤本定義

① ふ-04-00　昭和45年2月1日　ハガキ

② ふ-04-01　昭和50年5月24日付

③ ふ-04-02　昭和55年6月18日付

40. 別所毅彦

① へ-00-00　別所毅彦　不明

② へ-00-01　別所毅彦　昭和42年11月

③ へ-00-02　別所毅彦　昭和45年9月18日Air　Mail

④ へ-00-03　別所毅彦　昭和54年2月

41. 別当薫（1929〜1999）

① へ-01-00　昭和55年9月18日（消印）・封筒のみ

42. 星野龍雄

① ほ-00-00　昭和43年3月29日

43. 星野敦志

① ほ-01-00　昭和48年5月18日

44. 本田親男

① ほ-07-00　昭和34年1月9日

② ほ-07-01　受賞祝賀会　世話人　昭和45年5月18日消印

45. 牧野直隆

① ま-02-00　昭和50年5月14日

② ま-02-01　昭和53年2月17日

46. 松浦晋（太平洋野球連盟　パシフィック・リーグ会長）

① ま-11-00　　昭和40年8月

② ま-11-01　　昭和41年3月

47. 水原茂

① み-02-00　水原茂　不明

② み-02-01　水原茂　昭和50年8月吉日

③ み-02-02　水原茂　昭和55年1月11日

④ み-02-03　水原茂　Birthday Card

⑤ み-02-04　水原茂　昭和●●年11月28日

48. 南村侑宏（日本ハム球団株式会社）

① み-05-00　昭和55年6月30日　封筒のみ

② み-05-01　不明

49. 三原修

① み-06-00　三原修　藤森敏治　昭和34年1月

② み-06-01　三原修　昭和55年5月27日

50. 三宅大輔

① み-08-00　昭和49年7月1日

② み-08-01　昭和48年6月30日

③ み-08-02　昭和49年5月22日

④ み-08-03　昭和49年7月2日

⑤ み-08-04　不明

⑥ み-08-05　昭和50年4月25日

⑦ み-08-06　昭和50年7月5日

51. 宮沢俊義（プロフェッショナルベースボールコミッショナー委員会　委員長）

① み-09-00　　昭和41年7月

② み-09-01　　昭和42年7月

③ み-09-02　　昭和43年7月

④ み-09-03　　昭和43年10月

⑤ み-09-04　　昭和45年7月

⑥ み-09-05　　昭和46年1月

⑦ み-09-06　　昭和40年9月

52. 野球体育博物館

① や-00-00　　昭和35年7月20日消印

② や-00-01　　昭和39年5月13日

③ や-00-02　　昭和44年3月

④ や-00-03　　昭和44年7月20日　額のかけひも同封

⑤ や-00-04　　昭和46年3月

⑥ や-00-05　　不明

⑦ や-00-06　　昭和54年4月

53. 野球古顔の会（第5回野球人パーティー　出席者名簿）

① や-01-00　　昭和42年7月24日

② や-01-01　　不明

　以上の書簡は、鈴木家のすべてではない。重要と思われるものを抜粋したものである。このため、ひらがなでの通算番号が違うのは、整理したが掲載していない書簡が存在するからである。

10. 電報・メモ綴り

　以下に掲載する電報はすべてが完全に残されているわけではない。惣太郎の発信した電報は圧倒的に多いが、着信した電報は逆に圧倒的に少ない。多くは読売新聞社に手渡されたままと思われる。また電文を読んでいると、他にも明らかに惣太郎とオドールとの間には電報の往復があるようだが、それは、二度の調査では確認できなかった。断片的な電報もあるが、惣太郎がファイルした綴りを尊重してその順番に従って掲載した。ダブリもあるため、そうしたものは極力省略した。年代をみると、昭和7年から昭和11年ころまでに電報が集中している。やはり巨人の創設、二度の渡米遠征の企画、オドールとの交流が盛んになるころと一致している。同時に惣太郎日記の省略された部分を補っている。

また日付が不明で、かつ断片的な電報は、掲載を見合わせた。また電報の原文の手書きの草案も残っているが、これは、断書が多く数例を除いて割愛した。

1. 1932年1月19日付惣太郎宛オドール電報
2. 同年年2月8日付オドール宛惣太郎電報
3. 同年年2月8日付オドール宛惣太郎
4. 同年12月8日付オドール宛惣太郎電報
5. 同年12月8日付オドール宛惣太郎電報
6. 同年9月28日付オドール宛惣太郎電報
7. 同年12月21日付オドール宛惣太郎電報
8. 同年12月21日付オドール宛惣太郎電報
9. 1933年1月14日付オドール宛惣太郎電報
10. 同年1月26日付オドール宛惣太郎電報
11. 同年2月9日付オドール宛惣太郎電報
12. 同年1月19日惣太郎宛オドール電報（封筒消印）
13. 同年2月27日付オドール宛惣太郎電報
14. 同年　惣太郎宛オドール電報
15. 同年　惣太郎宛オドール電報
16. 同年6月5日付6月5日オドール宛惣太郎電報
17. 同年7月4日付オドール宛惣太郎電報
18. 同年7月18日付オドール宛惣太郎電報
19. 同年8月5日付オドール宛惣太郎電報
20. 同年　不明　惣太郎宛オドール電報
21. 同年8月8日付オドール宛8日電報
22. 同年8月29日付オドール宛惣太郎電報
23. 同年8月31日付オドール宛惣太郎電報
24. 同年9月1日付オドール宛惣太郎電報
25. 同年8月9日（発着不明）惣太郎宛オドール電報
26. 同年8月12日付惣太郎宛オドール電報
27. 同年9月6日付オドール宛惣太郎電報
28. 同年9月12日付惣太郎宛オドール電報
29. 同年9月12日付オドール宛惣太郎電報

30. 同年9月13日付オドール宛惣太郎電報

31. 同年9月14日付オドール宛惣太郎電報

32. 同年9月14日付オドール宛惣太郎電報

33. 同年（発着不明）惣太郎宛オドール電報

34. 同年9月21日付オドール宛惣太郎電報

35. 同年10月7日付オドール宛惣太郎電報

35. 同年10月10日受　惣太郎宛オドール電報

36. 同年10月12日オドール宛惣太郎電報

37. 同年10月12日付オドール宛惣太郎電報

38. 同年1月27日付オドール宛惣太郎電報

39. 同年8月8日付オドール宛惣太郎電報

40. 同年8月31日付オドール宛惣太郎電報

41. 同年9月6日付オドール宛惣太郎電報

42. 同年9月30日（コピー）W.R.Buckberrough宛J・C・Patterson電報

43. 同年10月12日付アール・マック宛正力松太郎電報

44. 同年10月21日付オドール宛惣太郎電報

45. 同年10月26日（受）惣太郎宛W・R・Buckberrough電報

46. 同年11月2日（受）惣太郎宛オドール電報

41. 同年11月6日（受）惣太郎宛オドール電報

42. 同年11月8日付アールマック宛惣太郎電報

43. 同年11月8日付レオ. Gerstenzang電報

44. 同年11月?10日オドール宛レオ・Gerstenzang電報

45.同年11月8日付アール・マック宛惣太郎電報

46. 同年11月8日付レオ・Gerstenzang宛惣太郎電報

47. 同年11月11日付　惣太郎宛レオ・Gerstenzang電報

48. 同年11月13日付　惣太郎宛レオ・Gerstenzang電報

49. 同年11月15日オドール宛惣太郎電報

50. 同年11月21日付オドール宛惣太郎電報

51. 同年12月2日付アール・マック宛読売新聞電報

52. 同年12月2日4日付　読売新聞宛アール・マック電報

53. 同年12月2日付オドール宛惣太郎電報

54. 同年12月5日付レオ・Gerstenzang宛惣太郎電報

55. 同年12月5日付オドール宛惣太郎電報

56. 同年12月12日付　惣太郎宛オドール電報

57. 同年12月15日付アール・マック宛オドール電報

59. 同年10月12日付アール・マック宛オドール電報

60. 同年12月28日付宛先不明宛正力電報

61. 同年12月30日付宛先不明宛オドール電報

62. 1934年1月5日オドール宛惣太郎電報（手書き）

63. 同年1月12日（消印）惣太郎宛オドール電報

64. 同年1月24日付　惣太郎宛オドール電報（2月10日受領のサインあり）

65. 同年1月29日付　惣太郎宛オドール電報

66. 同年1月30日付　惣太郎宛オドール電報

67. 同年2月31日付　惣太郎宛オドール電報（2月24日）受領のサインあり）

68. 同年2月1日付オドール宛惣太郎電報

69. 同年2月7日付　惣太郎宛オドール電報

70. 同年2月12日付オドール宛惣太郎電報

71. 同年2月17日付　惣太郎宛フィラデルフィア・アメリカン・ベースボールクラブ（コピー）

72. 同年2月21日付　惣太郎宛オドール電報

73. 同年2月28日オドール宛惣太郎電報（手書き）

74. 同年2月28日付アール・マック宛惣太郎電報

75. 同年2月28日付オドール宛惣太郎電報

76. 同年3月3日付オドール宛惣太郎電報

77. 同年3月15日付オドール宛惣太郎電報

78. 同年3月19日付アール・マック宛惣太郎電報

79. 同年3月19日オドール宛ソプ太郎電報

80. 同年3月23日付　惣太郎宛オドール電報（差出日　3月22日午後11時57分とあり）

81. 同年3月28日付アール・マック宛惣太郎電報

82. 同年3月28日付オドール宛惣太郎電報

83. 同年3月29日付　惣太郎宛オドール宛電報

84. 同意年3月30日付オドール宛惣太郎電報

85. 同年4月15日付　惣太郎宛アール・マック電報

86. 同年4月15日付　正力宛アール・マック電報

87. 同年4月28日付オドール宛惣太郎電報

88. 1934年3月10日付アール・マック宛惣太郎電報

89. 同年5月12日付アール・マック宛正力電報

90. 同年5月15日付オドール宛惣太郎電報

91. 同年6月15日付　惣太郎宛アール・マック電報（7月14日受領の手書きサインあり）

92. 同年6月18日付　アール・マック宛惣太郎電報

93. 同年6月18日付オドール宛惣太郎電報

94. 同年6月20日付オドール宛惣太郎電報

95. 同年6月22日付オドール宛惣太郎電報

96. 同年6月22日付アール・マック宛正力電報

97. 同年6月22日付オドール宛惣太郎電報

98. 同年6月23日付　正力宛アール・マック電報

99. 同年6月25日付オドール宛惣太郎電報

100. 同年6月26日付　惣太郎宛アール・マック電報（6月16日受領手書きサインあり）

101. 同年6月27日付オドール宛惣太郎電報

102. 同年7月3日チャールズ・G・ガートリング宛正力

103. 同年7月8日（消印　フィラデルフィア）惣太郎宛フィラデルフィア・アメリカン・ベースボールクラブ電報

104. 同年7月8日付　惣太郎宛アール・マック電報

105. 同年7月10日付アール・マック宛惣太郎電報

106. 同年7月10日宛チャールズ・G・ガートリング正力電報

107. 同年7月13日付チャールズ・G・ガートリング宛正力電報

108. 同年7月17日付アール・マック宛正力電報

109. 同年7月18日付アール・マック宛惣太郎電報

110. 同年7月19日付アール・マック宛惣太郎電報

111. 同年7月20日付オドール宛惣太郎電報

112. 同年7月23日付アール・マック宛読売新聞電報

113. 同年7月27日付アール・マック宛惣太郎電報

114. 同年7月31日付アール・マック宛惣太郎電報

115. 同年8月1日付アール・マック宛読売新聞電報

116. 同年8月1日付チャールズ・G・ガートリング宛読売新聞

117. 同年8月3日付オドール宛読売新聞電報

118. 同年8月3日付オドール宛大日本東京野球クラブ電報

119. 同年8月3日付オドール宛惣太郎電報

120. 同年8月6日付ジョー・コーヘン宛惣太郎電報

121. 同年8月6日付アール・マック宛惣太郎電報

122. 同年8月7日付オドール宛大日本東京野球クラブ電報

123. (同年) 8月10日付　読売新聞宛アール・マック電報

124. 同年8月13日付アール・マック宛正力電報

125. 同年8月13日付オドール宛正力電報

126. 同年8月17日付　正力宛チャールズ・G・ガートリング電報

127. 同年8月22日付オドール宛惣太郎電報

129. 同年8月24日付アール・マック宛惣太郎電報

130. 同年8月27日付アール・マック宛正力電報

131. 同年8月27日付　市岡宛オドール電報

132.「契約書」アール・マックと読売新聞社間での契約書　6枚

133. 同年8月27日付　惣太郎宛オドール電報

134. 同年8月26日付オドール宛市岡電報

135. 同年8月28日付オドール宛市岡電報

136. 同年8月29日付オドール宛市岡電報

137. 同年8月31日付アール・マック宛正力電報

138. 同年9月5日付オドール宛惣太郎電報

139. 同年9月7日アール・マック宛正力電報

140. 同年9月10日付アール・マック宛惣太郎電報

141.「契約書下書き」

142. 同年9月12日付アール・マック宛正力電報

143. 同年10月2日付　読売東京宛惣太郎電報

144. 同年10月7日付　読売宛惣太郎電報

145. 同年10月9日付オドール宛アール・マック電報

146. 同年10月15日付読売新聞宛惣太郎電報

147. 同年10月18日付　読売新聞宛惣太郎電報

148. 同年10月18日付　読売新聞宛惣太郎（シアトルより）電報

149. 同年10月19日付　読売新聞宛惣太郎（バンクーバーより）電報

150. 同年10月20日付　読売新聞宛惣太郎（ビクトリアより）電報

151. 同年10月22日（手書き日付）付読売新聞宛惣太郎電報

152. 同年10月23日付　読売新聞宛惣太郎電報

153. 同年10月31日惣太郎（Empress of Japan）宛（読売新聞社）電報

154. 1934年6月7日付　正力宛チャールズ・G・ガトリング電報

155. 同年6月22日オドール宛惣太郎電報

156. 同年7月3日付チャールズ・G・ガトリング宛正力電報

157. 同年7月10日付チャールズ・G・ガトリング宛正力電報

158. 同年7月10日付オドール宛惣太郎電報

159. 同年7月13日付チャールズ・G・ガトリング宛正力電報

160. 同年7月23日付アール・マック宛読売新聞電報

161. 同年7月31日付アール・マック宛正力電報

162. 同年7月27日付アール・マック宛惣太郎電報

163. 同年7月31日付チャールズ・G・ガトリング宛正力電報

164. 同年8月1日付アール・マック宛読売新聞電報

165. 同年8月1日付　惣太郎宛ヘンリー・P・エドワーズ（シカゴ）電報

166. 同年8月2日付チャールズ・G・ガトリング電報

167. 同年8月3日付　惣太郎宛ヘンリー・P・エドワーズ電報

168. 同年8月4日付　惣太郎宛ヘンリー・エドワーズ電報

169. 同年8月6日付アール・マック宛惣太郎電報

170. 同年8月22日付アメリカン・リーグプロフェッショナルベースボールクラ
　　　ブ宛惣太郎電報

171. 同年9月12日付ヘンリー・P・エドワーズ宛（惣太郎）電報

172. 同年9月24日付オドール宛惣太郎電報

173. 同年9月30日付　読売新聞社宛惣太郎電報

174. 同年10月2日付　読売新聞社惣太郎電報

175. 同年10月3日付　読売新聞社宛惣太郎電報

176. 同年10月4日付　読売新聞社宛惣太郎電報

177. 同年10月10日付　読売新聞社宛惣太郎電報

178. 同年10月31日惣太郎（Empress of Japan）宛小松電報
「ウエブスター・K・ノラン氏との文通書類」
（カリフォルニア州サンフランシスコ348　コールビルディング）
業務文書

179. 1934年12月28日付ウイリアム・ランドルフ・ハースト宛ジェームス・R・ヤング

180. 1935年2月18日付パシフィック・コースト社のスポーツ担当宛ウエブスター・K・ノラン（パシフィック・コースト支局長?）

181. 同年3月30日付　東京ジャイアンツ宛ティム　バディーロ（サンタバーバラ　カブス　マネージャー）

182. 同年4月1日付ティム・バディーロ宛惣太郎電報

183. 同年4月3日付惣太郎宛ティム・バディーロ電報

184. 同年4月4日付ティム・バディーロ電報

185. 同年5月1日付クラランス・クマラエ宛惣太郎電報

186. 同年5月2日付読売新聞社宛惣太郎電報

187. 同年7月7日付オドール宛惣太郎電報

188. 同年11月20日付ウエブスター・k・ノラン宛惣太郎電報

189. 同年11月23日付惣太郎宛オドール電報

190. 同年12月12日付惣太郎宛ルーニー・グッドウイン（フィラデルフィア・ロイヤル・ジャイアンツ・マネージャー）電報

191. 同年12月13日付惣太郎宛グッドウイン電報

192. 同年12月6日付大隈信常公爵宛ウエブスター・ノラン電報

193. 1936年1月8日付（不明）宛ウエブスター・ノラン電報

194. 同年1月9日付ウエブスター・ノラン宛惣太郎電報

195. 同年1月10日付ウエブスター・ノラン宛市岡忠男電報
「内密文書　私信」

196. 同年1月10日付ウエブスター・ノラン宛惣太郎電報

197. 同年1月27日付市岡忠男宛ウエブスター・ノラン電報

198. 同年1月29日「JOAK」挨拶

199. 同年3月17日「鈴木を歓迎するウイリー・カムをジョゼリンが紹介」

200. 同年5月8日付惣太郎宛東京ジャイアンツ電報

201. 同年5月8日付惣太郎宛ローズ・M・ピーターセン（J・A・アドルマンの秘書）

202. 同年5月13日付惣太郎宛オドール電報

203. 同年5月23日付オドール宛惣太郎電報（バンクーバー）

204. 同年5月28日付惣太郎宛J・A・アドルマン電報

205. 同年6月17日付惣太郎宛J・A・アドルマン電報

206. 同年7月16日付ルクソール東京（読売の電報アドレス）宛オドール電報

207. 同年7月19日付J・A・アドルマン宛惣太郎電報（横浜）

208. 同年7月19日付オドール宛惣太郎電報（名古屋）

209. 同年7月29日付惣太郎宛オドール電報（広島）オドール宛惣太郎電報

210. 1937年5月14〜19日（？）付オドール宛惣太郎電報

211. 1939年12月22日付惣太郎宛E・G・バウムガードナー（RCAコミュニケーション社支配人）

212. 同年12月31日付惣太郎宛（マニラの日本クラブ）差出人不明電報

213. 1940年1月14日付読売東京プレス宛惣太郎電報（マニラ）

214. 年月日不明ウエブスター・K・ノラン宛惣太郎電報

215. 1932年9月29日付惣太郎宛サン紙電報（定期購読の請求書）

216. 同年10月10日付惣太郎宛G・L・Yaisle

217. 1935年2月27日鈴木惣太郎によるスピーチ（サンフランシスコのシティーホール）

218. 同年9月4日付オドール宛（惣太郎）電報（横浜）

219. 同年9月13日付惣太郎宛オドール電報（サンフランシスコ）

220. 同年10月10日付ウエブスター・K・ノラン宛アン・M・フランヘルティー（クロニクル・パブリッシング・カンパニー）

221. 同年10月1日付与身売り新聞社（ルクソール東京）宛オドール電報

222. 同年11月2日付惣太郎宛ウエブスター・K・ノラン電報

223. 同年11月2日付オドール宛惣太郎電報

224. 同年11月8日付オドール宛惣太郎電報

225. 同年11月10日付オドール宛惣太郎電報

226. 同年11月13日付ウエブスター・K・ノラン宛惣太郎電報（横浜）

227. 同年11月19日付オドール宛アズール（読売）電報

228. 同年11月20日付ウエブスター・k・ノラン宛読売電報（東京）

229. 同年11月26日付オドール宛惣太郎電報

230. 同年11月29日付オドール宛惣太郎電報

231. 同年12月3日付惣太郎宛オドール電報

232. 同年12月17日付惣太郎宛オドール電報

233. 同年12月18日付オドール宛惣太郎電報[個人&秘密扱い]（横浜. 龍田丸にて）

234. 同年12月19日付オドール宛惣太郎電報

235. 同年12月24日付オドール宛惣太郎電報[個人的内容]

236. 同年12月24日付オドール宛惣太郎電報

237. 1936年1月4日付オドール宛惣太郎電報

238. 年月日不明惣太郎宛オドール電報

239. 年月日不明ジョン・クイン（John Quinn）宛惣太郎電報

240. 「ラジオ原稿　東京ジャイアンツ　ユタ訪問について」（1935年5月29日　P.M。6時15分　ヘンリー・Y・サカイ）

241. 1934年6月7日付正力宛チャールズ・G・ガトリング電報（法律事務所フィラデルフィア）　合意書

242. 同年6月22日付オドール（ニューヨーク）宛惣太郎電報

243. 「契約書」6枚

11. アルバムなどについて

　惣太郎家には多くのアルバムが残されている。10数点存在するなかで特に注目したいのは、昭和6年と昭和7年の日米野球の記念アルバムである。これは読売新聞社が記念アルバムとして関係者に配布したものだが、惣太郎のアルバムには、来日したルー・ゲーリッグ一行のサインが全員記されている。同時に日本側選手も記されている。また昭和九年もコニ・・マック監督、ベーブ・ルースやゲーリッグなどの選手など、日本側も三原修、水原茂、沢村栄治など歴史的価値も十分存在する。戦後はサンフランシスコ・シールズのアルバムは、選

手一人一人が躍動感あふれる写真が多い。ヤンキース、ドジャースなど各チームごとの来日アルバムが散見できる。ドジャース関係は、選手のみならずスタジアムなど多くの関係写真が残っている。さらに個人の選手の写真も散在する。ウォルター・オマリー、ピーター・オマリーやオドール、ケーシー・スティンゲルなど名だたる監督の写真が残っている。これも整理して人名を確認する必要がある。また戦前の大日本東京野球倶楽部が渡米したときの写真も残っている。選手の背番号の漢字形態など当時の流行が知れる。

【評論】

「野球を育てた」記者たちの物語
毎日新聞人の野球殿堂入り列伝

元毎日新聞記者 堤 哲

鈴木美嶺さん（1921～1991）が2017（平成29）年1月、野球殿堂入りした。野球ルールに詳しく、「公認野球規則」づくりの中心的役割を果たしたというのが表彰理由だが、鈴木さんは元毎日新聞の運動部記者である。都市対抗野球大会で連載した「黒獅子の目」は一級品のコラムだった。

野球が日本で始まった1872（明治5）年創刊の東京日日新聞（東日）と、大阪毎日新聞（大毎）が前身の毎日新聞社。社員でつくる野球チーム「大毎野球団」は、大正から昭和初期の1920年代に日本最強を誇った。プロ野球セ・パ2リーグ時代に結成された「毎日オリオンズ」は初代日本一に輝いた。関係者の野球殿堂入りは20人に及ぶのである。

野球殿堂入り第1号・頑鉄と小鰐

毎日新聞社主催の野球大会は、春のセンバツ（選抜高校野球大会）と夏の都市対抗野球大会が双璧である。その都市対抗野球のMVP（最高殊勲選手）賞に名を残しているのがこの大会の創設者・橋戸頑鉄（本名・信、1879～1936）である。

頑鉄は、野球殿堂入り第1号だが、毎日新聞の記者になったのは、1925（大正14）年である。46歳だった。

きっかけは、4万人収容の明治神宮外苑球場の新設だった。阪神甲子園球場はその前年の1924（大正13）年に完成したが、東京には1万人も収容できる野球場がなかった。スタンドがあるのは早大の戸塚球場（のち安部球場）くらいで、1万5千人収容といわれた慶應義塾新田野球場は新設工事中だった（翌26（大正15）年8月完成）。

東京日日新聞（東日）に5千円の寄付金要請があった。これを知った社会部長島崎新太郎（1882～1971）が、運動課長だった弓館小鰐（本名・芳夫、1883

〜1958）に相談。新球場に相応しい「最高峰の野球大会」を創設しよう、それには頑鉄の力が欠かせない、となった。

島崎は、それ以前に政治部長―地方部長―内国通信部長。社会部長から編集局副主幹となった、いわば編集局のボス。大の野球好きで、母校早大の試合を見るために「運動部員を兼務していた」[1]ほどだ。

早速、大会準備経費1万円を経営トップに認めさせた。関東大震災のあと急速に発行部数を伸ばし、東日には活気があった。

弓館は、盛岡中学から20世紀最初の1901（明治34）年に東京専門学校予科（英文科）に入学し、その年に発足した野球部の初代マネージャーである。東京専門学校は、創立20周年を迎える翌年、早稲田大学に昇格することが決まっていた。それを見越しての入学で、頑鉄も青山学院から哲学科に入学する。

しかし、頑鉄は野球部OB会稲門倶楽部の名簿では「明治35年」入学となっている。押川清（野球殿堂入り、郁文館中）や泉谷裕勝（神戸一中）らとともに創部2年目の選手である。

頑鉄は東京・芝金杉のお寺（安楽寺）の長男だが、青山学院時代は投手で「守山君（恒太郎、野球殿堂入り）の投手時代に一高を2回連敗せしめた記録を持っている」[2]が自慢である。

記録を調べると、1899（明治32）年青山学院12―11一高（11月9日）、青山学院18―15一高（11月25日）とある[3]。

「私の球筋は、カーヴにのみ依頼したもので、直球はコーナーをつく外、殆ど投げなかった。だから球の速力はないが、常に曲がっていくので一高の人々は全然打てなかった」[4]。

頑鉄は、何故か野球部には入らず、テニス部で野球部長安部磯雄（1865〜1949、野球殿堂入り）とダブルスを組んでいた。軟式テニスである。

1902（明治35）年野球部に入部。初代キャプテン大橋武太郎（郁文館中）が家庭の事情で退部したのに伴い、2代目キャプテンに就いた。翌03（明治36）年には、河野安通志（野球殿堂入り、横浜商）や小鰐の盛岡中の後輩獅子内謹一郎、小原益遠らが加わった。その秋に慶應義塾野球部に挑戦状を出した。早慶戦の始まりである。

頑鉄と小鰐。第1回早慶戦の時のキャプテンとマネジャー。2人は早稲田鶴巻町で一緒に下宿生活、肝胆相照らす仲だった。

小鰐は、1905（明治38）年に卒業して、安部磯雄の紹介で萬朝報の記者になる。のちに、後輩記者たちに自慢していたのは「早慶戦の全試合を見ている」だった。1918（大正7）年に東日へ転社。野球記者から校閲、運動、写真各部長を歴任。55歳定年退職後も運動部顧問として記事を書き続けた。

　頑鉄が小鰐の記事を褒めている。「新聞の野球記事は、その昔早慶戦中止前迄は、可なり厚化粧の文章で書かれたものである。運動界主幹太田志蹴君（四州とも。本名・茂、1881〜1940、野球殿堂入り）の如きは麗筆家の代表的人物で『雨あり風ありまた煙あり』と云った調子に野球記事を書出したものである。文章がうまくなければ、野球記事は書けないものであった。それが萬朝報に弓館小鰐君が入社してから今日の如き経過を主とするものが出来上り、太田君が数行を費すものが、一行で済むようになった」[5]

　小鰐は、東京日日新聞夕刊に「西遊記」を連載した作家でもある（1926（大正15）年1月26日〜5月27日）。「水滸伝」「三国志」も出版している。この「西遊記」で、猪八戒が「イノシシ」でなく、初めて「ブタ」と表現される。作家筒井康隆は「スマートなギャグはまことに秀逸」とベタ褒めしている。

　早大野球部に戻って、1904（明治37）年には山脇正治（早稲田中）、陶山素一（神戸一中）らが入部して、さらに戦力がアップ。学習院、一高、慶應、横浜外人倶楽部を撃破し、学習院、慶應との再戦にも勝利して6戦全勝。「チームを整う僅かに三歳、日本野球界の覇者の権は、完全に我が掌中に収められた」と、早大野球部史は胸を張る。筆者は、第5代キャプテン飛田穂洲（本名・忠順。1886〜1965、野球殿堂入り）である。

　そして1905（明治38）年のアメリカ遠征。頑鉄は留年して遠征チームのキャプテンを務めた。部長安部磯雄以下13人。西海岸各地で45日間に26試合。連戦連投の河野投手は「アイアン河野」と呼ばれた。7勝19敗。

　頑鉄は、『最新野球術』[6]を出版する。この本は全国で野球に励む中学生らの教科書となった。

　日本野球界へのお土産をこう書いている。①スパイクの使用、②バントの利用③、投手のボディースイング、④出来るだけ薄いグラブやミットの使用、⑤団体的な応援、⑥肩の養生、⑦持ち帰ったグラブにより内地の器具の大改善⑧試合前にフリーバッティングを必ず行う、⑨3回戦勝負の挙行、⑩複審制の採用[7]。

「野球を育てた」記者たちの物語

　早慶戦は1906（明治39）年11月、早慶1勝1敗の3回戦が両校応援団の過熱から中止となるが、頑鉄は、その年の9月に卒業したにもかかわらず、「研究科に籍を置いて」[8]、従来の遊撃手から二塁手にポジションを替えて出場した。3番打者だった。中止になるまでの早慶戦全9試合に名前を残している。

　成績はどうだったのか。35打数8安打、打率2割2分9厘。失策が10個[9]。口髭を蓄え、キャプテンとして存在感は抜群だったが、数字はイマイチに見える。

　早慶戦全9試合出場は、他に早稲田では河野安通志投手（横浜商、野球殿堂入り）、慶應では、早慶1回戦の勝利投手桜井彌一郎（上田中、野球殿堂入り）、青木泰一投手（大垣中）、高浜徳一外野手（慶應普通部）がいる。

　頑鉄は、その後再度渡米するが、アメリカでの事業がうまくいかずに、1911（明治44）年8月、早大の第2回アメリカ遠征チームとともに帰国、小鰐のいる「萬朝報」の記者になる。野球記者頑鉄のスタートだった。

　余談になるが、第1回早慶戦の新聞報道は、「当時の学生紙であった萬朝報と、三田系の時事新報紙上とに、小さい記事を見るだけである」[10]。

　萬朝報（1892（明治25）年創刊）は、早大の第1回アメリカ遠征の際、この遠征を実現した野球部長安部磯雄の「早稲田大学野球選手の米国行に就て」（明治38年3月26日付）に続き、4月4日の出発当日に主筆黒岩涙香の「野球選手の米國行を送る」を1面トップで掲載、壮途を祝した。日露戦争の最中で、頑鉄はバルチック艦隊全滅の号外を5月30日フレスノ市で見たと記している[11]。

　アメリカ遠征の安部磯雄現地リポートは、萬朝報に掲載された。遠征チームは、6月29日横浜港に帰る。「7回の勝利は寧ろ好成績と云わねばならぬ」[12]だが、不本意な成績に「10数名の出迎え」しかなかった。出発時の賑わいとは大違い。「選手達は心細く思ったのではないか」と出迎えた小鰐が書いている[13]。

　時事新報は、1882（明治15）年に福沢諭吉が創刊した。慶應義塾の優秀な卒業生を諭吉自らが選んで記者にしていた。早慶戦を報じるのは当然だった。大阪毎日新聞（大毎）を全国紙に育てた第5代社長本山彦一（1853～1932）は、創刊2年目の時事新報で総編集から会計局長を務め、諭吉を支えた。26歳で大毎の初代社長になった渡辺治（1864～93）も時事新報の有能な記者だった。

　頑鉄は1915（大正4）年秋、大阪朝日新聞（大朝）に移る。第1回全国中等学校優勝野球大会の終了後である。大会史によると、野球規則の完全なものがなかった。キチンとしたものに一本化するため、本場アメリカの野球ルールに詳

しい頑鉄に声をかけた。河野安通志は「最初、私が誘われたが、頑鉄を推薦した」といっている。

　編集局社会課勤務。社会課長は長谷川如是閑（1875～1969）だった。新聞社に社会部が出来たのは、毎日新聞の前身大阪毎日新聞社（大毎）が最初といわれ、1901（明治34）年である。大阪朝日新聞社は1916（大正5）年12月に社会課を社会部に昇格させている。

　当時、スポーツ記事は3面（社会面）の下段に「運動界」の見出しで掲載された。記者たちが「まり放おり」と呼んだ野球は社会部の担当だった。

　中等野球大会の人気が高まり、第2回まで開催した豊中球場では観客をさばききれなくなった。そこへ阪神電鉄が鳴尾競馬場内に球場づくりを提案した。競馬場のラチ内にグラウンドを2面つくる計画だった。「万事は頑鉄君に相談して」と長谷川社会部長。頑鉄はグラウンドにどんな土を入れるかからスタンドの配置まで、一切を取り仕切った。

　グラウンドが2面あるのは日程消化上は効果があったが、観客の収容能力は5千～6千人。もっと観客が収容できる球場を——。阪神甲子園球場の建設となる。

　ところが頑鉄は、1918（大正7）年に大正日日新聞へ移る。大阪朝日新聞でその年に起きた「白虹事件」に関連して、編集局長鳥居素川、社会部長長谷川如是閑らが退社、頑鉄も行動をともにしたのだ。

　1920（大正9）年には日本初のプロ野球チーム「日本運動協会」を押川清、河野安通志らと設立、社長を務めた。芝浦球場を建設し、合宿所も併設した。選手たちに英語、数学、簿記などの教えた。しかし、3年後の9月1日に起きた関東大震災の影響を受けて、解散に追い込まれた。

　1925（大正14）年、東京日日新聞に客員として迎えられた頑鉄は、手始めに「野球夜話」を連載する。翌26（大正15）年元旦から6回。早慶戦が19年ぶりに復活した直後だった。この連載は、野球文化學會論叢「ベースボーロジー」第1号（1999年刊）に掲載されている。野球文化論の貴重な史料として、初代事務局長諸岡達一（元毎日新聞編集委員）が遺族の了解を得て全文を再録した。

　都市対抗野球大会は、1927（昭和2）年8月3日神宮球場で開幕した。

　　絶好の野球日和に/押寄せた大観衆

　　西久保市長の始球式/火蓋は切られた

「野球を育てた」記者たちの物語

東京日日新聞は夕刊1面で、始球式とカンカン帽で埋まったスタンドの写真を載せて、社会人野球大会の始まりを伝えた。開幕試合の主審は小西得郎（1896〜1977、野球殿堂入り）だった。

「橋戸君が筆者に飛び附いて"よかったなァ…"とひげ面を寄せてきたが、その感触がいまだにほおに残っていてムズかゆい」と、小鰐が後年、草創の思い出を書き残している[14]。

頑鉄は日本全国、さらに満州、朝鮮、台湾を巡って参加チームを募った。第1回の出場は12チームだった。優勝旗を天狗倶楽部仲間の画家小杉未醒（放庵、1881〜 1964）に頼んだ。バビロンのレリーフから黒獅子が跳びかかるデザインとなった。その黒獅子旗は大連市・大連満州倶楽部に渡った。監督中澤不二雄（野球殿堂入り）は閉会式でこう挨拶した。「黒獅子旗、海を渡るとも悲しむなかれ。玄界灘を過ぎ、南満の地にへんぽんとひるがえるとき、在満40万同胞の感激はいかばかりや」と。

頑鉄は、1936（昭和11）年3月23日に亡くなった。享年58。肝臓がんだった。

「その蘊蓄を傾け、野球の批評に麗筆を揮（ふる）ひ満天下の読者を魅了したばかりでなく、実際に野球技を競う選手を啓発した事は普（あまね）く人の知る処である」

毎日新聞社高石真五郎主筆（のち第7代社長）は弔辞でこう述べた。

告別式の参列者は千人余。里見弴、久米正雄、大佛次郎、廣津和郎、水谷八重子、藤原義江、城戸四郎…。幅広い交友ぶりだ。

小鰐は「噫、さびしあの禿頭」と毎日新聞社報で追悼をした。都市対抗野球大会で最高殊勲選手賞「橋戸賞」が創設されるのは、その年の夏、第10回大会からである。

野球記者頑鉄の功績に、野球記事のスタイルを変えたことがあげられる。お手本はニューヨークタイムズだった。

その詳細は、頑鉄自身が「野球記事の改造」[15]で明らかにしている。その年夏の第12回甲子園大会準決勝和歌山中対大連中戦。和中のエース小川正太郎（早大―毎日新聞、野球殿堂入り）が8連続三振（2012（平成24）年夏、桐光学園松井裕樹投手が10連続三振を記録するまで大会記録だった。86年ぶりに破られた）を含む奪15三振を記録したが、試合は0―1で敗れた。

頑鉄が書き込んだのは、9回裏に和中の先頭打者が三塁打を放ち、同点のチャ

ンスを迎えた場面。4番小川正太郎は浅いライトフライで倒れ、走者は三塁のまま。次打者はスクイズをした。その打球を投手が拾って「身体を前方に投げ出しながら球をトッス」、走者は本塁に憤死した。この場面を事細かに描写したのである。「面白い。野球記事はあれでなくてはいけない」と社内で褒められた、と頑鉄は書いている。

「それが今日の野球記事の原型となった」と、当時の大毎編集総務・奥村信太郎（のち毎日新聞第6代社長）。

奥村は、1925（大正14年）に「大毎野球団」がアメリカ遠征した時の総監督だが、「単に試合経過だけでなく、アメリカの新聞のように、記者が署名で両軍の作戦、攻守の戦況を批判的に記述する」ことを求めた[16]。

もうひとつ。早慶戦が東京六大学野球リーグ戦の最終週に固定されるのは、頑鉄の記事による。

東京日日新聞1929（昭和4）年11月3日付で、「リーグ戦の興味を最後まで持ち込むように、（早慶戦を）特別扱いをして後回しにして貰いたい」と提案をした。

この提案は、3年後の1932（昭和7）年秋のリーグ戦から実現した。翌33（昭和8）年野球統制令により1年1シーズン制となって崩れたが、35（昭和10）年春から2シーズン制に戻ると同時に、早慶戦の最終試合制が復活し、現在まで続いている。

頑鉄は、1959（昭和34）年、最初の野球殿堂入り9人に選ばれ、安部磯雄、押川清らとともに殿堂入りした。

「大毎野球団」の殿堂入り10人

毎日新聞社のもうひとつの野球ビッグイベントはセンバツ高校野球大会である。ライバル大阪朝日新聞（大朝）の夏の大会から9年遅れて、1924（大正13）年に始まった。しかし、それまでの野球の報道、野球への取り組みは、大朝より大毎が一歩も二歩もリードしていたように思える。

新聞に載った本格的野球記事のはじめは、大阪毎日新聞である、と諸岡達一は書いている[17]。

1896（明治29）年6月5日、一高対横浜外人倶楽部との第2戦。〈東京発行各氏がほぼ無視した中で、「大阪毎日新聞」はその第二戦を1行22字で70行の大原稿

176 *Baseballogy Vol.12*

にした〉。

　32—9。一高が返り討ちにした。一高の投手は青井鉞男（1872〜1937、野球殿堂入り）だった。

　〈記事はおおまかながら試合経過が書かれており、スポーツ記事として一応できあがっているところが野球報道の新機軸であった。野球という訳語はそれより一年前刊行の「一高野球史」の中に登場していたが大毎の記者は知らずか、『ベースボールの競争』と記している〉と諸岡。

　それから14年後の1910（明治43）年秋、大毎は、早大と米シカゴ大両チームを招き「関西で初の国際野球試合」を行った。

　「両チームは大阪毎日新聞社の招聘に応じて西下し、兵庫県香櫨園新設運動場に三回試合を行ったが、既に疲労困憊せる早大は到底問題にならず、一回は八対四、二回は二十対零、三回は十二対二の大敗を蒙った」[18]。

　早大キャプテン飛田穂洲が、シカゴ大戦6連全敗の責任をとって、キャプテンを辞任した試合である。

　大毎は紙面で大々的に宣伝した。といってまだ「野球」を見たこともない読者が多かった。10月23日付見開き2頁特集には、両軍主力選手の写真とともに「ベースボールとは如何なる遊戯であるか」を解説した。

　「塁」。ベースとルビを振って「四個あって、其中三個は方一尺許りの帆木綿の嚢中に柔らかき物質を満たした、いはゞ座布団のようなもの。他の一個は同じ位の大きさの五角形の板である」

　球（ボール）、打棒（バット）、面（マスク）と続く。

　「配陣」。各塁、守備位置などを図示した。

　「演技」。18人で9人ずつ二組、攻撃陣と守備陣となる。守備陣の9人はいずれも手袋を嵌めて…。

　「方法」。投手は捕手に向かって投球する。打者はそれを打棒で打とうとする。もし、投球が本塁の上を通過せず、または自分の肩より高く、膝より低い時は打たなくてもいい。この悪球をボールという。投手がボールを四度出すと、打者は一塁に進むことができる…など、ハウ・ツウ・プレーの説明が延々と続く。三振は「三度振り」と呼ばれた。

　用語として「安全球」（ヒット）、「魔球」（カーブ）や、ダブルプレー、トリプルプレー、二塁打、三塁打、ホームランなどを取り上げている。

阪神間には肝心の野球場がなかった。阪神電鉄が香櫨園遊園地（1907（明治40）年開園、現在の阪急夙川駅周辺）内に急遽つくった。広さ4千700坪。「何分急造のこととてスタンドを設備する余裕なかりしは遺憾なり」と紙面注にある。

　「柵もスタンドもない…左翼の方は本塁から30間ほどのところからダラダラのスロープとなり、ここへ長打をカッ飛ばされると、追っかけてつかんでもどこへ送球したらよいのかサッパリ分からぬといった大変なグラウンドであった」と、西尾守一が述懐している[19]。

　西尾は堂島中（現大阪府立北野高校）出身で早大野球部のマネジャー。シカゴ大戦では主審をつとめ、翌年に大毎に入社、スポーツ記者第1号となった。

　試合前日の10月24日は1面トップで「野球選手を迎ふ」と、社説を載せた。日米野球の意義を「我が運動界に痛切なる刺激を与え、ひいては一般国民に運動に対する感興を鼓吹し、剛健活発なる気風の養成に資せんとするにある」と説いている。

　列車で到着した両校の選手を提灯行列で迎え、歓迎の歌を高歌放吟した。

　一、四十三年秋の　気も澄む月今宵
　　　　　　来たれり大阪に　日米野球団
　二、米の精鋭市俄古　日本に早稲田あり
　　　　　　天下の野球戦　乾坤一擲香櫨園

　早大の名物応援団長・ヒゲの将軍吉岡信敬もやってきた。「新グラウンド上、将軍一流の咆哮を聞くは無比の痛快事たり」と記事にある。

　入場は無料だった。近畿はもとより、名古屋や西日本各地から中学校の野球部員がやってきた。その数2650団体。来賓席は朝野の名士で埋まり「観客は3万余」とある。

　大毎は、この事業が大成功だったと総括。翌1911（明治44）年6月、西尾の入社をきっかけに社内に野球チームが生まれる。それが発展して「大毎野球団」発足となるが、東京朝日新聞は8月29日から「野球と其害毒」22回を連載した。大阪の朝日新聞は「野球と其害毒」を紙面化しなかったものの「わが社の態度と対比して面白いコントラストであった」[20]。

　その3年後に中等学校野球の全国大会を出し抜かれるのだから、毎日新聞はお人好しだ。

もっとも現在は高校野球を盛り上げるため、夏の甲子園大会は毎日新聞、春の
センバツは朝日新聞がそれぞれ後援している。

　野球チームに戻って、1914（大正3）年7月5日、和歌山中学（現県立桐蔭中・
高校）と対戦した記録が残っている[21]。

大毎		和中	
SS	小室	SS	花岡
3B	名越	3B	西村
P	西尾	1B	荒木
1B	高石	C	矢部
LF	吉田	P	永岡
C	井上	2B	戸田
RF	高山	RF	河合
CF	上田	CF	奥山
2B	大塚	RF	小笠原

　試合は5—23で完敗だった。和中は1か月後の8月に豊中球場で開かれた第1回
中等学校野球優勝大会に出場し、準決勝まで進出した。対戦したのは、まさに
そのメンバーである。投手永岡一は慶大、捕手矢部和夫は早大、ライト小笠原
道生は東大へ進んだ。小笠原はのちに文部省体育局長。文部省が大会を主催し
た1942（昭和17）年「幻の甲子園」の推進者となった。

　一方大毎チームは、西尾が投手で3番、4番に高石真五郎。生粋の慶應ボーイ
で、野球部ができたころ（正式発足は1892（明治25）年の体育会設立に伴う）、
平沼亮三（野球殿堂入り）らと練習している時の写真が慶應義塾HPに載って
いる。寄宿舎「童子寮」時代、福沢諭吉が『福翁百話』に「贈高石真五郎君」
と墨書してくれた、と感激している[22]。

　「当初は負けてばかり。強くなったのは、1916（大正5）年に慶應の日下輝（慶
應普通部）が入社して、初代キャプテンに就いてから」と、高石は記している
[23]。日下は、1911（明治44）年の慶應義塾第1回アメリカ遠征に、三宅大輔（野
球殿堂入り）らと参加した名内野手だ。

　ついで1920（大正9）年3月に、関学高等部を修業したばかりの内海寛投手
（のち毎日オリオンズ）を採用する。

　内海は、その3日後、3月28日（日曜日）に3年前の夏の全国大会で優勝した

愛知一中（現愛知県立旭丘高校）OBを主体にした名古屋天狗倶楽部との試合に登板する。その優勝戦で敗戦投手となったのが関学中学の内海だった。大毎は、優勝戦の再現!の予告記事を出して、地元名古屋のファンにPRした。

　　大毎東日選抜軍勝つ

　　相手は名古屋天狗倶楽部

　3番キャプテン日下が1回に2ランホーマーを放つなどで、9-4の快勝だった。大毎は1面で結果を報じた。記事は、高石真五郎が書いた。「観衆、場の四周を包囲して盛況を極む」。地元新愛知新聞（のち中日新聞）にも広瀬謙三記者（野球殿堂入り）の記事が載っている。

　何故、大毎・東日連合軍だったのか。東日は1872（明治5）年2月21日に創刊した、最古の歴史を刻む日刊紙だが、経営難から1911（明治44）年3月1日に大毎に吸収合併された。新聞の題号は継承されたものの、有楽町駅前の社屋は「大阪毎日新聞東京支店東京日日新聞発行所」と改称された。

　全国紙体制を整えた大毎と、高級紙の誇りが高い東日。東京方は、関西弁の記者を「贅六」と呼んで、毛嫌いした。題字が「毎日新聞」に統一されるのは1943（昭和18）年元旦からだが、東西対立はずっと続いた。

　東西の緩和策として、社員60人余が東西から名古屋に集結して運動会を開く。その終了後のイベントに、優勝戦再現の野球試合が企画されたのだ。予告記事には、小鰐の名前もあった。小鰐は、運動会の大毎対東日戦（大毎10—7東日）に1番一塁手、島崎新太郎も7番右翼手として出場した。

　大毎野球団は、この2か月後、1920（大正5）年5月に結成された。初代監督阿部真之助（1884〜1964、元NHK会長）。群馬県富岡中学時代、捕手をしていた。阿部は6月1日付で京都支局長に転任、監督を社会部記者木造龍蔵（アメリカ遠征の監督）に譲った。

　その年の6月20日、和歌山に遠征して和歌山中学（和中、現県立桐蔭高校）と対戦したが、3-11の大敗だった。

　大毎は、1番捕手渡辺謙二（野球殿堂入り田部武雄の兄）、3番投手内海、4番遊撃手日下。高石も8番中堅手で出場している。

　一方の和歌山中。夏の全国大会優勝投手の北島好次と、翌年に連覇した時のエース井口新次郎が3、4番を打っていた。

　この和中とのつながりが、センバツ開催に結びつくのだが、もう少し大毎野

「野球を育てた」記者たちの物語

球団のチーム強化の過程をたどりたい。

同年7月懸山憲一（慶大）

8月井川　完（京都二中―同志社）

9月澤東洋男（早大）

翌1921（大正10）年、慶大小野三千麿―森秀雄のバッテリーと内野手鈴木関太郎が入社する。

和中に初勝利するのが、この年の5月。夏には中国・朝鮮に遠征して、北京で腰本寿が投手で主将だった邦人チームに敗れる。その腰本を採用、外国通信部支那課員とした。

22（大正11）年1月岡田源三郎（明大）、棚橋（川越）朝太郎（京都一商）。

同年5月北川一士（明大）、菅井栄治（慶大）。さらに慶大主将の高浜茂、同三宅大輔を加えた。

大毎はこの年、堂島に新社屋を建てた。大朝に追いつき追い越せの時代。発行部数が100万部を突破するのは、1924（大正13）年の正月。111万部を記録し、大朝を初めて抜いた。東日が100万部を突破するのは1930（昭和5）年で、大毎はそのとき150万部に伸ばしていて、オール毎日の発行部数は250万部を超えた。

1923（大正12）年には、内海の弟深三郎（第一神港商）、高須一雄（慶大主将）、8月には渡辺大陸（明大）が入社する。

さらに翌24（大正13）年8月に新田恭一（慶大主将）、25（大正14）年には桐原真二（慶大主将）、二神武（立大）が加わった。

アメリカ遠征メンバーは、以下の13人だ。

投手・小野三千麿、新田恭一、渡辺大陸

捕手・森秀雄、井川完

内野手・腰本寿（主将）、桐原真二、内海寛、

　　　内海深三郎

外野手・高須一雄、菅井栄治、川越朝太郎、

　　　二神武

1925（大正14）年3月30日神戸港を出港、8月6日横浜港に帰った。39戦12勝26敗1引き分け。「余り成績がよくなかったので、お話になりません」。キャプテン腰本の談話が読売新聞8月7日付社会面に載っている。

帰国船で、ハワイ遠征の明大チームと乗り合わせる。監督は、大毎野球団か

らの岡田源三郎。それがきっかけで投手湯浅禎夫、捕手天知俊一、二塁手横沢三郎、主将の三塁手谷沢梅雄、外野手中川金三。それに前年の主将大門憲文の6人が入社、新旧交代となる。

1926（大正15）年は71勝11敗2分、勝率8割6分5厘。最高勝率を記録する。

第1回都市対抗野球大会の開幕は、翌27年（昭和2）年8月である。日本最強の実業団チームは参加しなかった。「このチームが出場したならば優勝の可能率はなかなか高い。もし優勝でもしたならば主催者としてお手盛の批難をうけなければならぬので」と、大会の発案者島崎新太郎は苦悩を吐露している（前出「都市対抗野球25年の思い出」）。

そして1929（昭和4）年、第2回アメリカ遠征直前に突然解散となる。浜崎真二が『48歳の青春―球界彦左自伝』[24]で明かしている。

神戸商のエース浜崎は、1922（大正11）年8月からの大毎野球団満鮮遠征に参加した。夏の全国大会決勝で和中に敗れた直後で、偽名を使って渡航、中学生投手が小野投手に代わって登板した。さらに1929（昭和4）年、慶大を卒業して満鉄に入社する前、大毎に入社した井口新次郎（殿堂入り。和中―早大）から誘われてアメリカ遠征に参加することになり、仕度金200円をもらった。ところが出発直前になって中止、「大毎野球団」も即解散になった、と書いている。

球団創設以来の成績は、401勝127敗12引き分け、勝率7割5分9厘だった。

「大毎野球団」でプレーをした選手の野球殿堂入りを在籍順に列挙すると――。

★小野三千麿（1897〜1956）神奈川師範―慶大。チーム結成の翌1921（大正10）年入社。野球殿堂HPに「米大リーグ相手に初の白星を挙げた剛球投手」とある。大毎野球団の大黒柱。大毎体育部長（戦時中運動部を改称）。都市対抗野球大会の補強制度を創設。「小野賞」に名を残す。

★腰本　寿（1894〜1935）ハワイ出身。慶應普通部―慶大。アメリカ遠征のキャプテン。慶大監督として15シーズンで7回優勝、1928（昭和3）年秋は10戦10勝、ストッキングに白線を入れた。エンジョイ・ベ-スボールで黄金時代を築く。1916（大正5）年第2回全国中等学校野球大会で優勝した慶應普通部の学生監督。40歳で病没。

★岡田源三郎（1896〜1977）早実で第1回全国中等学校野球大会出場、1番捕

手。1923（大正12）〜35（昭和10）年明大監督。湯浅―天知のバッテリーら主力6選手を大毎へ。名古屋金鯱軍初代監督。

★三宅大輔（1893〜1978）慶應普通部―慶大主将。1925（大正14）年早慶戦が復活した時の慶大監督。27（昭和2）年都市対抗野球第1回大会に東京倶楽部から出場。大会第1号ホーマー（ランニング）を記録。プロ野球誕生に参画し、巨人軍初代監督。阪急―名古屋―産業監督も。

★浜崎真二（1901〜81）広島商―神戸商―慶大―満鉄。身長150㌢の左腕投手。神戸商が優勝戦で和歌山中に敗れた1922（大正11）年8月末からの大毎野球団満鮮遠征に参加。都市対抗野球第3回大会で大連満州倶楽部の優勝に貢献。阪急―高橋―国鉄監督。

★桐原眞二（1901〜1945）北野中―慶大主将、遊撃手。早慶戦の復活を塾長らに訴え、1925（大正14）年秋、19年ぶりに早慶戦が復活、当時の早大監督飛田穂洲から高く評価された。大毎経済部長から出征し、戦死。

★横沢三郎（殿堂入り。1904〜1995）明大の名二塁手。1923（大正12）年秋のリーグ戦で明大初優勝に貢献。大毎野球団解散後、東京六大学審判員。都市対抗野球大会第4回から第9回まで東京倶楽部で4回優勝。プロ野球東京セネタース監督。パ・リーグ審判部長。

★天知俊一（1903〜1976）明大で湯浅投手の捕手。東京六大学・甲子園大会の審判員。帝京商（現帝京大高校）監督時代、選手に杉下茂投手。中日ドラゴンズ監督。1954（昭和29）年、杉下投手を擁して日本一に。

★井口新次郎（1904〜1985）和歌山中学で第7、8回全国中学校優勝野球大会2年連続優勝。早大で三塁手4番。大毎入社の年に大毎野球団が解散。西部本社運動部長。センバツ、高野連、日本野球連盟の役員を歴任。

★小川正太郎（1910〜1980）左腕投手。和歌山中学―早大―大毎。センバツ、夏の甲子園に計8回出場。センバツ優勝でアメリカ遠征、夏では8連続三振を記録。早慶戦で宮武三郎、水原茂と投げ合った。日本社会人野球協会（現日本野球連盟）の発展に寄与。

信太郎と真五郎、センバツ開催

　野球を大阪毎日新聞社の「社業」に取り込んだのは、1901（明治34）年同期入社の慶應義塾OBの2人、奥村信太郎（1875〜1951、毎日新聞社第6代社長）

と高石真五郎（1878〜1967、同第7代社長）である。3歳違いだが、大阪では同じ下宿で生活した。

　高石は日露戦争後のロシアに入るなど海外特派員として活躍、「外電の毎日」をほしいままにした。一方の奥村は、日露戦争に従軍記者として派遣されるなどで活躍した。根っからの社会部記者で、名社会部長だった。

　「いろいろな紙面企画や事業企画を遂行した。社長（本山彦一）に相談しないし、たいがい2人でやってしまった」「彼は徳川家康で知謀の士、私は織田信長風で、奥村君が考えついたことをガシャガシャやるんです」と高石。一方の奥村は「高石をピッチャーとしたらぼくはキャッチャーだね」。

　呼吸のあったバッテリーだった。

　センバツの開催もこの2人の時代だ。第1回大会は1924（大正13）年4月1日から5日間、名古屋の山本球場（のちの八事球場）で8チームが参加して行われ、高松商（香川）が優勝した。

　開会を告げる記事の書き出しに「本社名古屋支局主催」とある。名古屋支局長安井彦三郎が生みの親なのである。

　安井は1917（大正6）年に和歌山特派員になった。ここで和中野球部の後援会長出来助三郎と懇意になる。安井自身は野球をやったこともなかったが、大阪朝日新聞主催の中等学校野球人気に、出来から「春の大会」というアイデアを授かったと思われる。

　安井は本社にあがって野球団監督の社会部記者木造龍造に相談した。木造は奥村信太郎に話をあげる。話はとんとん拍子に進んだ。

　安井は、和歌山特派員から1923（大正12）年10月12日付で本社内国通信部に異動、1カ月後の11月16日付で名古屋支局長に栄転している。「名古屋で第1回大会を始めてみいや」と奥村あたりからけしかけられたのではないだろうか。

　大毎野球団も費用の捻出に協力した。紫紺の大優勝旗は、300円余で新調したが、入場料収入の収益金を当てた。大会経費が予算超過と分かると、野球団への本社からの補助金2千円を全額提供した[25]。

　「全国選抜中等学校野球大会」は木造が命名した。準備期間が半年もない、ドタバタ開催だったが、大成功だった。翌年の第2回大会から阪神甲子園球場に会場を移す。

　夏の大会に追いつけ、追い越せ。優勝チームのアメリカ遠征は出色だった。

費用は大毎が全額負担した。4回大会優勝の小川正太郎投手の和歌山中が最初で、関学中（兵庫）、第一神港商（兵庫）＝2年連続、広島商（広島）と続く。夏休みを利用するためアメリカ遠征組は夏の大会に出られなかった。野球統制令で外国人チームとの試合が禁止され、第9回大会以降のアメリカ遠征はなくなった。

　和中の遠征では、センバツ生みの親の2人安井彦三郎、出来助三郎も同行している。

　「アメリカ遠征を考え出したのは社会部長阿部真之助だった」と、大阪毎日新聞記者の田村木国（省三）が証言している[26]。田村は大阪朝日新聞記者時代に、現在の夏の甲子園大会、第1回全国中等学校優勝野球大会を開いた生みの親でもあるが、何故か大朝から大毎に転社している。

　国鉄スワローズの初代監督西垣徳雄は、1929（昭和4）年のセンバツ優勝投手（第一神港商主将）。法大時代を含め2度アメリカ遠征している。国鉄2年目のシーズンを終えた時「ソフォモア・ジンクス（sophomore jinx）にはとりつかれなかった」と記者たちに答えた。

　広島商では、鶴岡一人らが最後のアメリカ遠征に行っている。センバツ優勝戦で最後の打球が鶴岡に転がり、「アメリカ、もらった」と叫んだとか。監督が大毎広島支局員の石本秀一（1897～1982）だった。

真剣刃渡りの石本秀一

　石本は、夏の大会に3度、春センバツに1度の計4回全国制覇している。そのあとプロ野球の監督をして、阪神タイガースの黄金時代を築いた。戦後は広島カープの初代監督を務めたが、カネ集めに苦労する。

　まず広島商投手として、全国中等学校優勝野球大会の1916（大正5）年の第2回、翌年の第3回に連続出場した。初出場の第2回大会では、1回戦は勝利したが、準々決勝で和中に4―6で敗れた。優勝は、学生監督腰本寿の慶應普通部だった。

　翌年は、1回戦で関学中学に3―6で敗れた。石本は1番投手で出場した。

　関学の投手は、のちに大毎野球団で活躍する内海寛。関学は準優勝に終わるが、優勝した愛知一中は初戦に敗れ、敗者復活戦を勝ち上がった。敗者復活は、この年限りである。

　球界の彦左・浜崎真一は、石本キャプテン時代、広島商の1年生。「当時の広

商に監督はおらず、石本さんがすべての指揮をとった」と、前出『48歳の青春』に書いている。

　石本は、慶應義塾への進学に失敗し、関西大学に入学したが、1年で中退して満州に渡る。三井物産に勤務し、大連実業団で活躍する[27]。

　もっとも進学先は関西学院高等部と、野球殿堂入りの際の発表資料にある。

　満州の早慶戦、大連実業団対満州倶楽部戦に1921（大正10）年から出場した。

21年春①6-3②8-2　実業連勝

　　　秋①4-0②0-2③2-1

　　　　　　実業が2勝1敗で勝利

22年春4-2、秋4-2　実業連勝

23年春0-2、2-6　実業連敗

　石本は一塁手で3番打者。1922（大正11）年秋の実満戦では投手として先発・完投、勝利投手になっている。前年秋は、のちに明大―大毎野球団で活躍する湯浅禎夫投手（米子中）が2勝をあげており、湯浅の抜けたあとを埋めた格好だ。

　石本は、地元大連商のコーチもした。大連商は、1921（大正10）年夏の全国大会に初出場してベスト4に食い込み、1年置いて23（大正12）年にも全国大会に出場した。

　この時の経験が広島商で生かされる。1923（大正12）年9月、故郷に帰った石本は大阪毎日新聞広島支局の記者になる。26歳である。駆け出し記者はサツ回り（警察署）から始めるが、石本が具体的にどんな記者活動をしたかは、不明である。

　仕事の片手間に母校広島商野球部のコーチをした。そして翌24（大正13）年、甲子園球場が落成した年に全国制覇している。文字どおり「夏の甲子園」優勝第1号である。商業学校が初めて優勝したこと、深紅の優勝旗が神戸以西に初めて行ったことを大会史は特筆している。

　そのあと後援会のゴタゴタがあって、1928（昭和3）年「2年を経て」監督にカムバックする。3年計画を立てて、頂点を目指したが、厳しい練習と、精神の鍛錬で試されたのが「真剣刃渡り」である。

　石本の著書『広商黄金時代』[28]にその模様が書かれている。

〈選手は気合術の修行中、何の憶することもなく、白刃を踏んで自若として

動ぜず…いはゆる精神統一何事かならざらんの概を示すではないか〉

真剣刃渡りは、まず監督の石本がやってみせ、そのあと選手が実践した、とある。

ホンマかいな、と思ったら、その時の選手鶴岡（旧姓・山本）一人（1916～2000、野球殿堂入り）が「私の履歴書」[29]で実情を明かしている。
〈全国大会の前には、甲子園の近くの民家を借りて合宿した。その時にやらされたのが「真剣刃渡り」である。…日本刀の刃を上にして置き、かけ声もろとも、それを素足で踏んづけて渡る。気合を入れ、気持ちが集中してさえいたら傷つかない。それで度胸もすわるというのが「真剣刃渡り」だ。実は刃はついていないのだが、見ただけでも恐ろしかった〉

広島商は、1929（昭和4）年と翌30（昭和5）年に夏の甲子園大会2連覇、さらに31（昭和6）年春のセンバツで優勝、そのご褒美でアメリカ遠征をしている。

石本は、アメリカ報告を大毎広島版に連載した。著書『広商黄金時代』は、アメリカ報告に加筆したものだ。

1936（昭和11）年、プロ野球大阪タイガース（現阪神）の監督に招かれ、大毎記者を退職する。打倒巨人を目指してスパルタ訓練。1937（昭和12）年秋のシーズンと、翌38（昭和13）年春に連続優勝した。

「その後私の監督人生は落ち目を辿って」名古屋金鯱軍2年―大洋―西鉄。戦後、結城―金星2軍―大陽ロビンスと、監督を転々とした。

そしてセ・パ2リーグとなった1950（昭和25）年、創設された市民球団広島カープの初代監督に就任する。

ここではお金集めに苦労する。シーズン途中で選手の給料が払えない事態に陥ってしまった。伝説の「樽募金」が始まったのは、この時である。「郷土チーム選手のために救助資金を」と広島市民球場前で呼び掛けた。

石本は、監督業そっちのけで後援会づくりに走り回った。

身売りか解散か

カープに危機
〈カープ全選手の給料支払いがすでに20日も遅配となり、そのため選手の留守家族から連日矢の催促が遠征先に舞い込み、ために選手の士気もとみに低下の一途をたどっている〉。日刊スポーツ11月18日付は、こう報じた。

カープは1975（昭和50）年に「赤ヘル旋風」を巻き起こし、セ・リーグ初優

勝。球団創立25年目だった。

優勝決定の瞬間をテレビで見ていた石本は「泣き崩れてしまった」[30]。

選手を育てる名人といわれ、タイガースの藤村富美男（1916～1992）、西村幸生（1910～45）、西鉄では稲尾和久（1937～2007）、中日では権藤博（1938～）らを大選手に仕立てた。

1972（昭和47）年野球殿堂入り。

毎日オリオンズ関係で7人

毎日新聞社は、セ・パ2リーグ時代に「毎日オリオンズ」を結成してリーグ優勝、松竹ロビンスを破って日本一に輝いた。その監督が湯浅禎夫（1902～58）だった。

湯浅の球歴を見ていると、1923（大正12）年明大リーグ初優勝に貢献、25年秋に始まった東京六大学リーグ戦では立大、東大戦でノーヒットノーランを2度記録、このシーズンの109奪三振は未だに破られていないし、19年ぶりに復活した早慶戦では、主審をつとめた。

明大卒業後、大毎に入社。小野三千麿のあとを継いでエースとして活躍。記者としても優秀で、大毎運動部長をつとめた。野球殿堂入りしていないのが、不思議である。

それはともかく、「毎日オリオンズ」関係で野球殿堂入りしているのは――。

★若林忠志（1908～65）ハワイ生まれの日系2世。法大―川崎コロムビア―阪神。"七色の魔球"で1930（昭和5）年30勝。元祖・頭脳派投手。42年阪神で監督を兼任、戦後1946（昭和21）年38歳で阪神に復帰、1950年毎日オリオンズに移籍、1953年監督。

★呉 昌征（1916～1987）台湾嘉義農林で春夏の甲子園大会に4度出場。1937（昭和12）年巨人に入団、最高殊勲選手1回、2年連続首位打者。阪神に移籍した44年（昭和19）年には盗塁王。投手でノーヒットノーラン記録も。1950（昭和25）年毎日オリオンズへ。「人間機関車」。俊足・強肩の名外野手。

★西本幸雄（1920～2011）和歌山中学―立教大学。1949（昭和24）年別府星野組の監督兼一塁手で都市対抗野球大会優勝。翌1950年毎日オリオンズ入団。大毎、阪急、近鉄20年間の監督生活で8度リーグ優勝。1度も日本一に就けず、「悲運の名将」。

★別当　薫（1920～1999）甲陽中学―慶大―阪神―毎日オリオンズ。50年43本塁打、105打点で本塁打王、打点王の2冠。打率.335、盗塁34で初のトリプルスリー。1954年オリオンズ監督。その後近鉄（1962～1964）、大洋（1967～1972、1977～1979）、広島（1973）監督。

★荒巻　淳（1926～1971）別府星野組―毎日オリオンズ。「火の玉投手」。1949（昭和24）年都市対抗野球大会優勝、最高殊勲選手賞「橋戸賞」を受けた。翌1950年プロ入りして26勝8敗、防御率2.06で最多勝と防御率第1位となり、パ・リーグ初代新人王。

★山内一弘（1932～2009）川島紡績（現・カワボウ）―1952（昭和27）年毎日オリオンズ。「打撃の職人」。60年本塁打王と打点王の2冠、MVP。その後阪神に移籍、プロ野球史上初の300本塁打。オールスター16回出場「オールスター男」。ロッテ、中日で監督を務めた。

★榎本喜八（1936～2012）早実―1955（昭和30）年毎日オリオンズ。安打製造機。新人で開幕戦5番デビュー、新人王。首位打者2回（1960年3割4分4厘、1966年　3割5分1厘）。史上最年少の31歳7か月で2000本安打を達成。2016年殿堂入り。

「黒獅子の目」美嶺

　最後に2017年野球殿堂入りの鈴木美嶺（1921～1991）。旧制第七高等学校から東大野球部。といっても戦時中の東京六大学リーグ戦が行われていない時の野球部員だ。戦後、キネマ旬報―日刊スポーツを経て、1950（昭和25）年毎日新聞入社した。

　国鉄スワローズ球団が発足した際、野球好きの総裁加賀山之雄にインタビュー、「話題の人」として取り上げた。1950年1月13日付日刊スポーツ2面。そこに「鈴木美嶺」の署名がある。転社直前だった。

　毎日新聞では主にアマチュア野球を担当、都市対抗野球大会の「黒獅子の目」は独壇場だった。運動部の記者の数が足りないから、プロ野球にも駆り出される。「戦評」がユニークだった。

　縮刷版で調べると、こんなのが見つかった。

〈ミルトンの失楽園の中に"神の僕（しもべ）よ、よりよき戦いをよく戦えり。武装せる彼らよりも強きことばにてひとり、まことを支え、堪え難き人々のそ

しりにたえたり"というような一節がある。近鉄の徳久が"たった一勝"というそしりにたえてカムバックしたのをうたっているようだ〉[31]。

近鉄徳久利明投手（1998年没55歳）が、大毎打線を4安打、榎本喜八に浴びた本塁打の失点1で、このシーズン初の1勝をあげたことに「失楽園」を引いた。

鈴木は、運動部員として社内野球大会にも出場し、1950（昭和25）年春の大会で優勝した。「この優勝に最も貢献した鈴木美嶺投手（28歳）は徹底したスローボール投球で今大会3つ目の白星をあげた」と毎日新聞の社報にある。

この時の記念写真には、長老弓館小鰐（当時66歳）をはじめ、上野徳太郎（48歳）、竹節作太（44歳）、伊集院浩（42歳）、野球殿堂入りの小川正太郎（40歳）、最若手の松尾俊治（25歳）らが写っている。現存は、ことし89歳（2018年現在）を迎えた柿沼則夫（元全日本大学野球連盟事務局）くらいになってしまった。

日本野球連盟（前身は日本社会人野球協会）は、毎日新聞とともにあった。その初代会長宮原清（1882～1963、上田中―慶大、第1回早慶戦のときの慶大主将）、85歳まで会長を務めた山本英一郎（1919～2006、台北一中―慶大―鐘紡）も野球殿堂入りしている。

もうひとり、記録の神様・山内以九士（本名・育二、1902～1972、松江中―慶大）を加えたい。1936（昭和11）年発行の日本初のルールブック「最新野球規則書」（大毎・東日運動部編）にかかわった。パ・リーグ記録部長として「パシフィック・リーグ年報」を編集。電卓のない時代に、打率、防御率の早見表をつくった。タテに打数が最大700、横に安打が300まであって、125打数、42安打なら、その交点に打率3割3分6厘。瞬時に答えが出る。「ベースボール・レディー・レコーナー」は、運動部の必需品だった。

毎日新聞社のユニークな組織に野球委員会がある。社会部出身の朝比奈豊現会長（2018年現在）が、社長時代の2007年に創設した。「野球には日本人を元気にする力がある。もっと野球を盛り上げたい」という。

2020年東京五輪では野球が実施される。
その2年年後は、毎日新聞が創刊150年を迎える。日本に野球が伝わって150年の年でもある。

毎日新聞社が、野球の発展にどう貢献するのか。見守りたい。

「大毎野球団はプロではないのか」

　プロ野球が賤業視されていた時代である。早稲田大学野球部の生みの親・安部磯雄は、「大毎野球団」を嫌っていたようだ。

　「早大チームのごときは——当時、安部磯雄が引率していた——大毎野球団に職業臭があるという理由で、選手の加入を忌避したので、大毎では、慶応と明治出身者を中心に、組織を作り上げなければならなかった」と、玉野浮庵（たまのふあん）氏は、「職業野球団の解剖」（文藝春秋1936（昭和11）年4月号）で指摘している。

　筆者は、当時のスポーツジャーナリストであろう。

【注】

(1)「ベースボール・マガジン」1954年8月号、168 – 71頁。

(2)「私の野球生活回顧」上『野球界』1924（大正13）年1月号53頁。

(3)『全国旧制高等学校野球史』1981（昭和56）年、300頁。

(4)「甲子園の人々」文藝春秋1929（昭和4）年5月号103頁。

(5)「野球文献」文藝春秋1926（大正15）年9月号89頁。

(6) 同年11月博文堂刊。

(7) 私の野球生活回顧下『野球界』1924（大正13）年4月号、129 – 132頁。

(8) 早大野球部史。

(9)『慶應義塾野球部史』のテーブルスコアによる。

(10) 庄野義信著「六大学野球全集」上巻50頁。

(11) 私の野球生活回顧（下）「野球界」1924（大正13）年4月号130頁。

(12) 早大野球部史。

(13) 萬朝報6月30日付3面。

(14) 毎日新聞1950（昭和25）年8月1日付4面。

(15)「運動界」1926（大正15）年11月号。

(16)『奥村信太郎』1975年。

(17)「野球報道史」と言葉力「新聞研究」2007年1月号14 – 17頁。

(18)「早稲田大学野球部百年史」上巻119頁。

(19)「関西最初の国際野球戦」阪神電気鉄道刊「輸送奉仕の五十年」74頁。

(20)『大阪毎日新聞五十年』。

(21) 和中野球部渡米記念『野球と大阪毎日』15頁。

(22) 慶應幼稚舎創立90周年記念『仔馬』1964（昭和39）年、267頁。

(23) 『野球界』1924（大正13）年5月号11頁。

(24) ベースボール・マガジン社1983（昭和58）年。

(25) 和中野球部渡米記念冊子『野球と大阪毎日』。

(26) 『選抜高校野球35年史』。

(27) 「わが信念の野球」ベースボール・マガジン1950（昭和25）年6月号36頁。

(28) 1931（昭和6）年大毎広島支局刊。

(29) 1984（昭和59）年日本経済新聞連載。

(30) 週刊サンケイ1975（昭和50）年11月臨時増刊号。

(31) 1963（昭和38）年5月5日毎日新聞13面。

[評論]

アメリカ文学にみる
野球の文化社会学的考察
『ベースボール傑作選』を読む4

松﨑 仁紀

「野球のない冬は何をしているのかとよく聞かれる。何をしているのか教え
よう。窓から外を眺めて、春を待っているのさ」(ロジャーズ・ホーンズビー)。
長い冬だった。『ベースボーロジー』の復活を喜びたい。Baseball : A Literary
Anthology , Edited by Nicholas Dawidoff, The Library of America, 2002(『ベー
スボール傑作選』)の散策も4回目になる。奥の深い「森」の魅力は深まるば
かりだ。『ベースボール傑作選』からの引用は太字で示した。個人成績などの
記録はTotal Baseball; The Ultimate Baseball Encyclopedia, 8th edition,2004,
Sports Classic Booksと大リーグ公式サイトhttp://mlb.mlb.com/及びベース
ボール・リファレンスhttp://www.baseball-reference.com/によった。

超能力少年の秘密

North Toward Home 『北の故郷へ』(抜粋)　　　　　ウィリー・モリス

テレビが登場する前、放送といえばラジオだった。野球や大相撲の中継で
音声の状態が悪いと顔を寄せ、耳をそばだててアナウンサーの声を聞き取ろ
うとしたものだ。ラジオ放送は1920年にピッツバーグで始まり、2年後には全
米で約500の放送局が生まれた。作家、ウィリー・モリス(Willie Morris, 1934
〜1999年)が描く少年時代の思い出は第二次世界大戦が終わって間もないころ、
生まれ故郷のミシシッピ州ヤズーシティでの出来事が主題になっている。

その夏、メソディスト派の番組を放送していた地元ラジオ局が野球クイズ
番組を始めた。野球に関する質問に正しい答えを電話で最初に回答した聴
取者に安全剃刀会社が剃刀の刃を、放送局が1ドルを提供した。正答者がい
ない場合、賞金は翌日に繰り越された。だが、1カ月後、番組は中止された。

と言うのは、賞金のすべてを僕が獲得したからだ。実に簡単だった。答えよ
うとして電話をかけるのをやめ、賞金を積み立てたことも何回かある。その
方がより格好よい勝ち方のように思えたからだ。僕はざっと25ドルと、滑ら
かな剃り心地の二枚刃のかみそりを10年分、大人になる前にため込んだ。あ
る日、賞金がたった2ドルの時、アナウンサーが僕を惑わそうとした。「ベー
ブ・ルースは1927年、60本塁打の大リーグ記録を作りました。彼の次に多
く本塁打を打ったのは誰でしょうか?」。僕は電話して「ジョージ・ハーマ
ン・ルースです。彼は別の年に59本の本塁打を打ちました」と答えた。明ら
かに僕への嫌悪をつのらせていた彼は不正解だと言った。ベーブ・ルースと
言うべきだと言い張るのだ。頭にきた僕は腹いせに、4日連続で賞金を勝ち
取ってやった。

　日曜日の午後、モリス少年は父や友人と一緒に、よく郊外の野球場へ草野球
を見に行った。持ってきたポータブルラジオからはオールド・スコッチマンと
呼ばれるアナウンサーの抑揚ある声が流れてきた。二つの音—目の前の草野球
と、ブルックリンかシカゴから放送されている声—が一つになり、でこぼこの
外野の上を流れ、森へと消えていった。オールド・スコッチマンの本名はゴー
ドン・マクレンドン(1921〜1986年)。主に南部から南西部に傘下局を持つリ
バティ放送会社を設立し、自ら大リーグの試合を中継した。深みのある朗々と
した声の雄弁家。彼にかかると、野球は本来の生命を帯びて輝いた。平凡なフ
ライも背後に歴史の流れを秘めていたし、ダブルプレーは昔の兵隊の衝突その
ものの激しさだった。本塁打は、本物と認められた古い陶器の壺と同等の価値
を持つ貴重品になった。

　ある日の午後、僕は家でオールド・スコッチマンの放送を聞いていた。コ
ニー・マック[1]と同世代だという彼の若々しい声に感心しながら(後に彼が
29歳だったことを知ったが)。その日はポログラウンズからで、ドジャーズ
とジャイアンツの試合だった。4回に入っていて、ジャイアンツが4-1で先行
していたことを覚えている。だが、退屈な試合だった。そこで父のラジオで
短波放送を聞こうとした。幅2フィートの堂々とした装置で、天井に届くほ
どのアンテナを付け、ダイヤルには世界中の主な都市名が記されていた。そ
れは知る限り最高のラジオで、同じ性能のものは町中どこにもなかった。僕
は短波に切り替え、アフリカのドラム音楽、フランスのジャズ、オーストラ

リアの天気予報、エリザベス女王に詩を書いて献上する人々についてのイギリス放送会社の講義を聞いた。と、妙なことが起った。野球の試合が飛び込んできたのだ──ジャイアンツ対ドジャーズ、ポログラウンズだ。2、3分聞いているうちに試合が八回であることが分かった。チャンネルを地元局に戻した。こっちのジャイアンツ対ドジャーズ戦はまだ4回だった。再び短波放送に切り替え、最終回の攻撃を聞いた。カール・フリーロはショートに凡フライを打ち上げ、ギル・ホッジスは二ゴロに倒れ、ロイ・キャンパネラはセンターへのライナーで試合が終わった。そこで僕はまたオールド・スコッチマンに戻り、試合を最後まで聞いた。1時間くらい遅れて九回表、信じられないことが起きた。驚きとともに快感を覚えた──フリーロがショートに打ち上げ、ホッジスは二ゴロを打ち、キャンパネラはセンターライナーで試合は終わったのだ。

　僕はこの不思議な発見を誰にも黙ったまま、翌日、オールド・スコッチマンがこの対戦シリーズの第2戦を実況放送する1時間前に短波の周波数にダイヤルを合わせた。そっちもジャイアンツ対ドジャーズを放送すると確信して。聞いていたのはニューヨークの試合を放送する陸軍のラジオサービスだった。試合が始まると、僕はプレーの結果をノートに書き留めた。四回が終わった時、チャンネルを地元局に合わせると、ちょうどオールド・スコッチマンが先頭打者に言及するところだった。オールド・スコッチマンの試合中継は短波放送とほとんど完全に合致していた。だが、スコッチマンのほうが短波放送で聞いた内容よりはるかに詩的に彩られていることに気がついた。しかし、僕は疑わなかった。観衆のどよめきやバットで打つ音、ファウルボールが観客席に飛び込んだ時のスコッチマンの正確な描写、ベースコーチの身ぶり、そして一塁の後ろのボックス席でレモンキャンデーを食べている幼い男の子の表情までも放送されたからだ。僕は地元局の放送は、たぶんニューヨークからあまりにも遠いため、途中のどこかで遅れたのだろうと結論づけた。

とは言うものの、両方の放送を比べると、腑に落ちないところがあった。一つは、オールド・スコッチマンが打者のカウントを告げる時、90％は短波放送と一致するのだが、常にそうだとは限らないこと。二つ目は、比べるとスコッチマンの方の観客はのべつ騒がしいことだ。ジャッキー・ロビンソンが盗塁した時、短波では捕手が送球しなかったのでスライディングはしなかった。とこ

ろがミシシッピ州民向けの放送は、彼の巧みな走塁は黒人に反感を持つ観衆の怒りと不快でどよめいたと言った。アラスカ、フランスそしてアルゼンチンで短波放送を聞いている人たち向けのファウルボールはスタンドを越えて場外に消えたのに、消防士や密造酒業者や農民、そしてモリス少年のための放送では弱々しいおばあさんがワンバウンドでボールを捕り、グラント将軍のコールドハーバーでの敗北(2)を上回る観衆の称賛の声を引き起こしたことにされた。

　少年は気がついた。放送の最後にいつもどおり試合結果を要約したスコッチマンが「この試合は再現されたものです」と言ったことに。モリスはこれまでこの言葉に特別な意味があるとは思っていなかった。試合が終わってしまえば、そんな事には注意が及ばなかった。辞書を引いてみると「再現するre create」には「新しい活力や力を注ぐ」という意味もあった。オールド・スコッチマンは疑いなく新しい活力と力で試合を再現していたのだ。

　謎を見破って、僕はうれしかった。この町で知っているのは誰もいないだろう。オールド・スコッチマンの素晴らしい表現は数イニングス遅れて放送するためだけではなく、空調の利いたどこかの田舎のスタジオに座って電信機で試合の一部始終を受けながら放送していたからだった。打球音や観衆のどよめきは音響効果による擬音だろう。僕はスコッチマンに失望するどころか、彼の才能に一層感心した。彼は味気ない事実を実際以上に本物らしく聞かせてくれた。それは後年、僕が文学を読みはじめた時、貴重な教えになった。しかし、称賛するとともに、思いもよらない次元の武器を自由に使えるようになったという認識ははっきり自覚していた。

　その日の試合はヤンキーズ対インディアンズ戦だった。モリス少年はノートと鉛筆を前に置いて短波放送を聞き、1球ごとに記録した。四回で地方局に切り替えると、オールド・スコッチマンがちょうど初回の放送を始めるところだった。先頭打者の説明が一致するのを確かめると、ノートを持って街角の雑貨屋へと走った。スコッチマンの放送がかかり、店主の若い黒人、ボゾは肉売り場のカウンターにいた。

　到着したのは一回表と裏の間だった。「ボゾ、ヤンキーズの投手は誰だい?」「アリー・レイノルズだ。オールド・スコッチマンは彼の調子がよさそうだと言ってるよ。ちょうど今、3人で片付けたところだ」。スコッチマンは優勝旗が風にはためいていると言っていた。フィル・リズートーが打席に

入った。「ボゾ」。さり気なく言った。「聞いてよ。リズートーは簡単にツーストライクを取られた後、三塁線にファウルを打ち、最後は遊撃手のブードローへのライナーでアウトになると思うよ」。「そうかい」。ボゾは頭をかき、物憂げにカウンターに寄りかかった。僕は他の売り場で買い物をするとまた戻ってきた。カウントはツーストライク——あっという間にツーストライクを取られ、三塁線にファウルしたところだった。「次だよ」。僕はボゾに言った。「ブードローへのライナーだ」。オールド・スコッチマンはいつものようにもったいぶって言葉と言葉の間をあけて言った。「ツーストライクと追い込んで振りかぶった。投げました——痛烈なラインドライブ！　だが、遊撃手のブードローが捕った。フィルはきっちり打ったが、ブードローがいいところにいました」。ボゾは大きく目を開いて僕を見つめた。「どうして知ってるんだ」。質問を無視して、僕はまた予言した。「ボゾ、トミー・ヘンリックは初球を打って右翼フェンスにぶつけ、二塁に滑り込むよ」「どうしてそう思うんだ?」「なぜって、これからの10年間、僕は野球で起こることを何でも予言できるからさ。何でも教えてやるよ」。オールド・スコッチマンはヘンリックが打席に入ったと告げた。「第1球、ヘンリックが打った。右翼への強い当たり……本塁打か、伸びる伸びる—いや、右中間の塀に当たった。ヘンリックは一塁を回り二塁へ。ドビーからボールが転送され……ヘンリック滑り込んでセーフ、二塁打！」。背後でヤンキーズファンが大歓声を上げた。「何で知ってるんだよ。何で二塁に行くと分かるんだよ」「分かるんだ。千里眼さ」。ラジオでは場内放送がヨギ・ベラの打順を知らせていた。「こんどはベラのようだね。いいかい、彼はワンボール、ワンストライクから一塁線に——」「何で分かるんだよ」。ボゾはいら立ってきた。「ちょっと待って。霊感が働く」。僕はじっと立ったまま両手をこめかみに当て目を開いた。「はっきり見えてきた。そう、ヨギはワンボール、ワンストライクから一塁線に打ち、ラインの3〜4フィート内側に落ちるヒット——よく分からないが——ヘンリックは二塁から生還。だが、ヨギは二塁のずっと手前で刺される」。ボゾはもう黙りこんでスコッチマンの放送に聞き入った。スコッチマンはボール、ストライクを告げると「ヘンリックがリードをとる。ベントンが体を伸ばし、投げた。ヨギが打った（ここで打球音）ライト線へのラインドライブ！　わずかに内側に入った。長打になりそうだ！　ヘンリックは三塁を回

り生還。ベラは二塁へ。ボールが返ってきた。足が遅い！　ヨギは滑り込んだが、悠々アウト！」

　驚きのあまり言葉も出ないボゾの表情が見えるようだ。モリス少年は一躍、英雄になった。雑貨店にたむろする十数人のボゾの友人たちは畏敬の念もあらわに彼を取り巻き、まるで〝神の使い〟扱いだ。ある級友は5ドル渡して、なぜジョニー・マイズが決勝の2点本塁打を打つと分かったのか教えてくれと言った。年上の友人と賭けをして、まんまと14ドル50セントをせしめたこともある。さすがに気が引けて、日曜日に1割の1ドル45セントを教会に喜捨したが。消防署には〝幽霊〟と名乗って電話をかけ、試合結果を教えてやった。おかげで消火の成績が上がった。と言うのは、試合の展開を知っているせいで、火事の通報があってもぐずぐずせず直ちに駆けつけることができたからだ。

　だが、秘密はいつまでも持たない。ある日、父が自宅で知人たちとスコッチマンの放送を聞いている時、いつものように短波放送で試合展開を知っていたモリスは調子に乗って「僕が試合を予告します」と宣言してしまう。知人たちは仰天したが、父親の目はだませない。問い詰められ、短波放送を聞いていたことを白状する。叱られるかとビクビクしたが、案に相違して父は大笑い。「もっと先を覚えているか」と試合展開を聞き出すと、自分も友人たちを煙に巻いて楽しむ始末だった。

　2〜3日後、モリスはいつものように消防署に電話し、試合結果を教えようとした。しかし、秘密はもうバレていて、冷たい声が返ってきた。「あぁ、知ってるとも。俺たちも短波を聞いてるんだ。お前はモリスのガキだろ？」。もちろん、ボゾの雑貨屋でも刺すような視線で迎えられるだけだった。しかし、不思議な現象が起こる。

　予言者としての僕の生命は終わった。だが、その後も何日間かニューヨークからの短波放送を聞いていたが、自分でもちょっと驚いたことに、僕はオールド・スコッチマンの放送に戻ってしまった。短波放送を聞いていた消防士も密造酒業者も土に汚れた農民も、同じようにオールド・スコッチマンに戻ってしまったことを知った。それ以来、野球の厳密な実況中継放送はここでは評判が悪い。スコッチマンに戻った理由は単に地方局への忠誠心というより、純然たる雄弁に飢えている、この町の寂しい人々の琴線に触れたためだと僕は信じている。

このくだりは実に興味深い。速く正確な実況放送より、想像力と表現力を駆使した〝半フィクション〟とも言える「再現放送」を人々は好んで聞いたというのだ。人は情報に何を求めるのだろうか。モリスは少年時代のこの経験が文学に親しみ、小説を書く上で役に立ったと言う。もう一人、「再現放送」の経験を生かした人物がいる。1981年から2期を務めた第40代アメリカ大統領ロナルド・レーガン（1911～2004年）だ。レーガンは俳優になる前の1930年代、アイオワ州デモインのラジオ局でシカゴ・カブスの「再現放送」をしていた。同点で九回に入った試合で「投げました」と言ったとたんに電信機が故障したことがある。「返すべきボールが消えちゃった」。それからの放送は野球史上で最長のファウルまたファウルの連続。ボールを追って走る赤毛の少年の姿まで、微に入り細をうがって「再現」した。半世紀後、アナウンサー業から学んだことは何かと尋ねられた大統領は「事実は魅力的に包装することができる」と答えた[3]。意味深長な発言だ。「事実が魅力的かどうかは包装次第」とも解釈できる。日本では「包装」を「放送」と言い換えた方が的を射るほどだ。しかし、正確・迅速な事実の伝達よりも、脚色と娯楽性を交えたおしゃべりに人気があったというのは、テレビからインターネットへと情報の伝達手段が変化し、情報が一段と大量・高速化しつつある現在、多くの問題点を教えてくれる。

　一つは、人は情報に「意味」を求めるという点。事実を事実として受け止めるだけでは飽き足りず、そこに教訓や利益や娯楽を見いだそうとする。しかも、その意味を自分で考えるより、他者から与えてもらおうとしがちだ。二つ目は、そうした受け手側につけ込んだりおもねったりして、送り手側が情報を恣意的に操作する余地があることだ。情報を伝えるためには必要な事柄を選択し、不必要な事柄を捨象する作業が不可欠だ。それは情報を「整理」するのであって「操作」であってはならない。しかし、真偽を見破るのは至難の業だ。特に権力は情報を己に都合よく歪曲して発信する傾向が往々にしてある。政治的な意図や悪意はないにしても、日本のスポーツ番組でも時間をずらせて放送する「ディレー中継」がはやりだという。〈試合や大会の開始時刻より少し遅れて放映が始まる。途中をちょっと省略して、最後だけは生中継でおさめたりもする〉（冨重圭以子、『寝ても覚めても』、毎日新聞、2009年8月7日夕刊）。モリスの「再現放送の怪」は21世紀の今なお、密やかにしたたかに息づいている。

センターに恋い焦がれた青年

Portnoy's Complaint 『ポートノイの不満』（抜粋）　　　　　フィリップ・ロス

『さようならコロンバス』（1959年）や『素晴らしいアメリカ野球』（1973年）で知られるフィリップ・ロス（Philip Roth,1933年生まれ）は現代アメリカ文学の代表的作家の一人である。『ポートノイの不満』（1969年）はウィリー・メイズやミッキー・マントル、そしてなかんずく〝デューク・オブ・フラットブッシュ〟ことデューク・スナイダーと英雄的な世界を共有していると信じているアレクザンダー・ポートノイという、多分にロス本人の分身である精神病の青年の独白を綴った物語だ。フラットブッシュはニューヨーク市ブルックリン中南部のかつて人気のあった住宅地。邦訳に『ポートノイの不満』、宮本陽吉訳、集英社、1978年がある。

　　そこで僕は病院を抜け出し、野球場に着くとセンターの位置を目指した。そこは背中の端から端までフェルト地で白く大きくSEABEES,A.C.・とチーム名が縫いつけられた青と金のつややかなジャケットを着たソフトボールチームで、僕が守っていた位置だ。シービーズ・アスレティクス万歳！　センター万歳！　先生、あそこにいるのがホント、どんなに素敵か分かりますか。あの広いところにたった1人ですよ……先生は野球をご存知ですか?　センターというのは監視塔か管制塔みたいなもので、そこからは誰でも何でも見られるし、何が起こったのかすぐ分かるんです。バットとボールが当たった音だけじゃなく、一瞬のうちに内野を抜けて飛んでくるボールのきらめきでね。フライが飛んできたら『俺にまかせろ』と叫ぶ。『俺にまかせろ』と言ってから、落下点に走る。センターが捕れると思ったボールはセンターのものです。あゝ、センターというのは僕の家庭とは正反対で『俺のものだ』と言ったら、誰も横取りなんかしないんですよ。

ポートノイは高校の野球部に入りたかったのだが、空振りが多かった。新入生の入団テストのとき、皮肉なコーチは「坊や、眼鏡をかけないでもいいのかい」と言った。そこで彼はソフトボール部でプレーしたのだった。

　　もちろん、うまくなりたいと真剣に願ったけれど、僕はしょっちゅう空振りした。だけど当たるとすごく飛ぶんですよ、先生。塀を越すとホームランだ。あぁ、ゆっくり二塁ベースを回る喜びといったら、人生でこれ以上はな

いですよ、ホントありません。だって、あわてる必要なんてまったくないし、打ったボールははるかかなたに消えたんですから……それに僕は守備もうまいんです。大きな当たりを追って走れば走るほどね。低く真っ正面に飛んできた、誰もがヒットだと思うやつを「もらった、もらった」って、二塁ベースに突っ込むように前進し、グラブの網に引っ掛けて——地上すれすれで辛うじて捕る……あるいは金網に向かって「もらった、もらった」と言いながら、優雅に余裕しゃくしゃく後退する。実際、スローモーションのように、そしてまるで神様の贈り物のようなディマジオのあの爽快で感動的な捕球のように……あるいは小さなアル・ギオンフリッド[4]のように走る、曲がる、跳ぶ。かつてはすごい選手だったんですよ、先生。……あるいはただ立っているだけで格好よく、穏やかに——ぐらつきもせず、まったく落ち着いて——日差しを浴び（誰もいないフィールドの真ん中にいるかのように、あるいは街角で時間をつぶしているかのように）この世に何の心配もないように見えるのが、僕の王様の中の王様、我が神、ザ・デュークその人です（スナイダーって言うんです、先生。また出てきますよ）。ゆったり体を楽にして立っているのは、高いフライが落ちてくるのを待っているときのように、幸せな気分ですよ。

　デューク・スナイダー（1926～2011年）、本名エドウィン・ドナルド・スナイダー。デューク（公爵）という愛称は5歳の時、小学校から帰る姿が堂々としているため父親がつけたという。1947年を振り出しに、18年間の選手生活のうち最後の2シーズンを除いてドジャーズでプレーした。右投げ左打ち、183センチ、86キロ。本塁打王、打点王各1回。通算打率2割9分5厘、本塁打407本。ワールドシリーズに強く、6回出場して11本塁打、26打点はナショナル・リーグ最多記録。1980年、名誉の殿堂入りした。ニューヨーク・タイムズ紙のコラムニスト、デーブ・アンダーソンがスナイダーの死を悼む記事を寄せている。

　〈彼はすべてを備えていた。滑らかなスイング、バズーカ砲の肩、バネのような脚。彼はさらにジャッキー・ロビンソン、ロイ・キャンパネラ、ギル・ホッジス、カール・フリーロと右打者ばかりが並んだ打順で、事実上ただ1人の左の強打者という幸運にも恵まれた。結果的に右投手と対戦することが多かったからだ〉（ニューヨーク・タイムズ電子版、2011年2月27日）

　AP通信のティム・ドールバーグ記者はデュークの死は一世代前の選手が消

え、時代が転換したことの象徴だと言う。

〈スナイダーの死を悼む多くの言葉の中で、シカゴ・ホワイトソックス会長、ジェリー・ラインズドーフの回想が目を引いた。「ブルックリン生まれの何十万もの少年たちと同様、デューク・スナイダーは私の憧れだった。実際、彼は我々の仲間だった。21歳の新人の年、彼は私と同じブロックに住んでいて、ドジャーズのセンターとして試合を終えて家に帰る途中、私たちとスティックボールで遊んだものだ」。この発言がどれほど重要かを理解するためには、1950年代を知る必要がある。NFL（ナショナル・フットボール・リーグ）が強大になる前、国民にとって野球がすべてだった。毎年のようにペナントレースやワールドシリーズを争う地元3チームのお陰で、ニューヨークは野球の中心地だった。MVP（最優秀選手賞）を獲得しても、今のように50万ドルももらえるわけでなく、町の洋服屋でスーツを新調するくらいだった時代、オフシーズンになると別の仕事を見つけなければならなかった時代だ。選手たちは球場の近くに住み、ファンでもある労働者階級の人々と同じアパートを共有した。（中略）スナイダーは同時にブルックリン・ドジャーズの先発メンバーで最後の生き残りであり、4人の殿堂入り選手[5]の最後の1人だった。ブルックリンの住民にとって、ロジャー・カーンが不朽の名声を与えるより前から、選手たちは彼らの〝真夏の少年たち〟なのだった〉（スターズ・アンド・ストライプス紙、2011年3月2日）

ニューヨークの3チームの中堅手がそろってオールスターの常連だったことから「ウィリー（メイズ）、ミッキー（マントル）、そしてデューク」は人気三羽烏を表すフレーズになった。シンガーソングライターのテリー・キャッシュマン（1941年生まれ）が1981年、往時を懐かしんで作った『ウィリー、ミッキー、そしてデューク』[6]のレコードは50万枚を売り上げた。

　すべては輝かしいザ・デュークのまねだよ。そうさ、試合など関係ないかのような落ち着き。僕の筋肉と関節は彼の動きのすべてを知っている。グラブを拾い上げるときのかがみ方と投げ渡し方、バットの重さの量り方と持ち方、次打者サークルでのバットの振り方、頭の高さにバットを振り上げ、肩と首の力を抜いて柔らかくし、打席に入ったら足元を固めて2本の脚をぴたりと決める――ストライクを取られたら（僕は悪球に手を出してバランスを崩す癖がある）、打席をはずしてバットの先でちょっとグラウンドを叩くそ

ぶりさえ、力を込めて腹立たしさを表すように……そう、一つ一つの些細な仕草は完璧にまねされていて、どう動くか、どこに行くか、何を言ったらいいのか、言わない方がいいのかという類のことは、そんな状況が起きる・起きないといった可能性をはるかに超越していた……そしてこれはホントでしょ?──信じられないかもしれないがホントなのですよ──僕がシービーズの中堅手だったとき感じたように、人生を気楽に感じ、自信を持って世の中とまったく簡単に折り合いをつけていける人たちがいるってこと。と言うのは、ご存知でしょうが、想像できる限り最高の中堅手というのは、ほんの些細なことまで中堅手としてどう振る舞うべきかを正確に知っていなければいけないんです。そんなふうにアメリカっていうこの合衆国の町を歩いている人がいますよね? どうして僕がその一人でないんだろう、教えてください! どうして今はシービーズの中堅手だったころの僕ではないんだろう。あゝ、中堅手になりたい。中堅手に──それ以上何もいらないよ!

ロスは1973年、大リーグ開幕日のニューヨーク・タイムズ紙に寄稿した。本アンソロジーの編者、ニコラス・ダヴィドフが著者紹介で引用している。

〈私が野球というゲームを心から愛する理由は、プレーする楽しさだけではなく（実際のところ楽しさは2番目だ）、アメリカの少年たち―特に祖父母が英語をほとんど話せない―の人生に与えた伝説的で審美的な特質のゆえである……野球はすべての階級と地域に及び、何百万人もの人々を同じ関心、忠誠心、儀式、熱狂、反目の下に結びつける……その伝承と伝説、文化、季節との関係、飾り気のない本物らしさ、単純なルールと平明な戦術、長ったらしさとスリル、ゆったりしていてサスペンスに満ちているところ、猛々しさと微妙さ、専門的な言い回しと個性的な選手たち、眠気を催す独特の退屈さ、あっという間に場面が変わる不思議さ―野球は少年時代の私にとって文学そのものだった〉(Baseball : A Literary Anthology, Edited by Nicholas Dawidoff,The Library of America,pp.386)

ポートノイの嘆きは、ロス自身の嘆きだったに違いない。

ドールバーグ記者が言及したロジャー・カーン（1927年生まれ）の話も聞こう。ドジャーズ担当記者としてスナイダーをもっとも近くから見ていた人だ。『ポートノイの不満』の出版から3年後の1972年に出版した代表作The Boys of Summerの中での回想。

〈エドウィン・ドナルド・スナイダーが正式名だが、デュークという名が似合っていた。まだ25歳というのに髪は白くなりつつあった。彼が大股で走ると、クォーターバックにもバスケットボールの主将のようにもオリンピック選手のようにも見えた。「この大地とそこにあるものすべてはお前のもの」。『もし』というこの詩はデュークにぴったりだ。彼とキプリング[7]は互いに好みが一致していたに違いない。大人になろうとして、スナイダーは時々不機嫌になった。彼の脚は鋼のバネとは言えなかったし、誰もがそうであるようにしばしば痛んだ。お手本のようなスイングも悪球に手を出しては意味がなかった。傷つきやすい少年のように、そうなるはずの輝かしい未来さえ重圧と感じた。普通であってなぜいけないのか？　打撃が不振になると落ち込んでしまい、守備まで緩慢になった。ポートノイの英雄はまだ子供だった〉（Roger Kahn,The Boys of Summer, Perennial Classics,2000,pp.147）

スナイダーは1953年から1957年まで5年連続で40本以上の本塁打を放ち（1956年は43本で本塁打王）、スターの座へと駆け上った。ところが、意外なことに彼が進みたかったのは別の道だった。1953年シーズン、スナイダーは打率3割3分6厘、本塁打42本、打点126と文句のつけようのない成績を挙げ、ドジャースの中軸選手になった。ところが公式戦の終盤、レストランで会ったカーンにこう打ち明ける。

〈「何か悩みがあるのかい、デューク」

「何かだって？　すべてがさ」

「今、3割3分5厘も打ってるじゃないか」

「分かってるよ」

長い顔で口を尖らせた。「だが、これが人生のすべてじゃない。僕が本当は何をしたいか、知ってるかい？　広い土地を買うんだ。ロサンゼルスの南にいい所がある。そこでアボカドを栽培するんだ」

「冗談だろ」

「冗談じゃないよ。昔は大リーガーになるのが夢だったけど、今はもう違う。去年のワールドシリーズに出て、よく打てた[8]。7万人もの観客の前ですごいキャッチもした。だけど、その時僕が考えていたのは何だと思う？　農業をすることだ」

「金はあるんだろ」

「もちろん。だが、金のためじゃない。野球をしないですんだら、どんなに幸せだろう」。彼は26歳になったばかりだ〉（Roger Kahn, The Boys of Summer, Perennial Classics,2000,pp.375）

　三羽烏といっても、野球の申し子のようなメイズやマントルとは違っていた。スランプが長引き、ブーイングを受けると「ブルックリンのファンは最低だ。優勝チームに値しない」と口走って、さらに大きなブーイングを浴びた。1956年、カーンの手を借りて雑誌「コリアー」誌に寄せた手記の題は『野球は金のため……楽しいからじゃない』。カーンが言うように「子供っぽさ」の抜けない性格だった。それでも同僚だった元投手、ラルフ・ブランカ（1926～2016年）は彼の死を悼んでこう書いた。

　〈とてつもなく個性派ぞろいのチームでも、彼は特別だった。知性的で誠実で機知があった。全力を尽くして素晴らしいプレーをした、来る日も来る日も。彼の長い選手生活は優れた運動家のお手本だ。（中略）今でも若き日のデュークがまぶたに浮かぶ。センターの定位置から、ヴァンヒューレンのシャツやジェム安全カミソリの広告を背に飛球を追って見事なランニングキャッチをする姿を。打席に立つとロビン・ロバーツ[9]の速球を叩き、エベッツフィールドの途方もなく高い右翼席の壁を軽く越える大飛球をかっ飛ばす姿を。内野を回るデューク、にっこり笑うデュークがまぶたに浮かぶ。優しく、幸せな喜びに満ちた彼の心を私は感じる〉（ニューヨーク・タイムズ電子版、2011年3月5日）

　ドジャーズで16年プレーしたスナイダーはニューヨーク・メッツ、サンフランシスコ・ジャイアンツを経て1965年、待望の引退を果たし、念願どおりカリフォルニア州フォールブルックに40エーカー（約16.2ヘクタール）の土地を得た。カーンがその農場を訪ねたのはその数年後。しかし、土地の大部分はすでに彼の手を離れていた。近くにある海兵隊基地の兵士や家族を当て込んで作ったボウリング場がベトナム戦争の激化で客足が途絶えたため閉鎖に追い込まれ、負債を返済するため土地を手放したという。それでも彼は地元の住民に溶け込み、ソフトボールを楽しんでいた。さらに約20年後、税務署との闘い[10]と5回の心臓バイパス手術に耐えたデュークはゴルフコースを見下ろす集合住宅で悠々自適の生活を楽しんでいた。「一番うれしいのは、あの芝を刈らなくていいことさ」

　スタープレーヤーの地位より安定した人生を愛したスナイダー。〝我が神

デューク〟と崇めたポートノイが聞いたら、さぞがっかりするだろう。

正直すぎて嫌われた異端児

Ball Four『ボール・フォア』(抜粋)　　　　　　　　　　　　　ジム・バウトン

　ジム・バウトン（Jim Bouton,1939年生まれ）の名前を聞いたのは、筆者が高校生のころだった。テレビに映ったダイナミックな投球フォームが印象的だった。左足を高々と上げ、全身を躍動させて大きく右腕を振り下ろす典型的な力投フォーム。おそらくワールドシリーズのニュースフィルムだったろう。引退したバウトンは1979年、スポーツ・イラストレーテッド誌4月9日号に回想記を書いた。

　〈僕の野球人生は波乱に富んでいた。1963年、ヤンキーズで21勝した。優勝を決める試合でも投げたし、オールスター戦にも選ばれた。ワールドシリーズではドン・ドライスデールに1─0で敗れた。1964年は18勝、それとカーディナルズとのワールドシリーズで2勝。当時の僕は誰にも負けない速球投手だった。1球ごとに帽子が飛ぶほどの全力投球だった。いわゆる〝豪速球〟を投げたし、攻略しにくい投手と言われた。ブルドッグというあだ名をつけたのはヤンキーズのエルストン・ハワード捕手だった。そして65年、僕は腕を痛め、何とかチームに残っていた。子供のころ投げたナックルをよみがえらせ、シアトルとヒューストンで何試合か─ほんの少し─勝った。8年後の1970年に『ボール・フォア』を出版し、引退した。

　それはまた、僕が新しい名前をもらった年でもあった。すなわち〝お騒がせ屋〟。「お騒がせなジム・バウトン」「……の筆者、つまりお騒がせなジム・バウトン」と言った具合だ。『ボール・フォア』は野球について多少の真実を述べている。それゆえ野球の権力者たちはこの本を嫌った。オーナーたちは激怒した。コミッショナーは発行禁止にしようとした。おべっか使いの記者は僕をユダとかベネディクト・アーノルド[11]などと呼んだ。愛読者は世間から爪はじきされた人たちだった。ニューヨーク・デイリーニュース紙のディック・ヤングはそういう人たちにふさわしい本だと言った。マウンドに上がって投球しようとすると、相手チームはダグアウトから罵声を浴びせた。だが、そうした野次や非難のおかげで『ボール・フォア』はハードカバーで20万部に達し、ペーパーバックは今も好調だし、日本語版[12]も最近出た。スポーツ

の本としては最多部数だ〉（Jim Bouton,Son of Ball Four,from Great Baseball Writing,Sports Illustrated Books,2007,pp.399〜400）

身長183センチ、体重84キロ。投手として体格に恵まれなかったバウトンは自らを「インディ500に出場したフォルクスワーゲン」と表現した。力投がたたって肩を痛め、マイナーに落とされても野球への情熱は冷めず、若い選手と一緒にハンバーガーをほおばり、長時間バスに揺られて移動し、ナックルボールで再起を狙いながら、同僚やコーチらの愉快な会話、滑稽にして猥雑なエピソードを時には手近にあったポップコーンの箱にメモして蓄えた。「ばかばかしい野球人生を記録に残しておいたら」とヒントをくれたのは母トルーディだった。そのネタの集積が『ボール・フォア』だ。ジム・ブロスナンのThe Long Season（拙稿『中継ぎ投手は辛いよ』＝「ベースボーロジー11」所収＝参照）の姉妹編とも言えるが、衝撃の大きさはその比ではなかった。本アンソロジーの編者、ニコラス・ダヴィドフは作品紹介で、それでも控えめに記している。

〈不快で贅沢な選手たちの習慣についての遠慮のない暴露は、アメリカの若者のかつての英雄たちを全くの凡人に塗り替え、凡庸なナックル投手だったバウトンをいきなり論争の的となるベストセラー作家に変えた。今日でこそ、投手が薬物を打ったり、脱衣中の女性を鍵穴から覗いたりするといったロッカールームの内輪話を明かしてもたいした罪とは考えられなくなったが、『ボール・フォア』が出た当時、あたかも政治報道がウオーターゲート事件一色になったように、野球報道の大きな話題になった〉（Baseball : A Literary Anthology , Edited by Nicholas Dawidoff, The Library of America, 2002,pp.389）

バウトン自身が書いているように、コミッショナーだったボウイ・クーンは「野球にとって有害だ」と非難し、元同僚のミッキー・マントルは「彼と一緒なら引退後のOB戦には出たくない」と嫌悪を示した。しかし、本書はスポーツ関係の本で唯一、ニューヨーク公立図書館の「世紀の代表図書」に選ばれているし、ダヴィドフによると、ハーバード大学などでは必読書に挙げられているという。本書については松原隆文『ボールフォアとジム・バウトン』（『ベースボーロジー10』所収、2009年）に詳しい論考がある。このアンソロジーではあまり衝撃的でない短いエピソードや雑感を収録しているようだ。

今夜ブルペンで、ジム・パグリアローニがテッド・ウィリアムズ——まだ

現役当時——がファンや報道陣が押し掛ける前の早い打撃練習中にどのように気持ちを高めているかを話してくれた。

　——ケージに入ると投手に向かってバットを振りながら、高い声で叫ぶんだ。「俺様の名はテッド〝すっごい〟ウィリアムズだ。球界最高の打者だぞ」。痛烈なライナー。「クソキリスト様だって俺にゃかなわない」。また鋭いライナー。すると今度は「来るなら来い、ジム・バニングめ。くそったれのジム・バニング野郎。しょんべんスライダー野郎め」。バーン！「あんなしょんべんスライダーで俺様を打ち取れるなんて思ってんじゃないだろうな」。ガーン！「俺はテッド〝すっごい〟ウィリアムズ様だ」。ドガーン！

　ジム・パグリアローニは1955年から1962年までウィリアムズと同じボストン・レッドソックスにいた捕手。1969年、シアトル・パイロッツでバウトンとチームメートになった。ジム・バニング（1931～2017年）はデトロイト・タイガーズやフィラデルフィア・フィリーズなどに所属し17年で224勝184敗の右腕投手。フィリーズ時代の1964年、ニューヨーク・メッツを相手に大リーグ7人目、ナショナル・リーグでは20世紀初となる完全試合を達成した。通算奪三振2855は歴代17位（2016年シーズン終了時）、1996年に殿堂入りした。引退後、政界に転じ、1987～1999年の間、ケンタッキー州選出の連邦下院議員（共和党）、1999年から2011年まで上院議員を務めた。バニングが1958年、レッドソックスをノーヒット・ノーランに抑えた試合の最後の打者がウィリアムズだったというから、このエピソードはその直後だったかもしれない。ともあれ、ウィリアムズほどの選手でさえ自分を奮い立たせ、自信を持つためになりふり構わぬ練習をしたと知ると、天才などという言葉を安易に使うべきではないと思うとともに、微笑ましくもなる。ピュリツァー賞作家のデービッド・ハルバースタム（1934～2007年）も書いていた。

　〈ウィリアムズは気分屋で、日々の精神状態もバッティングしだいだった。1949年当時レッドソックスで控えの二塁手をやっていたルー・ストリンガーは、バッティング練習を見ていればウィリアムズのその日の気分がわかったという。バッティングの調子が悪いと落ち込んでしまう。そんなときはよけいに練習する。そして一球一球少しずつ調子を取り戻すと、階段を一歩一歩上がるように、身も心も高揚していく。あるとき練習を終えたウィリアムズに、ストリンガーが声をかけた。「すごかったですね」。するとウィリアムズは答えた。「当たり

前さ！　どうだ、おれのリストの使い方、バットの振り、それにこのパワー。おれは正真正銘、世界一の強打者さ。ほんとだぞ、史上最強のバッターだ」〉（『男たちの大リーグ』、常盤新平訳、JICC出版局、1993年、274頁、一部改）

　米ケーブルテレビ局ESPNのピーター・ガモンズ記者によると、ウィリアムズは1986年、ヤンキーズのキャンプを訪れた時、一塁手のドン・マティングリー（現マイアミ・マーリンズ監督）に「君はバットが焦げる匂いをかいだことがあるか」と尋ねたという。マティングリーが「あります」と答えると、「バットをピュッと振れる奴だけが知ってるんだ」と言った。同じ質問は1999年のオールスター戦の時、前年70本塁打を放ったカーディナルズのマーク・マクガイアにも向けられ、マクガイアも「あります」と応じたという（ボストン・グローブ紙、2002年7月7日）。ウィリアムズがバットの焦げる匂いをかいだのも、こんな猛練習の合間だったかもしれない。一方、日本の〝打撃の神様〟川上哲治（1920～2013年）にはこんな体験がある。

　〈昭和25年の9月初め、多摩川の練習場で、一人で打ち込みをやっていて、打撃のコツをつかんだ。（中略）二軍から応援にきてもらった投手を相手に、私は夢中で打ち込んでいた。そのうち、投手が球を投げる、構えて足を踏み出す、目の前で球がピタリと止まる、止まるところを打つ、というリズムが自然に生まれてきた。「いままで捜し求めていたバッティングのコツは、これだな」と内心で思いながら夢中で打っていたが、しばらくしてハッと我に返った。マウンド上で投手がボールを持ったまま、立ちつくしている。「どうした」と聞くと、「もうかんべんして下さい」と言う。不審そうな顔つきをする私をみて、彼は「もう一時間以上打っています。数にしても三百球以上です」と、本当に疲れ切った表情をした。「ああ、それはすまなかった」と言って練習はやめたが、それほど時間がたつのも、なにもかも気がつかなかった。球を投げてもらっているのもわからない。「球が止まる」という一点だけに精神が絞られていたわけで、他のことは一切眼中になかった。まさに、球と私とが一体になっているという感じだった〉（「私の履歴書川上哲治」、『プロ野球伝説の名将』所収、日本経済新聞出版社、2007年、201～202頁）

　努力なくして大打者なし、を証明する逸話だが、彼らに仕えた打撃投手の名前は伝わっていない。彼らは大リーグに、一軍に上がれたのだろうか。

　さて。『ボール・フォア』には確かに「野球の権力者たち」の怒りを買って

も無理はないと思う話が載っている。例えば一元ヤンキーズの一塁手で、73年にヤクルト・アトムズ（当時）に入団したが、わがままな言動でろくに働かず退団し「日本プロ野球史上最悪の〝害人〟選手」と言われたジョー・ペピトーン。

　一ある日、ペピトーンが大慌てでトレーナー室に駆け込んできた。「新しい性病にかかったのかもしれない」。見ると、一物の先が異様に腫れている。トレーナーが恐る恐るピンセットで包皮をつまみ上げると、ポップコーンが詰まっていた……。

　品がない。「野球の栄光に泥を塗った」と不快に思う人もいるだろう。野球選手に気品を求めること自体、ナンセンスかもしれない。だが、ヤクルトが事前にこの話を聞いていたら、彼を入団させることはなかっただろう。ヤンキーズのロッカールームには「ここで起きたこと、見たこと、聞いたことはここだけに止めよ」という言葉が掲げられている。この〝掟〟を破ったとバウトンは非難された。だが、次のような話題は野球の面白さを倍増させてくれる。

　この機会に野球で出くわす独特の語彙や熟語を紹介しよう。投手と打者に関する熟語は数多くあるが、そのうちのいくつかを――。

　チン・ミュージックChin music「ちょっと〝顎の音楽〟でも聞いてみよう」。打者の顎のあたりに投げること。

　パーパス・ピッチPurpose pitch「狙い球」。といっても打者が打つ球を絞ることではなく、投手が〝わざと〟打者にぶつけること。Spin his Cap「帽子を回す」とも言う。

　キープ・ヒム・オネストKeep him honest　一般用語としては「まじめにさせる」。野球の場合は投手を恐れるよう打者に教えること。もちろん、できればの話だが。（中略）

　トゥイーナーTweener　betweenから。特にいい当たりではないのに外野手の間に落ちる安打。

　テーク・ヒム・オーバー・ザ・ウォールTake him over the wall　「塀の向こうに運ぶ」。本塁打を打つこと。「五回、ホートンがバウトンの球を塀の向こうに運んだ」という具合に。

　ダウン・ザ・コックDown the cock　「最敬礼する」。絶好球のこと。打者の大好物で、ジュースを飲み干すように（Juiced）一気にかっ飛ばされるだ

ろう。コックには男性のシンボルの意味もある。

身体の部所を意味する特殊な呼び方もある。

ボイラーboiler　胃。「今日はボイラーの調子が悪い」は胃がむかつくこと。

ホース Hose　腕。

モス Moss　苔の意味だが、髪の毛のこと。

靴はキックスkicks、衣服はバインズvines＝三つ揃い。満塁はdrunk「酔っぱらい」「酒盛り」。

大リーグなど組織化された野球はOrganized Baseball＝O・B・。頭の悪い選手を「O・B・で最悪のアホ」などと言う。

ホイール（車のタイヤ）wheelは脚。内野手にはthe good handとthe bad handの持ち主がいるし、女の子にはthe good wheelsとthe bad wheelsの娘がいる。なぜか定冠詞が重要。怒りっぽい奴は赤い尻red assまたはR.A.と言う。

キャンプ中の11歳から65歳の追っかけ女はアニーちゃんBaseball Anniesと呼ばれる。仮の話だが、選手かコーチか監督が女の子を隣町に連れて行くと、その子は輸入品importと言う。もし、輸入品に魅力がなければ、彼女は自前で費用を持たなければならない。（中略）

考えることをhave an ideaと言う。そこで投手がマウンドで冷静さを失うと、コーチは「そこでよく考えろhave an idea out there」と怒鳴る。でかい口を叩くくせに勇気のない奴はワニの口alligator mouthとかハチドリの尻hummingbird assと言う。野球ってほんとに面白い。

引退し、テレビの解説をしていた77年冬、CNN放送の創設者でアトランタ・ブレーブズのオーナー、テッド・ターナーの面識を得た。同じ39歳だった。大リーグ復帰の希望を打ち明け、キャンプに参加したいと告げると、ターナーはあっさり言った。「構わんさ、もちろん。だめなことなんかない」。前掲の回想記でバウトンは言う。

〈39歳にもなって、テレビの仕事もあるのに、なぜ戻りたいのか。説明しにくいが、何となく満足ができなかったんだ。何かを見つけたいという気持ちだったが、それが何か分からなかった。ピッチングは好きだったし、挑戦するのも好きだった。頭の片隅で「やれるよ」とささやく声が聞こえた。その声は消えなかった。それで挑戦することにした〉（前掲、Son of Ball Four,pp. 401）

毎日、壁に向かって投球練習した。「壁相手だと11勝0敗だ」。しかし、チーム首脳陣は冷たかった。オープン戦で好投しても、ファーム担当部長のハンク・アーロン（もちろん、あの本塁打王）はバウトンの投球を1イニングすら見ようとしなかった。案の定、開幕はトリプルAのリッチモンドで迎え、しかも練習用の打撃投手で無給の待遇だった。しかし、それが幸いだった。リッチモンドの投手コーチ、ジョニー・セイン（1917〜　2007年）はバウトンが活躍していたころのヤンキーズ投手コーチ。落ち目の投手を再生させる手腕でも知られていた。

　〈最高のコーチがなぜファームにいるのかと疑問に思うだろうが、理由は簡単だ。コーチ陣を選ぶやり方はアブナー・ダブルデーの時代から変わっていない。監督がコーチを選ぶ。監督は必ず昔のチームメート、親しい友だち、義理の弟、あるいは隣家の男—要するに自分に忠実な男を選ぶ。能力より忠実さだ。コーチに最も必要な資格は監督の飲み友だちであることだ。ジョニー・セインはミルクシェークが好きで、投手たちに誠実だ〉（前掲書、pp. 406）

　野球に無縁だった南北戦争時代の将軍アブナー・ダブルデーを持ち出すところはご愛敬だが、歯に衣着せぬ毒舌は衰えない。バウトンの苦言は選手たちにも向けられる。打撃投手から実戦登板のためダブルAのサバナ・ブレーブズに移った。春のキャンプでは親切だった若手選手の態度がとげとげしい。

　〈マイナーで最も手強い敵は相手チームではない。味方の選手たちだ。僕はかつて大リーグにいた。彼らにしてみると、なぜ家庭に引っ込んで他の者にチャンスをやらないのかとなる。こうした考え方は僕には分からない。若い選手たちは数年前とは明らかに変わった。彼らはチャンスとは誰かが与えてくれるものだと考えている。僕はチャンスは自分でつかむものだと思って育った。頭が古いのだろうか。これだけではない。夏の間ずっと見ていて気づいたのだが、見送り三振を取られる打者が驚くほど多い。空振り三振より、見送り三振の方が多い。彼らは審判の目が悪いとか、たるんでいるとか、無能だとか、バカだとか、父なし野郎とかそれ以上の悪口を吐く。驚いたのは、審判に噛みついた次の打席でもツーストライクできわどい球をまた見逃して同じ判定をされることだ。僕たちが野球ごっこをした子供のころ、打者はバットを振るのが当たり前だった。ストライクを見逃す者などいなかった。きわどい球は振るものだった〉

〈どうして今の選手たちはこんなになってしまったのだろうか。彼らはこうした習慣をおそらく大学で身に付けたのだろう。昔はマイナーリーグのチームは雑多な選手の集まりだった。ファームから上がったばかりのガキもいれば高校中退者もいる、ゲットーの出身者もいれば除隊した年長者もいて、1人か2人だけの大学出には必ず〝教授〟とか〝ハーバード〟というあだ名がついた。現在では数人のラテン系外国人のほかはみな大学出だ。スカウトはむだな契約はしない。マイナーリーグが徐々に削減されている理由は簡単だ。大学に選手を育ててもらう方が安上がりだからだ。それに経験を積んだ大学出の方が実力を評価しやすいし、契約するにも危険を冒さずにすむ〉

〈今の選手は女の子をそれほどナンパしない。その必要がない。決まった女友だちが遠征先にまでついてくるのだ。もちろん規則違反。見つかったら200ドルの罰金だ。賢いサバナのボビー・ドリュー監督はあえて見逃す。昨年夏、ハンク・アーロンは部屋に女友だちを入れたら罰金を科すと改めて通告した。しかし、男女共同寮に入っていた大学出の選手にとって、掲示板の張り紙はお笑い草だったことだろう〉（前掲書、pp. 406〜409）

バウトンの懸念は経営にも及ぶ。例えばスカウトのやり方が変わった。統一システムといって、いくつかのチームが共同出資しデータをコンピューターに打ち込んで共有する仕組みだ。バウトンはこの制度の下で、スカウトが藪をかき分けても第二のベーブ・ルースを見いだそうという気持ちに駆られるだろうかと疑問を呈する。さらにこんな問題もある。

〈素晴らしい新システムだが、一つだけ欠点がある。あるタイプの選手を見逃す傾向がある点だ。ホワイティ・フォード[13]のような選手だ。今だったら彼は決して契約してもらえなかっただろう。（中略）現在の選手は〝道具〟を持っていないといけない。強肩、体格、俊足、力持ちなどだ。175センチでは投手として不十分だ。スピードガンではくせ球を計れない。IBMの回路に賢さを測る小部屋はない。その少年をよく知らなければ、根性と頭脳を見極めるのは困難だ〉（前掲書、pp. 408）

当時とすれば型破りの暴露本を出版したため〝問題児〟とされ、球界から除け者にされたバウトンだが、ここではダメ息子の将来に気をもむ父親のようで、やはり彼も〝野球ばか〟なのだなと思わせる。78年、サバナで11勝（9敗）を挙げ、9月、ブレーブズに昇格。5試合に先発して1勝3敗の成績を残し、この年

限りで引退した。

『ボール・フォア』の出版以来、ヤンキーズから〝追放〟されていたバウトンは28年後の1998年7月25日、59歳で初めてOB戦に招待された。1年前の8月15日、娘ローリーを交通事故で失ったバウトンを元気づけようと、息子のマイケルがオーナーのジョージ・スタインブレナー（当時）に「父を許し、禁を解いてほしい」と訴える手紙をニューヨーク・タイムズ紙に投稿、これに球団が動かされたのだ。マウンドに上がったとき、ローリーの友人たちが「ローリーを愛してる」と書いた横幕を掲げた。「感無量だった」とバウトン。第1球を投げた瞬間、やはり帽子は吹き飛んだ[14]。

名前を並べただけで歌になった

Van Lingle Mungo『バン・リングル・マンゴー』デーブ・フリッシュバーグ

デーブ・フリッシュバーグ（Dave Frishberg、1933年生まれ）はジャズピアニスト兼作詞作曲家。『バン・リングル・マンゴー』は69年に作られた、郷愁を呼ぶ柔らかいボサノバ調の歌。どんな曲かは聞いていただくしかない。野球に関する曲を集めたCD、Baseball′s Great Hits（Rhino Records Inc.1989）に収められている。その作品紹介にこうある。

〈1969年、フリッシュバーグは最初のレコードアルバムを録音するため、ある曲に二通りの詞をつけたが、いずれも採用されなかった。その日、ベースボール・エンサイクロペディアを買い、落ち込んだ気持ちで頁をめくるうち、バン・リングル・マンゴーという名前に目がとまった。（中略）その結果が翌年発売されたこの曲。全歌詞のうち、野球選手の名前でない語は二つしかない。誕生から20年が過ぎても、フリッシュバーグの作品で一番リクエストが多いのがこの曲だ―もっとも詞をポルトガル語だと思っているファンもいるようだが〉

バン・リングル・マンゴー（1911～1985年）は1931年から1945年まで、ブルックリン・ドジャーズとニューヨーク・ジャイアンツで通算120勝（115敗）した右腕投手。1936年、奪三振238を記録した剛球投手だったが気が荒く、味方が失策すると顔色を変えて怒った。失策を嫌い、三振を狙うあまり制球を乱し、四球王にも3回なった。ドジャーズ時代に監督だったケーシー・ステンゲルは「マンゴーと僕はうまくやっていたよ。ただ、お前の横柄な態度は許せな

いと言ったあと、（殴られないように）さっと身をかわしたことはあったが」
と独特のユーモアを込めて語っている。紹介文にあるように、この歌は徹頭徹
尾、野球選手のオンパレードだ。その1番―

　　ヒーニー・マジェスキー、ジョニー・ギー、エディ・ヨースト、ジョ
　ニー・ペスキー、ソーントン・リー、ダニー・ガーデラ、バン・リングル・
　マンゴー

　ヒーニー・マジェスキーは1939年から1955年の間の13シーズン、ボストン・
ブレーブズなど6チームを歩いた三塁手。通算打率は2割7分9厘。ジョニー・
ギーは1939年から1946年の間の6シーズン、ピッツバーグ・パイレーツなどに
在籍した左腕投手。206センチ、102キロの巨漢だったが、通算成績は44試合
で7勝12敗と振るわなかった。エディ・ヨーストは1936年から1955年の間の17
シーズン、シンシナティ・レッズなどでプレーした遊撃手。通算打率2割3分9
厘。1954年、フィラデルフィア・アスレチックスの監督も務めた。ジョニー・
ペスキーは1942年から1954年までの間の10シーズン、ボストン・レッドソック
スなどで活躍した内野手。1942、1946、1947年の3回、シーズン200本以上安打
を記録した。通算打率3割7厘。ソーントン・リーは1933年から1948年までの16
年間、クリーブランド・インディアンズなどで投げた左腕投手。通算117勝124
敗。ダニー・ガーデラは1944〜1945年と1950年の3シーズン、ジャイアンツと
セントルイス・カーディナルズにいた外野手。通算打率は2割6分7厘。そして
各節の最後をバン・リングル・マンゴーで締めくくる。

　この調子で5番まで、登場する選手は1930年代から1940年代にかけて活躍し
た37人[15]。民族・人種が多様なアメリカ社会は人名も多彩で、変化に富んで
いる。珍しいか読みにくい名前を列挙したら詩になった―というのは単純すぎ
るが、ポルトガル語ではないと知っているファンは彼らの名前を聞いてその昔
を思い出し、懐かしんだのだろう。ビッグ・ジョニー・マイズ（1913〜1993年、
カーディナルズ、ジャイアンツの一塁手。通算打率3割1分2厘）やルー・ブー
ドロー（1917〜2001年、インディアンズなどの遊撃手、監督）といった殿堂入
りした名選手も登場するが、大半はあまり知られていない選手だ。

　この中でフリッシュバーグが会ったことがある選手はマンゴーだけだった。
ヒット早々、ニューヨークでのショーの楽屋を訪ねたマンゴーは「名義料はい
つくれるんだ」とねじ込んだ。フリッシュバーグが「あんたがデーブ・フリッ

シュバーグを歌った歌詞を作るしかないな」とはねつけると、マンゴーは笑って「よし、やってやろう。でも、作ったところでベースボール・エンサイクロペディアには載らないだろうな」と言って笑ったという（本アンソロジーの編者、ニコラス・ダヴィドフの著者紹介）。

　ちなみに、ベースボール・エンサイクロペディアとはマクミラン社刊の事典を指す。大リーグの歴史を通じて全選手の成績を網羅し、コンピューター組版によって編集された初の野球百科事典で、1967年に発行された。初版は2338頁、重さ2.9キロ、価格25ドル（現在の物価水準にして200ドル以上）にもかかわらず10万部を売った。大リーグ機構の公式記録に頼らず、昔の新聞のボックススコアなど原資料に当たって積み上げた正確かつ詳細な記録集として信頼を集めたが、1996年の第10版を最後に発行されていない。

女性詩人が野球を見ると

Analysis of Baseball『野球の分析』　　　　　　　　　　　　　メイ・スウェンソン

　野球というのは、規則と慣習という複雑なしきたりの範囲内で、霊感のひらめきを必要とするゲームだ。メイ・スウェンソン（May Swenson,1919〜1989年）の詩ほど瞑想に適したものはない。生涯を通して巧みだった構成の妙は、配置された言葉によく表れている。彼女はチョウや波、瓶の形で詩を書く。しかし、形式主義に傾いても、彼女の構成への姿勢は厳格そのものだ。どんな球がくるのか、投げられる前に考えようとしない打者とよく似て、スウェンソンはどんな言葉をどのように発するか、ペンを走らせるまで分からないと言う。

　と、何やら難しい小理屈を並べたが、実は本アンソロジーの編者、ニコラス・ダヴィドフによる著者紹介を拝借した。『野球の分析』と題は難しそうだが、ボール、バット、ミットが主役の詩。それぞれが入り乱れ、言葉遊びのようだ。

　　それはボール、バット、ミット
　　ボールはバットにぶち当たる
　　さもなきゃミットに吸い込まれる
　　バットがボールに当たるんじゃない
　　バットはボールに出くわすの
　　ボールはバットにはじかれて、

空を飛ぶか、地を這うか（こりゃ失敗）、

あるいはミットに収まるか

　スウェンソンは現代アメリカで三指に入る女性詩人という。しかし、マリアン・ムーアの『野球と著述』（「ベースボーロジー11」所収、2010）でもそうだったが、英語の詩を十全に鑑賞するのは筆者の手に余る。拙訳は初めの一節に止めて、次に移ろう。

「命なりけり」我がドジャーズ

The Boys of Summer『ザ・ボーイズ・オブ・サマー』（抜粋）

ロジャー・カーン

　日本でもよく知られた野球文学の名著。題名そのものからして野球にふさわしい。ロジャー・カーン（Roger Kahn）は1927年、ともに高校教師だった両親のもとに生まれた。父は野球と作曲家ブラームスと植物学とローマ史家エドワード・ギボンについて絶えず語り、母は前衛演劇など前衛的なものが大好きだった。もう一つ、カーンに影響を与えたのが本稿の題にもなったブルックリン・ドジャーズで、後にカーンがニューヨーク・ヘラルドトリビューン紙の記者として取材対象とするのも運命的だった。編者ニコラス・ダヴィドフの紹介をまたも借りよう。

　〈『ザ・ボーイズ・オブ・サマー』（72年）は青年時代のほろ苦い出来事や生まれ育った町、新聞、ひいきのチーム、そしてそれらがどうなったのかの記憶を書き留めたことに大きな意義がある、懐古的だが感傷的ではない。カーンは野球を人生になぞらえて、栄光の青春時代から避けられない衰退までの重要な物語を記録した。ここに挙げた抜粋は、洞察力があり聖書から言葉を引用することで知られるドジャーズの経営者、ブランチ・リッキーと、ニューヨークのどの新聞記者よりも熱心に取材し、よく特ダネをものにしたと評価されるデイリーニューズ紙のおしゃべりな野球記者、ディック・ヤングについての一節だ〉（Baseball : A Literary Anthology , Edited by Nicholas Dawidoff, The Library of America, 2002,pp.397）

　「ボーイズ」は直接的にはドジャーズの選手たちを指すが、カーンは邦訳の中で「これはスポーツに関する本と言うよりも、一つの時代についてのものであり、時間が人間に与えるものについて書かれたものなのです」と述べている

（『夏の若者たち［青春篇］』、佐山和夫訳、ベースボール・マガジン社、1997年、1頁）。ボーイズには選手ばかりでなく、若き日のカーン自身をも含まれていると解釈すべきだろう。邦訳は「ザ・チーム」と「ザ・リターン」の2部に分かれた原書のうち、前半部の「ザ・チーム」を訳したものだが、省かれた箇所が多いのが残念だ。

　ウェズリー・ブランチ・リッキーが二つの夢に燃えてブルックリンにやって来たのは、第二次世界大戦中だった。結局はふらついて終わるのだが、一つはブロンクスのヤンキー帝国をしのぐ王国を築くこと。もう一つは自分のために巨富を築くことだった。

　1881年、オハイオ州の農家に生まれたリッキーはラテン語教師を目指してミシガン大学に進んだが、一転して野球選手になった。セントルイス・ブラウンズとニューヨーク・ハイランダーズ（ヤンキーズの旧称）で4シーズン、捕手兼外野手を務め通算打率は2割3分9厘と三流の成績。そこで指導者を志したが、10シーズンで3位に2回なっただけでこれも三流。特に1925年、カーディナルズ監督をシーズン途中で解任された翌年、後任のロジャーズ・ホーンズビーがワールドシリーズ初出場で優勝しただけに、その落差が際立った。すでに45歳。ぱっとしないまま野球人生が終わるかにみえた。

　ところがカーディナルズの経営陣に加わって、彼の人生が一転した。経営者としてリッキーはその傑出した頭脳を存分に発揮した。ヘンリー・フォードが自動車産業の未来を作り上げたように、リッキーは野球界の未来を作り上げた。ファームシステムと呼ばれる野球の生産工程を開発したのはリッキーだった。若く、未知の才能を持つ選手たちであふれる源泉とも言えるチームを6チーム所有した。能力ある選手は進歩する。25人に1人が実力で大リーグに昇格した。非情な方法だが効果的で、やがてカーディナルズはナショナル・リーグを制圧した。給料はひどかった――高くても年俸7500ドル。消耗率を考慮しながら出費を抑えるのは当然だが、彼はまた原則を重んじる人でもあった。ピューリタンらしく金を嫌ったのである――他人の手に渡る金を。

　社長のラリー・マクフェイルが陸軍に入隊した42年、リッキーはゼネラルマネジャーとしてドジャーズに迎えられる。

　1940年代半ば、ブルックリン・ドジャーズのマイナーチームを買い、

ファームシステムを作ると、次にこのかつてのラテン語学徒は多くの選手を教育することのできるキャンプを作った。選ばれたのはフロリダ州ベロビーチの西4マイルの放棄された海軍の飛行場だった。シュロやヤシ、低いマツ、さらに沼に囲まれたこの地に彼は一つの世界を作った。古ぼけた海軍の兵舎はドジャータウン[16]と名を変え、200人の選手の宿舎になった。食堂で給仕をするのは、いまや航空士ではなく内野手だった。リッキーは屋外に4面の内野、5台のバッティングケージ、2面のスライディング場、数え切れないほどの投球マウンドを——いたる所に——作らせた。ピッチングとなると、リッキーは興奮した。メロドラマを見るように彼は感動した。

一番力を入れた投手力の充実だったが、皮肉にも〝投手王国〟の建設はならなかった。カーンに言わせると、投手の育成ほどままならないことはない。

すべての野球選手の中で、投手は勝ち抜くための知性にもっとも富んでいる。投げることは簡単で、自然にそうなるのだろう。子供だって石を投げる。だが、子供の石投げと大リーガーに相手に投球するのとは、子供がピアノをポロンと鳴らすのと芸術家が演奏するのと同じくらいかけ離れている。（中略）大リーグの投手はおおむね4通りの投球をマスターしている。マウンドと本塁を隔てる60フィート6インチ（約18.44メートル）の距離は、投手と打者の方程式の1要素だ。毎試合、好打者を抑えられる投手はいない。大リーグの投球入門書の冒頭は「スピードだけでは十分ではない」だ。しかし、十分に威力のある速球は変化もする。握り方によって速球は右打者の内角にも外角にも行く。クレム・レイビンのように沈む速球を開発する投手もいる。

クレム・レイビン（1926〜2007年）は1950年から13シーズン、ドジャーズなどで活躍したリリーフ投手。通算77勝56敗。ドジャーズで2回、ピッツバーグ・パイレーツで1回、ワールドシリーズ優勝に貢献した。

速球は打者を威嚇する。チャック・ドレッセンが「公敵ナンバーワン[17]」と呼んだカーブは打者の選手生命をふいにする。投げ方一つでカーブは横に曲がったり、沈んだりと自然ではない角度で曲がる。ブランチ・リッキーはオーバーハンドからのカーブを最高だと考えていた。その昔、ドロップと呼ばれたオーバーハンドからのカーブは横ではなく垂直に落下し、いい加減なカーブと違って左右にかかわらず打者をぎょっとさせる。目の高さにビューっと飛んできて膝元に落ちる純正なドロップこそはカール・アースキ

ンとサンデー・コーファクスが10年の歳月を隔てて、ワールドシリーズで三振奪取記録（それぞれ14と15）を作ることができた理由だ。（中略）最後に要求される投球術は優れたコントロールだ。本塁の幅は17インチ（約43.18センチ）。そのコーナーを活用する投手が最も優れた投手だ。技術的に優れた投手は時速90マイル（約144.8キロ）以上の球を投げ、予期せぬ角度に曲げたり、捕手のミットより小さい標的に投げ込んだりするのである。

　チャック・ドレッセン（1898〜1966年）は1951年、ドジャーズの監督になり、1952、1953年とリーグを連覇したが、ワールドシリーズではいずれもヤンキーズに敗れた。カーンは〈評判では彼は抜け目がなく、サインを盗む名人でなかなかの策士とのことだった〉（The Boys of Summer, Perennial Classics,2000,pp.110）と書いている。その得意技を買われて、監督になる前は三塁コーチを務めた。41年のセントルイス・カーディナルズ戦で、相手投手の握りを見てカーブだと読むと口笛で打者に知らせた。それに気づいた捕手がカーブの握りで速球を投げるよう投手に指示。このため、カーブと信じて足を踏み出した打者は頭を直撃され、二度と元の調子に戻れなかった。「公敵ナンバーワン」という言葉には、そのときの悔恨も込められているのだろう。

　カール・アースキン（1926年生まれ）はドジャーズが8年間で5回リーグ優勝（ワールドシリーズ優勝1回）した1940〜1950年代の主力投手。通算122勝78敗。三振奪取記録を作ったのは1953年のワールドシリーズ第3戦、3—2で勝った試合だった（拙稿『アースキン十四奪三振、ドジャーズ三—二でヤンキーズ破る』＝ベースボーロジー10所収＝参照）。サンデー・コーファクス（1935年生まれ）は1955年から1966年までの12年で165勝（87敗）を挙げたドジャーズの左腕投手。特に1961年からの6年間で129勝し、防御率1位に5回、完全試合1回、ノーヒット・ノーラン3回、サイ・ヤング賞3回、最高殊勲選手賞1回に輝き、球界を代表する存在だった。ペナントレースで25勝5敗（サイ・ヤング賞とMVP）、ヤンキーズとのワールドシリーズで2勝（MVP）して優勝の立役者になった1963年、ヤンキーズの捕手、ヨギ・ベラは言った。「彼が25勝したわけが分かった。だが、分からないのは、なぜ5敗したかってことだ」。しかし1964年、二塁に帰塁しようとした際、転倒しグラウンドに左肘を強打したことがきっかけで関節炎を発症、2年後の66年、最多勝利（27勝）、最多奪三振（317個）、最優秀防御率（1.73）の投手三冠王（3度目）を獲得したにもかかわらず、30歳で

引退を余儀なくされた。選出資格を得て1年目の1972年、名誉の殿堂に史上最年少の36歳で選出された。ピュリツァー賞受賞のワシントン・ポスト紙コラムニスト、ジョージ・F・ウィルによると

〈コーファックスは自分の肩が限界にきていることを悟っていた。最後の年となった1966年10月、彼の左肘は外傷性関節症に痛めつけられ、腕全体が内側に湾曲しはじめていた。(中略)肘の痛みをやわらげるには、コーチゾンの注射を射ちつづけるほかない。だがそんなことをすれば、前身のバランスがガタガタになってしまう。コーファックスは、身体をそんな危険にさらすことを拒んだのだった〉(ウィル、『野球術・上』、芝山幹郎訳、文春文庫、2001年、318頁)。コーチゾンは副腎皮膚糖質ホルモンの一つ。抗炎症、抗アレルギー作用を持つが、過分に投与すると高血圧、糖尿病などを誘発する。

ワールドシリーズでの奪三振記録は1963年の対ヤンキース第1戦。ドジャーズは勢いに乗って4連勝し3回目の〝世界一〟になった。なお、現在のワールドシリーズ最多奪三振記録は1968年、カーディナルズのボブ・ギブソンがデトロイト・タイガーズとの第1戦で作った17個である。

　投手は他の選手とは違う。練習量は少ないが、するときは徹底的にする。ぶらぶらしている投手に野手が叫ぶ。「マウンドに上がったら胸を張って、楽に投げろよ」。野手は動きを止め、投手が投げるのを待つ。すべての目が投手に注がれ、ため息をついたり考えたりする。アーカンソー出身の物静かなジョン・セインについて、ケーシー・ステンゲルは言った。「そう、あいつは口数が少ない。だが、問題はない。マウンドに立てば、話す相手なんかいない」。投手は個人主義者で勇敢で強情で頭がよく気鬱症で孤独だ。

ジョン(ジョニー)・セインはボストン・ブレーブズやヤンキースで11シーズンを送り、通算139勝116敗。ファームのコーチになり選手に信望されたことは、少し前に登場したジム・バウトンが書いていた。

　投手陣をどうにかしようと、リッキーが考えついたことは多い。ベロビーチの本塁ベース上には奇妙なものがある。糸で囲ったストライクゾーンだ。糸の間を通ることで速球がどこを通ったのかが分かるとリッキーは言った。カーブの適正テストも考えついた、利き腕の手を顔に向け、縫い目に沿ってボールを握る。肩にボールが触れるまで、腕を後ろに十分引き、出来るだけ遠くに投げる。これで遠くに強い球を投げられる者はいない。このテストは

よいカーブを投げる大リーグの投手を含め、多くの投手のプライドを傷つけた。（中略）振り返ってみると分かるように、リッキーは肉体を過大評価し、投手の心の不安を過小評価する誤りを犯した。お気に入りだった上手からのカーブは腕を痛める。筋肉痛が肘から肩の付け根に走った。将来性豊かな数多くの若手投手が腕を壊した。トレーナーの隠語を借りると、歯車が外れたのだ。

ストライクゾーンを糸で囲う練習法は日本でも取り入れられている。しかし、リッキーには選手の能力や適正に応じて長所を伸ばすことよりも、思いついたことを押し付ける傾向があったようだ。経営者としては一流だったが、監督としては10シーズンで597勝664敗、2位以上になったことがないという実績の原因が何となく分かってくる。リッキーに対するカーンの評価は辛い。ただ、こうも言っている。

すべての失敗をリッキーに押し付けていいものだろうか。デューク・スナイダーの418本の本塁打[18]だけは、リッキーのおかげと言える。リッキーが設計したチームは素晴らしい働きをした。設計した投手陣が腕を痛め、神経性胃炎にもだえていたのだ。

24歳のカーンがニューヨーク・ヘラルドトリビューン紙のドジャーズ担当記者として初めてフロリダ州ベロビーチの春季キャンプを取材した1952年3月、最初に出会った同業者がディック・ヤング（1918〜1987年）だった。19歳でニューヨーク・デイリーニューズ紙に入社、週給18ドルの原稿運びから記者になり、辛辣なウイットで人気コラムニストになった。全米野球記者協会会長も務め、78年に野球殿堂の記者部門に選出された。全米野球記者協会会長と殿堂入りの後輩であるジェローム・ホルツマン（1926〜2008年）は「（ニューヨーク・タイムズ紙の）レッド・スミスを除けば、スポーツ報道の分野で恐らく最も大きな貢献をした記者」（National Baseball Hall of Fame and Museum のホーム頁から）と評している。

〈しばらくして2階に上がっていくと、（先輩記者の）ローゼンタールがアメリカ先住民と南イタリアの混血のような変わった容貌の人に紹介してくれた。デイリーニューズ紙のディック・ヤングで、彼は日差しに目を細めた〉（前掲 The Boys of Summer,pp.52）

リッキーが丸々太り、古典的教養を持ち信心深い南部出身だったのに対

し、ディック・ヤングは針のように細く、独学のニューヨーク生まれだった。リッキーは彼の酒好きと不倫と「くそっ！」という言葉に衝撃を受け、一方、ヤングは間違ったことを書いた記者を1週間後の日曜日の試合に入場させないことに驚いた。戦争は避けられなかった。衝突のきっかけは投手陣の悪さだった。（中略）ヤングは1943年、25歳で野球記事を書き始め、取材範囲を急速に広げた。彼は試合結果だけでなく、選手たちの人柄にまで踏み込んで書いた。それまでは選手を英雄として描くのがしきたりだった。読者はそれを通じてベーブ・ルース、ルー・ゲーリック、グローバー・クリーブランド・アレクザンダーらが立派な紳士であることを、また、試合や人生への信頼を学んだ。ヤングは（ピー・ウィー）リースや（ロイ）キャンパネラを英雄として扱ったが、他の登場人物は悪役の肉付けをして描いた。悪く書いても翌日、本人にその理由を説明し「僕は信じることを書いた。不満だったら言ってくれ。もっとよく書いてほしかったら、試合に勝つことだ」と言った。やがて彼は誰よりもドジャーズの内情に詳しくなった。

マイアミに着いて3日目。カーンはヤングの個人授業を受ける機会を得た。ヤングと不仲だったリッキーはすでにピッツバーグ・パイレーツに去り、チームの運営はゼネラルマネジャーのエミール〝バジー〟バベイジ（1915〜2008年）が握っていた。バベイジはヤングとうまくやるために、オーナーのウォルター・オマリーに起用されたとさえ言われ、ヤングは彼から特ダネをもらっていると不平を言う記者もいた。誰よりもドジャーズの内情に詳しいと自負するヤングは、己の努力不足を棚に上げて陰口を叩く同業者の態度が我慢できなかった。

「君はいい記事を書いているな。いい仕事をできない奴ほど、人が不正をしていると言いたがる。君も聞かされただろう。俺がネタをもらっているって」。ヤングはニューヨーク・タイムズ紙のロスコー・マクゴーワン記者の勧めに従って、スコッチより長生きできるというバーボンをすすっていた。「えぇ、聞きました」。ヤングはグラスを見つめながら毒づいた。「誰が言ったか、分かっている。それを信用するほど、君はアホじゃないだろうな」。（中略）「とにかくまず、ここの規則を教えてやろう。野球は知ってるな。チームを担当したことは？ することは分かっているだろうな、それともくだらないエール大学出身か？ 気にすんな。もう少し飲もう。おーい、

オールドクロー[19]をもう一杯。君はユダヤの好青年だな。母親はニューヨーク・タイムズを読んでいる。だから、君はあのくだらない新聞を忘れられない。ロスコー（マクゴーワン）はすごい記者だが、ちっとも役に立たない。あの新聞は彼が書きたい時にきちんと書かせないんだ。彼が何を書きたいかは知らないが。もはやタイムズはちっともよくないよ、いい時があったとしたらの話だが。分かるか？　一度しか言わないぞ」

酔っぱらっていながら、言うことは正鵠を得ている新聞記者が昔はいた。アメリカも日本も変わらない。知識人に読者の多いタイムズと、大衆的でセンセーショナルなデイリーニュース。反ユダヤ主義的なデイリーニュースを嫌い、タイムズに親しんできたカーンは反発を覚えるが、話題が記事の書き方を説かれると、耳を傾けざるを得ない。

「君はタイムズの野球記事が好きか?」。嵐は止んでいた。「いえ、それほどでは」「俺の読者はタイムズの4倍いる。株の仲買人や銀行頭取はいないが、リンカーンも言っただろ。『数多いのは普通の人』[20]だって」。僕はずっと読んできたタイムズの前文を引用した。『昨夜、怒り狂ったヤンキーズは敵を血だるまにした……』。「そうだ」とヤングは言った。どんなバカでもこの引用を褒めないだろうが。「いいか、ずっと昔なら多分オーケーだっただろう。今はダメだ。どう書けばいいのか、教えてやろう。聞いているのか？　チェッ、飲まないなら聞いていろ。シーズンが始まれば、試合はいくらでもある」「154試合です」「違う。君は春のオープン戦、プレーオフ、ワールドシリーズを忘れている。数は変わる。俺が言うように、数はいつも大きく変わる。今の君は試合のことばかり書いている。他にできないし、悪いことじゃない。だが、いつか─よく聞け─試合を離れても書けると思ったら、そうすべきだ。なぜなら、人は普段と違うことを読みたがるからだ。けが、ビーンボール、何でもよい。それを書け、勝った負けたじゃなく」「でも、ほとんどの記事は勝った負けたじゃないですか」「そうだ。だが、勝った負けたの記事を書かなくなった時、君はタイムズを忘れられる。新聞は得点を書くが、そんなこと真のファンはとうに知っている。君たちの書き方はこうだ。『きのう、ドジャースは3─2で勝ったが、この試合で最も興味深かったのは……』だろ？　誰々が2盗塁した、誰々がつまらない投球をした、ドレッセンがミスをした。一体、何なんだ。得点場面でないだけだ。なぜ、そんな

バカなプレーが起きたのかを書け、そうでなければ笑わせろ。オーイ、バーボンもう一杯」

ヤングの「記事作法その2」は悪口にせよ非難にせよ、信念を持って発言しろ、だ。その自信は何に由来しているのか。ピュリツァー賞作家のデービッド・ハルバースタムはこう言う。

〈伝統派のスポーツライターのなかでの最高峰ディック・ヤングは、若いころは野球記者には最も不向きだったが、のちに同僚から野球ジャーナリズム史上で最高の記者と敬愛されるようになった。ヤングがずば抜けて優秀と考えられたのは、ファンが毎日何を知りたがっているかを正確に見抜く、的確な直感を持っていたからである〉（ハルバースタム、『さらばヤンキース・上』、水上峰雄訳、新潮文庫、1996年、342頁）。ヤングの簡潔明瞭な分析についてカーンが賛意を表すると、ヤングは答えた。

「坊や、『その3』もあるよ。」「何ですか?」「あんまりガツガツしないこと」「ええ、ディックさん、それはいい言葉ですね」「俺が言ったんじゃないよ」「と言うと?」「ニューヨーク・タイムズのスポーツ記者さ。彼のお気に入りの前文は—さっき血だるまうんぬんと言って君がバカにしたような文章だったよ」

本アンソロジーの採録はここで終わっている。野球記者として多くを学んだ駆け出し時代は2年で終わり、「それがジャーナリズムの本道だから」とニューヨーク・ヘラルドトリビューン紙を辞めて週刊誌の記者に転じた。十数年を経た68年12月から71年5月にかけて「その後の若者たち」を訪ね、綴ったのが後半の「ザ・リターン」だ。その間にドジャーズは念願だったワールドシリーズ制覇を4回達成した。前半の「ザ・チーム」と後半の「ザ・リターン」とをつなぐ「間奏曲」で、カーンは日本文学研究家、ドナルド・キーン訳の西行（1118〜90年）の歌を掲げ、再会の旅に出る心境を示している。

年たけてまた越ゆべしと思ひきや命なりけりさやの中山

ところで本書を執筆した動機と題名について、カーンはこう述べている。

〈1冊は、と考えた。書きたい本を書こう。もちろん読者を想定するが、第一に私だけの本を。私が愛したこと、場所、人々のことを書こう。新聞記者だっ

たこと、父、エベッツフィールド、ジャッキー・ロビンソン、野球チーム、筋肉と汗にまみれた相手を打ち破り、仲間同士で笑い、泣く選手たち。（中略）もしこんな本が書けたら、成功するにしろ失敗するにしろ、私の人生に意味があったことになると考えた。本を書いても売れなかったら、集団で作る雑誌の仕事に戻り、給料をもらい、年金の給付資格を得て文句を言わずに―できるだけ我慢して一生きようと思った。題名はすぐ頭に浮かんだ。ウェールズの偉大な詩人、ディラン・トマス[21]が詩を朗詠するのは二つの場合があるという。ある時はしたたかに酒を飲んで『尻まで酔った』のような粗っぽい詩をとうとうと吟ずる。だが、別の夜はちゃんと自制して、驚くほど美しい調子で詠い上げる。後者のある晩、私はディランが「荒廃する夏の少年たちを見た」と詠うのを聞いたのだ。

　この題は出版社を困らせた。詩の一節だが、どうしたわけかまだ刊行されていなかった。私は聞いていたから知っていたのだが。『結ばれた若者たち』という人気の劇を連想して、ディランの詩もこの題名も同性愛を示している（全く違うが）と考える人もいた。出版の契約をする際、編集者は自分で考えた代わりの題を持ち出した。「ザ・チーム」という、安全だが味も素っ気もないつまらない題だった。する必要もない議論の末、私の主張が通るまで数カ月かかった〉（前掲The Boys of Summer, pp.440〜441）

　原稿を書き終えた時、一家の蓄えは380ドルしかなかったという。トマスの詩『夏の少年たち』の冒頭はこうだ。

　　ぼくは見る、荒廃せる　夏の少年たちが
　　黄金の十分の一税を不毛のまま並べ、
　　収穫の備えもなしに、大地を凍らすのを―
　　そこでは熱気に包まれ、彼らは自分の少女たちに
　　凍った愛の冬の洪水をもたらし、
　　潮に積み荷のリンゴを沈めている
　（『ディラン・トマス全詩集』、松田幸雄訳、青土社、2005年、20頁）

　最初の3行は原書の目次の後に掲げられている。トマスは1950年から4回にわたってアメリカを訪れ、朗詠・講演会を開いた。カーンはいずれかの機会にト

マスの詩を聞いたのだろう。カーンにとってこの詩はドジャーズに去られた後のブルックリンと重なって聞こえたに違いない。

【注】

(1) 本名コーネリアス・アレクザンダー・マクジリカディ（1862〜1956年）。新聞記者にとって綴りにくい名前だから、コニー・マックに改名したと伝えられるが、本人は「一族の者は、選挙の時以外はマックと称していた」と語っている。自伝でも〈彼女（母）は私にコーネリアス・マクジリカディと命名したが、これはすぐコニー・マックとちぢまってしまった〉（『大リーグ生活六十六年　コニー・マック自伝』、内村祐之訳、ベースボール・マガジン社、1978年、17頁）とあり、家族の通称だったことが伺われる。1894〜1896年ピッツバーグ・パイレーツ、1901年から1950年まで大リーグ最長の50年間、フィラデルフィア・アスレティクスの監督。通算3731勝3948敗。ワールドシリーズ優勝5回。

(2) バージニア州リッチモンドの近郊。南北戦争中の1864年、南軍のロバート・リー将軍が北軍のユリシーズ・グラント将軍を敗走させた。

(3) 2004年6月6日ニューヨーク・タイムズ電子版のレーガン訃報記事、およびブルックリン・ドジャーズの「再現放送」を1949年から10年間、1500試合も手がけたアナウンサー、ナット・オルブライト（1923〜2011年）の死を伝える（2011年8月15日同紙電子版）。

(4) 1944年から1947年までピッツバーグ・パイレーツなどでプレーした外野手。身長168センチ、体重75キロ。

(5) スナイダーの他にジャッキー・ロビンソン、ロイ・キャンパネラ、ピー・ウィー・リース（選出順）。

(6) キャッシュマンは野球に関する歌を数多く作っており、それらを総称して『トーキング・ベースボール』と呼んでいる。

(7) ジョゼフ・ラドヤード・キプリング（1865〜1936年）。『ジャングルブック』で知られるイギリスの作家、詩人。カーンが引用した詩『もし（原題If)』の別の一節「もしお前が勝利するにせよ敗北するにせよ／これら偽りに等しく立ち向かうなら」はイギリス・ウィンブルドンテニス会場のセンターコート選手出入口の上に掲げられている。

(8) 1952年のヤンキーズとのワールドシリーズで、スナイダーはシリーズ史上、

ベーブ・ルース、ルー・ゲーリックと並ぶ1シリーズ最多の4本塁打を打ち、8打点を挙げた。

(9) フィラデルフィア・フィリーズなどで1948年から1966年の19シーズンに286勝（245敗）を挙げた右腕投手。76年名誉の殿堂入り。

(10) スナイダーは1995年、野球カードやテレビ・催しへの出演などの収入を申告しなかったとして、5000ドルの罰金と2年間の保護監察処分、未納の税金3万ドルの支払いを命じられた。

(11) 1741～1801年。アメリカ独立戦争当時の将軍。1780年、現在、陸軍士官学校のあるハドソン川河口のウエストポイント砦を英国側に明け渡そうとした。裏切り者の代名詞。

(12) 『ボール・フォア―大リーグ衝撃の内幕』、帆足実生訳、恒文社、1978年。

(13) 1950年から1967年までの16シーズン、ヤンキーズで通算236勝106敗の左腕投手。指輪でボールに傷を付ける〝カットボール〟も交えた多彩な投球で6回のワールドシリーズ優勝に貢献した。1974年名誉の殿堂入り。

(14) それから15年後の2012年8月15日、バウトンは脳卒中に襲われ、言語中枢に障害が残った。ニューヨーク・タイムズ電子版（2017年7月1日付）によると、冗談を言いながら語彙豊かに滑らかに話していたのに突然、論理的でなくなることがある。ボールがいくつで四球なのかとか、陸軍入隊の識別番号は覚えているのに、自分の年齢は分からない。だが、妻のポーラは「あの人は今もあの人。できないことではなく、できることに注目している」と言う。裏庭にコンクリートの壁を作り、ナックルボールの投球練習をすることもある。帽子はもう飛ばないが。

(15) インターネットのBaseball Almanacが掲載している歌詞には43人の名が連なる。http://www.baseball-almanac.com/poetry/vanlinglemungo.shtml参照。

(16) 1948年から始まったベロビーチでのトレーニングキャンプは2008年を最後に閉鎖され、アリゾナに移った。

(17) 連邦捜査局（FBI）が指名手配した10人の凶悪犯リストの1位にジョン・ディリンジャー（1902～1934年）を挙げたことに由来する。公衆の安全に対する第一の脅威を指す。

(18) 公式戦の通算本塁打は407本だが、ワールドシリーズでナショナル・リー

グ選手最多の11本塁打と26打点を記録した。

(19) ケンタッキー州フランクフォートのオールドクロー・ディスティラリー社製のバーボン。アルコール度80度。

(20) エイブラハム・リンカン第16代大統領（1809～1965年）の言葉「神は普通の人を好まれたに違いない。こんなに大勢作られたのだから」を踏まえている。

(21) 1914～1953年。英国ウェールズ南部スウォンジー生まれ。20世紀前半の最も重要な詩人の一人と言われる。ことばの持つ原初的で魔術的な力に憑かれ、生と死と性の根源に真正面から迫った幻想詩人で、詩壇に新風を吹き込んだ。経済観念の欠如から貧困に悩み、自作朗読のため行った数回目のアメリカ旅行中、アルコール中毒による急性脳障害のため39歳で死去した。

野球文化學會通信

研究大会報告

野球文化學會第1回研究大会が開催される

　去る平成29年12月9日（土）に、法政大学大学院棟において、野球文化の更なる発展を企図し、本学会の再興のきっかけとすることを目的とする、当學會としては初めての研究大会が開催された。テーマは「野球と音楽－応援歌の果たす役割－」とされ、午前中に一般研究を、午後にシンポジウムが開催された。

　一般研究発表は、3人で、そのうち2人は大学生であった。一番目の発表は、「広島カープ黄金期に関する研究〜第1期黄金期と第2期黄金期の比較〜」と題して、安江　暁君（桐蔭横浜大学・学生）が、2番目には、「投球とトミージョン手術との関係性－投手の肘は消耗品か－」と題して、田村　允（タムラ　ジョウ）君　（慶應義塾大学・学生）が発表を行なった。3番目は、狩野美知夫氏で、「ウオーシミュレーションの手法による野球作戦研究」を発表した。各人30分の発表時間であった。十分な時間が取れて、質疑も相応にできたとの印象である。

　昼食・休憩（60分）を挟んで、午後からシンポジウムが開催された。基調講演として、池井　優　（慶應義塾大学名誉教授）による「古関裕而と応援歌―『紺碧の空』、『六甲おろし』、『栄冠は君に輝く』を中心に―」の講演が行なわれた。今回の学会のテーマである「野球と音楽－応援歌の果たす役割－」にピッタリの内容であった。

　基調講演の後、パネルディスカッション「野球の未来　輝くことはあるのか？」が開催された。3人の演者から、異なった観点から報告があった。報知新聞記者・蛭間豊章氏からは、「野球とメディア」と題して、古書店主・小野祥之氏からは、長年続いている活動について、「『昭和20年代野球倶楽部』の活

動」と題して、野球殿堂博物館の) 筆谷敏正氏からは、「野球文化のアーカイブ」と題して、それぞれの思いをこめた報告がなされた。休憩を挟んで質疑・討論が活発に行なわれた。

　研究大会終了後には、法政大学近くの「京華茶楼市ヶ谷店」で情報交換会が開かれた。

（文責：副会長　吉田 勝光）

2017年2月総会にて

野球文化學會
第1回大会一般研究発表を行って
―學會参加と自己の成長―

桐蔭横浜大学スポーツ健康政策学部4年 安江　暁

　私は野球文化學會第1回研究大会に研究報告者として参加し、とても貴重な経験をさせていただいた。学会というその分野のエキスパートが集う場で、自分の調査結果やそれに対する自分の考えを発表するというのは今まで経験したことはなかった。そのためにとても難しく、結果的には時間配分も上手くいかなかった。その様な状況にありながら、発表後の質疑応答の時間には、「カープが今後成績を停滞するとは思えない。」、「カープの強さの要因には厳しい管理体制と助っ人外国人そしてカープ女子の存在もあるのではないか。」など貴重なご意見をいただいた。そのアドバイスにより自分の研究においてまだまだ改善するべき点があると再認識した。その後の大学の卒業研究での調査方針を見出すことができた。大学の教職課程のプログラムの関係で自分の発表の後にすぐに席を外すことになってしまった。その後の研究発表やお話を聴けなかったのはとても残念であった。

　学会発表に向けての論文作成の時間も自分にとって貴重な時間になった。研究を始めたのは5月中旬で、研究テーマを決めるのには大変悩んだ。結局、昨シーズンである2016年に優勝したカープにしようと決めた。私は元々読売ジャイアンツのファンで他球団に対してそこまで興味もなく、「ジャイアンツが近年チーム状態が良くなくなっていくのに何故カープが近年急速に成績と人気を博してきたのか。」という個人的な疑問がきっかけでカープに対しほぼ知識ゼロで研究を始めた。カープ第1黄金期と呼ばれていた時代を調べるために大学中央図書館や野球のデータベースを利用し、自分が小さい頃から弱い球団というイメージがあったカープが調べていく中で、強豪でジャイアンツとも渡り合ってたことを知ったときは驚いた。そして、そこから当時の成績のデータも併せて分析するのは自分の考察が広がっていくのを感じ楽しく行えた。一から物事を調べ、それを構成立てて文にし、発表できる形まで作り上げるという経

験も初めてだったので今後自分が社会に出ていく上で経験値になったと思う。

　今回の野球學會発表を終え、時折プロ野球好きな人にカープの強さについて聞かれることがある。このような時に自分が行った研究を他人に興味をもってもらえたと感じ、今回の発表の機会に参加したことが自分にとって得るものが多かったと思った。今後も研究ではなくとも野球と関わっていく上で単に「見る」、「する」野球だけでなく野球の疑問な点や面白さについて考える野球を楽しんでいきたい。

野球文化學會
第1回大会一般研究発表を行って

慶應義塾大学法学部2年 田村　允

　このたび、野球文化學會にて、大好きな野球に関する研究を報告する機会を若干20歳の大学生の私に与えていただいたことは、私にとって夢が実現する貴重な機会となった。報告したタイトルは「投球とトミージョン手術との関係性－投手のヒジは消耗品か－」である。

　私は野球が大好きな一家で育った。祖父も父も野球を自らプレーし、またプロ野球との関わりを持って活動してきた。そういう環境の中で、小さい頃から、私は野球に触れて育ってきた。少年野球に参加し、様々な思い出も作ることができた。自分がレギュラーでプレーしたチームが、東京都渋谷区で、ちょうど創部30年で初優勝し、その喜びを家族で分かち合えた事は、今でも忘れない。

　そして、私は野球に関してもう一つの興味をもち続けていた。それは、野球を単に競技として捉えるのではなく、学術的なものとして分析することである。そういう関心のもと、私は中学生の時、学校の自由研究で、3年間続けて、野球についての分析を行った。私の研究の中心となったのは、セイバーメトリクスであり、例えば、どうすれば、効果的にプロ野球チームが勝てるのかを分析した。高校にすすんでからは、選手の肉体的な限界、寿命について検討した。スポーツで、ある意味最も大切なテーマは、選手の肉体的限界であるにもかかわらず、それが、意外に考慮されていないと感じたためである。そして投手は、野球人生の中で、自分の肩、肘の限界と闘っている。そこで高校の卒業論文では、トミージョン手術について研究分析をした。ここで興味を感じたのは、なぜメジャーリーグで、ここまで多くトミージョン手術が行われるようになってしまったのかという点である。

　今回は、これを過去のトミージョン手術経験者のデータを中心に様々な角度から分析し、球種とトミージョン手術との関係性について、自分なりの結論を出してみた。多くの寛容で理解のある野球文化学会関係者の皆様のおかげで、

その研究成果を報告することができた。また最後には、慶應義塾大学名誉教授の池井先生をはじめとする参加者の方々にコメントや質問をいただき、一人で研究しているだけではわからない新たな視点を持つことができた。このような経験をさせていただいたことは、本当にありがたいことであり、心より感謝申し上げる次第である。これからもさまざまな視点で、研鑽を積み重ね、微力ながら、野球文化学会、そして野球界に貢献できれば、この上なく幸いである。

野球文化學會事務局より

野球文化學會

　野球文化學會（The Forum for Researchers of Baseball Culture）は、「野球を人類不朽の文化とし、学問としての野球を確立する」を目的に1999年設立されました。

　論文集『ベースボーロジー』の刊行のほか、研究大会、シンポジウムの開催など、野球のあらゆる学術的研究を行っています。

事業内容

學會紀要『ベースボーロジー』の発行

　年に1回、学会員の日頃の野球研究の成果をまとめた研究誌『ベースボーロジー』を出版しています。正会員は寄稿でき、掲載された論文は学術的業績となります。論文の内容は野球をテーマとした学術的研究であれば、どのような内容でもかまいません（但し編集委員会の査読があります）。『ベースボーロジー』は第12号より、株式会社 啓文社より出版され、会員以外でも書店等を通じて購入できます。

研究大会の開催

　野球に関する研究成果の発表の機会として、年1〜2回研究大会を開催し、会員による最前線の研究を発表します。2017年度は12月に法政大学にて開催されました。

シンポジウム／総会

　年に1度、会員間の親睦と研究をかねて、総会とシンポジウムを開催しています。2018年度総会は6月3日東京ドームホテルで開催。

組　織

　野球文化學會は正会員より選任された理事会により運営され、理事会の互選により会長が選任されます。

会　長　　鈴村 裕輔（法政大学客員学術研究員）

副会長　　編集担当：吉田勝光（桐蔭横浜大学特任教授）

　　　　　会計担当：武田主税（雲プロダクション代表・野球雲編集部）

理　事　　蛭間 豊章（報知新聞記者）

　　　　　筆谷 敏正（野球殿堂博物館事業部長)

小野 祥之（古書ビブリオ店主）

狩野 美知夫（八川社代表）

顧　問　　池井　優（慶應義塾大学名誉教授）

諸岡 達一（野球文化學會元会長）

監　事　　堤　哲（元毎日新聞編集委員）

野球文化學會 入会のご案内

　野球文化學會では正会員を募集しています。原則として、野球を愛好し、研究や実践に従事される方なら、どなたでも入会の申請を行うことができます。

　会員と学生会員に際しては、原則として１名の推薦人が必要です。推薦人がいない場合は、事務局までお問い合わせ下さい。

会員種別

(1) 正会員：野球に関連のある諸科学の研究者および研究に関心のある者で、本会の趣旨に賛同し、その事業に協力する個人

(2) 賛助会員：本会の目的に賛同し、その事業を後援する法人、団体および個人

(3) 講読会員：野球に関連のある資料に関心を持つ法人、団体および個人

(4) 学生会員：野球に関連のある諸科学の研究者および研究に関心のある者で、本会の趣旨に賛同し、その事業に協力する物のうち学生の身分を持つ者

入会金等

入会金：1,000円

(1) 正会員：年額5,000円

(2) 賛助会員：年額１口（10,000円）以上

(3) 講読会員：年額1,500円

(4) 学生会員：年額3,000円

野球文化學會事務局（雲プロダクション内）

〒133-0056 東京都江戸川区南小岩6-10-5

TEL：03-6458-0673　FAX：03-6458-0849

野球文化學會HP：http://baseballogy.jp/　　Twitterもやっています。

memo

Baseballogy Vol.12

野球文化學會編

「野球文化學會」論叢

ベースボーロジーVol.12　2018

■発行日　2018年6月3日　初版1刷発行

■編　者　野球文化學會

■装丁・DTP　コイグラフィー

■発行人　漆原亮太

■発行所　啓文社書房

　〒160-0022

　東京都新宿区新宿1-29-14パレドール新宿202

　電話：03-6709-8872

■発売所　啓文社

■印刷・製本　シナノ印刷

本書に関するお問い合わせ、入会の申込については、野球文化學會事務局までお問い合わせください。

■野球文化學會事務局

　〒133-0056　東京都江戸川区南小岩6-10-5グリーンハイツ1階 雲プロダクション内

　電話：03-6458-0673

© The Forum for Researchers of Baseball Culture

ISBN 978-4-89992-052-6 C0075

Printed in Japan

◎乱丁、落丁がありましたらお取替えします。

◎本書の無断複写、転載を禁じます。